Au Nom d'Allah, le Clément, le Miséricordieux

Dictionnaire de L'interprétation des rêves

Par
l'imâm Mohammed Ibn Sirîne
et
l'imam Abdelghâni En-Naboulsi

Résumé et traduit par
Messaoud Boudjenoun

UNIVERSEL

Editions Universel
8, rue Jacques Kablé
75018 PARIS
www.editions-universel.com

ISBN 2-911546-54-7

Introduction du traducteur

Au nom d'Allah le Très Miséricordieux, le Tout Miséricordieux.

Depuis la nuit des temps, les rêves ont toujours intrigué et fasciné l'homme. Celui-ci y voyait des messages qui lui parvenaient de l'au-delà et des signes avertisseurs de ce qui allait survenir dans sa vie. C'est ainsi que les anciens grecs et romains croyaient que les rêves étaient des messages envoyés par les "dieux" aux hommes. Platon, lui, pensait que les rêves étaient provoqués par les démons. En plus de Platon, d'autres philosophes grecs comme Aristote et Ptolémée, étaient réputés pour leur interprétation des rêves. Les anciens égyptiens croyaient aussi à la transmission des messages de l'au-delà au moyen des rêves, de même que les anciens perses, puisque le roi Chosroès Anochrawan était célèbre pour ses connaissances dans l'art de l'oniromancie.

Les anciens Arabes étaient très férus d'oniromancie et certains d'entre eux comme les célèbres devins Satîh et Chiqq avaient même prédit l'envoi de Mohammed ﷺ comme Prophète, en citant certains de ses signes distinctifs, comme l'a rapporté Ibn Kathir dans sa Sîra.

On arrivera, plus tard, à faire une distinction entre les différentes formes de rêves : les rêves qui n'ont aucun sens et qui peuvent être le résultat aussi bien de désirs refoulés que d'une indigestion, et que le Coran appelle "adhghâtu ahlam", les cauchemars ou les rêves érotiques qui viennent du démon et les visions prémonitoires (ruya) qui viennent d'Allah.

Ainsi, les rêves sont de trois sortes : des rêves psychiques, des rêves démoniaques et des rêves divins (visions véridiques).

Le prophète ﷺ a dit à ce sujet : *« la vision vient d'Allah et le mauvais rêve du démon. Si l'un de vous voit un rêve qui lui déplaît, qu'il crache sur sa gauche et qu'il sollicite la protection d'Allah. Ce mauvais rêve ne lui nuira pas »*. Rapporté par El-Bukhari d'après Abî Qatâda.

Il a dit aussi : *« lorsque l'un de vous voit une vision qu'il aime, celle-ci vient d'Allah. Qu'il loue alors Allah et qu'il en parle aux gens sans aucun inconvénient. Et lorsqu'il voit ce qui lui déplaît, cela lui vient du démon. Qu'il sollicite alors la protection d'Allah contre le mal et qu'il n'en parle à personne, car elle ne lui nuira pas »*. Rapporté par El-Bukhari d'après Abî Sa'ïd El-Khudrî.

On rapporte, dans cette optique, que le Prophète ﷺ avait l'habitude d'interpréter les visions de ses compagnons à chaque fois que l'un d'eux en faisait et venait la lui raconter.

Au demeurant, le Coran accorde une grande importance aux visions prémonitoires pour lesquelles était réputé l'un des grands prophètes, en l'occurrence Joseph fils de Jacob عليه السلام dont une belle sourate du Coran porte le nom.

Quant à la mission du prophète Mohammed ﷺ, elle a commencé par des visions véridiques qui venaient comme la clarté du matin, comme l'a rapporté Aïcha dans un célèbre hadith.

Cette démarche de l'Islam, concernant les rêves et les visions prémonitoires, a donné naissance à une science noble consacrée à l'interprétation des rêves (Tafsîr El-Ahlâm). De nombreux savants musulmans ont laissé, en effet, des ouvrages consacrés à cette science. Les plus célèbres d'entre eux sont cependant Mohammed Ibn Sirîne, qui a vécu au premier siècle de l'Hégire et qui est considéré comme l'un des illustres pieux anciens (salaf essalih), et Abdelghâni En-naboulsi, le grand savant encyclopédiste syrien qui a vécu entre le seizième et le dix septième siècle chrétien et a laissé des dizaines de livres dans toutes les disciplines de son époque.

Certes, la science moderne s'est penchée, à travers l'étude psychanalytique, sur les rêves, leur signification et les causes qui les provoquent. Mais à l'image de son initiateur Sigmund Freud, la psychanalyse a étudié les rêves sous un angle purement sexuel et charnel, en n'y voyant que la manifestation des désirs libidineux refoulés dans l'inconscient depuis l'enfance ou des effets pervers du complexe d'Œdipe sur leur auteur.

Il reste que le célèbre disciple de Freud, Carl Jung, qui croyait en l'existence de l'âme comme entité spirituelle distincte du corps, contrairement à son maître, croyait aussi fermement en la réalité des rêves prémonitoires et des phénomènes surnaturels en général, comme l'ont rapporté de nombreux ouvrages.

Quoi qu'il en soit, les rêves font partie de la vie quotidienne des hommes et les accompagnent de leur naissance à leur mort. De ce fait, connaître leur signification profonde et les messages qu'ils véhiculent est une démarche tout à fait légitime. C'est pour cette raison d'ailleurs que nos illustres savants Mohammed Ibn Sirîne et Abdelghâni En-naboulsi ont composé leurs célèbres ouvrages.

Notre ouvrage que voici est une traduction résumée et synthétisée de leurs ouvrages, dans lequel nous donnerons à chaque mot sa signification onirique tirée de l'un des deux ouvrages, parfois des deux, sans citer le nom de l'auteur.

L'important pour nous, est que ce livre mette en relief les grandes connaissances acquises en ce domaine par nos deux grands savants.

Nous le présentons à nos lecteurs francophones, afin qu'ils puissent avoir accès à l'une des plus anciennes sciences de l'humanité, une science toujours d'actualité, toujours passionnante, dans la mesure où les joies, les craintes, les espoirs et les aspirations de l'homme ont été et resteront les mêmes depuis l'époque du Père de l'humanité, Adam عليه السلام jusqu'au jour ultime de ce bas monde.

Messaoud Boudjenoun,
Alger le 21 mars 2005

A

Aaron (Hâroun عليه السلام)
Celui qui le voit عليه السلام deviendra le successeur d'un homme pour lequel il fera l'objet d'une adversité et dont il finira par triompher. On dit aussi que celui qui voit Aaron, en rêve, deviendra un imam et, s'il a un besoin quelconque, celui-ci sera satisfait.

Abattoir (Maslakh)
Sa vision n'augure de rien de bon, dans la mesure où il est le lieu où les vies sont sacrifiées, où les peaux sont dépouillées des chairs, où le sang est répandu et où les mauvaises odeurs règnent. Elle peut évoquer aussi la satisfaction des besoins, les joies et les réjouissances. Elle peut évoquer également un lieu de torture, d'injustices et une prison.

Abeilles (Nahl)
La vision des abeilles évoque un pouvoir et l'obtention d'un avantage. Elle évoque aussi les gens de labeur et de peine pour l'obtention de gains. Elle indique aussi des savants, des jurisconsultes et des écrivains, car le miel constitue un remède et les abeilles ont reçu l'inspiration et ont parfait leur travail. Elle peut évoquer aussi des soldats et des armées, car elles ont un chef et un dirigeant.

Abel (Hâbil)
Celui qui voit Abel, en rêve, sera envié et fera l'objet d'un tort de la part de son ennemi. Il sera peut être tué sans aucune raison. Celui qui voit Abel, en rêve, obéira à son Seigneur et sera victime d'une violence ou d'une faiblesse à cause d'une

femme ou d'un tort de la part d'un proche, qui lui vaudra la satisfaction d'Allah.

Ablutions mineures (Woudhoû)
Celui qui se voit en train de faire ses ablutions et d'entrer dans la mosquée, cela veut dire qu'il va se débarrasser de ses soucis et rendre grâce à Allah pour cela. Celui qui se voit en train de faire ses ablutions avec ce qui n'est pas permis pour cela, cela veut dire qu'il se trouve dans un souci, en attendant la délivrance qui ne vient pas. On dit aussi que la vision d'ablutions évoque un dépôt que son auteur doit rendre, une dette dont il doit s'acquitter ou un témoignage qu'il doit faire.

Ablutions sèches (Tayammum)
Celui qui se voit en train de faire des ablutions sèches, cela veut dire que sa délivrance est arrivée ainsi que sa quiétude. La vision d'ablutions sèches évoque aussi un voyage ou un avertissement contre une maladie imminente qui nécessite de telles ablutions.

Abondance (Jamm)
La vision de l'abondance signifie le désir d'amasser des biens, en vertu de la parole du Très Haut : ﴿ ***Vous aimez les richesses d'un amour sans bornes.*** ﴾ (S89, V20)

Abraham (Ibrahim ﵇)
Celui qui voit Ibrahim ﵇, verra le pèlerinage lui être facilité, si Allah le veut. Sa vision signifie aussi pour son auteur l'exposition à l'injustice d'un tyran avant qu'Allah ne lui accorde la victoire sur lui, de même que la multiplication des bienfaits à son égard et le choix d'une épouse vertueuse. Sa vision exprime également le bien, les bénédictions, l'adoration, la vieillesse, la générosité, l'intérêt pour la descendance vertueuse, le commandement du bien et l'interdiction du blâmable, la science, la guidée, ainsi que l'abandon de la famille et des proches pour l'adoration d'Allah.

Abricot (Michmach)
Sa vision évoque de l'argent, lorsqu'il est vu, en son temps. Dans le cas contraire, elle évoque une maladie.

Absence de bienfaisance filiale ('Ouqoûq Ekl-Wâlidayn)
Sa vision évoque le fait de tomber dans les péchés capitaux, comme l'associationnisme, le meurtre et autres.

Absinthe (Chîh)
Sa vision évoque de l'argent douteux. Sa vision signifie pour une femme enceinte la naissance d'un garçon mâle.

Absorption d'un médicament par le nez (Sa'oût)
Celui qui se voit, en rêve, en train de s'absorber un médicament par le nez, cela veut dire que l'auteur de la vision fera l'objet d'une grande colère en fonction de ce qu'il aura absorbé comme pommade et autres.

Abstention de faire du mal (Kaff 'Ani Charr)
Sa vision évoque la soumission aux préceptes d'Allah et la victoire sur les ennemis.

Abû Bakr le véridique ﷺ
La vision d'Abû Bakr le véridique (qu'Allah l'agrée) signifie le califat, l'imâmat et la suprématie sur les autres. Son apparition représente aussi les dépenses dans le sentier d'Allah, au moyen des biens matériels et des enfants. Elle indique également la sincérité dans les paroles, le bon sens et le jugement perspicace. Celui qui voit Abû Bakr vivant, aura de la compassion et de l'indulgence pour les créatures d'Allah, alors que celui qui se voit assis avec lui, sera de ceux qui suivent la vérité et se conforment à la sunna du Prophète ﷺ.

Acacia (Sant)
Sa vision symbolise l'avarice et le mal ainsi que le fait d'œuvrer selon les actes des réprouvés.

Accolade ('Inâq)
Celui qui se voit, en rêve, en train de donner l'accolade à un vivant, cela veut dire qu'il va le fréquenter longuement en fonction de la longueur de son accolade. S'il se voit en train de donner l'accolade à un mort ou le fréquenter un court moment, cela veut dire que sa vie va se prolonger. S'il voit un mort lui donner l'accolade et se l'attacher à lui, cela annonce sa mort, car l'accolade est brève alors que l'attachement dure. S'il se voit en train de donner l'accolade à une femme, cela évoque son attachement à ce bas monde et son désespoir de l'au-delà.

Accolade (Mou'ânaqa)
La vision d'une accolade évoque une fréquentation et un amour. On dit aussi qu'elle évoque une longévité. Celui qui donne l'accolade à quelqu'un qu'il connaît, cela veut dire qu'il va le fréquenter. Quant à celui qui donne l'accolade, en rêve, à son ennemi, cela veut dire qu'il va se réconcilier avec lui.

Accouchement (Wilâda)
Si une femme voit, en rêve, qu'elle accouche d'une fille, elle accouchera, dans la réalité, d'un garçon. L'inverse est vrai.
La vision d'une fille évoque une délivrance, alors que celle d'un garçon évoque un souci. Si un malade voir en rêve, que sa mère vient d'accoucher de lui, cela veut dire qu'il va mourir, car le bébé est enveloppé dans des draps comme un mort. S'il est un artisan, des problèmes vont l'empêcher de travailler. S'il est pauvre, il trouvera celui qui s'occupera de lui et qui l'entretiendra. S'il est riche, il ne pourra pas préserver ses richesses et un autre homme va le dominer malgré lui.

Achat (Chirâ)
La vision d'un achat, dans un rêve, signifie une vente.

Acheteur (Mouchtary)
La vision d'un acheteur désigne un homme dans la contrainte. Celui qui se voit en train d'acheter ou de vendre, en rêve, cela

veut dire qu'il est dans le besoin et dans la contrainte, car l'homme ne vend que quand il est contraint. La contrainte incite l'homme à user de subterfuges.

'Achoûra

Se voir, en rêve, au jour de 'Achoûra, pour l'un des membres de la famille du Prophète ﷺ, cela signifie un malheur pour lui. Pour leurs ennemis, cela signifie le contraire.

Acquittement des dettes (Qadâ Eddine)

Celui qui se voit en train de s'acquitter d'une dette et de donner un droit, en rêve, cela veut dire qu'il va préserver des liens de parenté ou nourrir un pauvre. L'acquittement d'une dette, en rêve, signifie le retour d'un voyage et vice versa.

Actif (Fâ'il)

Sa vision évoque la pauvreté et la richesse. Elle peut évoquer le voyage ou l'hésitation dans la recherche des moyens de subsistance.

Adam عليه السلام

La vision d'Adam, sous sa forme réelle, vaudra à son auteur un pouvoir considérable, s'il en est digne, et ce en vertu de la parole du Très Haut : ﴾ ***Je vais établir un Vicaire sur la terre.*** ﴿ (S2, V30)

Celui qui se voit en train de parler à Adam عليه السلام, obtiendra une grande science, en vertu de Sa parole : ﴾ ***Il a appris à Adam les noms de toutes choses.*** ﴿ (S2, V31)

On rapporte aussi que pour celui qui le voit dans un rêve, cela signale qu'il a commis un péché et qu'il doit s'en repentir.

Addax (Mahât)

Sa vision désigne un chef qui s'adonne beaucoup à la dévotion mais qui s'égare de la voie de la sunna et suit une hérésie. Celui dont la tête se transforme en tête d'addax obtiendra un pouvoir, un butin et une responsabilité sur des gens étrangers.

A

Adieu (Wadâ')

Celui qui se voit en train de faire ses adieux à son épouse, va se séparer d'elle. On dit aussi que la vision d'un adieu signifie la séparation avec celui qui le fait, que ce soit par la mort ou par une autre cause de séparation. Elle évoque aussi la séparation des associés, la mise à l'écart du gouverneur ou la faillite du commerçant. Elle évoque aussi un retour de voyage. Pour un malade, elle annonce la mort.

Adieux (Tawdî')

La vision des adieux dans un rêve, signifie la fin d'un poste, la séparation d'avec l'épouse, la mort du malade, l'exil vers un autre pays et le changement d'un métier pour un autre, que l'auteur de la vision soit celui qui fait les adieux ou s'il voit un autre les faire. Sa vision indique aussi la séparation entre deux associés, la mise à l'écart d'un gouverneur et la faillite d'un commerçant.

Adjoint du juge ('Awn El-Hâkem)

Sa vision évoque un homme qui assiste les gens dans le mensonge. La vision des adjoints du juge, habillés en blanc, annonce une bonne nouvelle, alors que leur vision, habillés en noir, signifie une maladie ou une tristesse.

Adolescent (Fatâ)

Sa vision indique la chance, l'agrément et la victoire sur les ennemis, par analogie avec le récit d'Abraham عليه السلام lorsqu'il cassa les idoles. Le Très Haut a dit : ﴿ ***Nous avons entendu un jeune homme qui les vilipendait.*** ﴾ (S21, V60)

Affliction (Karb)

Celui qui se voit affligé, en rêve, cela veut dire qu'il a commis un péché qu'il regrette. Voir que son affliction a disparu, en rêve, annonce que l'auteur du rêve va se repentir d'un péché.

Affranchissement ('Itq)
Sa vision évoque les sacrifices et les immolations. Celui qui voit qu'il a affranchi un esclave, cela veut dire qu'il va faire un sacrifice. Se voir en train d'affranchir son épouse, signifie qu'il va divorcer d'elle.

Affranchissement avec contrat (Moukâtaba)
Sa vision évoque une longévité mutuelle aussi bien pour le maître que pour l'esclave affranchi. Elle évoque aussi une sérénité réciproque.

Affrontement (Çirâ')
Celui qui voit une personne l'affronter en rêve, gaspillera ses biens. La vision d'un affrontement indique la maladie de celui qui est vaincu.

Agate ('Aqîq)
Sa vision est bénéfique et préserve de la pauvreté, comme il a été rapporté dans un hadith du Prophète ﷺ qui dit : « *L'agate préserve de la pauvreté* ». Pour celui qui se voit portant une bague faite avec de l'agate, cela signifie qu'il possède quelque chose de béni et qu'il obtiendra une faveur prospère.

Agnelet (Sakhla)
Sa vision symbolise un fils. Se voir en train d'immoler un agnelet, pour un autre but que celui de manger de sa chair, est de mauvais augure et annonce la mort du fils du rêveur ou de l'un de ses proches. Celui qui voit qu'on lui offre un agnelet, en rêve, aura un fils noble et béni.

Agonie (Naz' Al-Mawt)
Sa vision évoque un litige dans la religion ou un doute au sujet du Coran. Elle peut évoquer aussi les préparatifs d'un voyageur, le mariage d'un célibataire et le passage d'une maison à une autre ou d'un métier à un autre.

A

'Aïcha (Qu'Allah l'agréé)

La vision de 'Aïcha (qu'Allah l'agréé) indique le bien et la bénédiction. Si une femme la voit, en rêve, elle obtiendra un rang élevé, une bonne renommée et une considération auprès des parents et de l'époux.

Aigle ('Uqâb)

La vision d'un aigle symbolise un homme fort et guerrier, auquel ni le proche ni l'étranger ne font confiance. Celui qui voit un aigle sur le toit de sa maison ou dans l'enceinte de celle-ci, sa vision évoque l'ange de la mort. S'il le voit tomber sur lui, cela indique sa mort prochaine.

Aiguille (Ibra)

La vision de l'aiguille, dans un rêve, représente la femme, en vertu de son percement, alors que la pénétration du fil dans son trou est annonciatrice d'un mariage. Quant à la pénétration d'autre chose dans le trou, elle est une mise en garde de Sa parole (qu'Il soit exalté) : ﴿ ***et ils n'entreront au paradis que quand le chameau pénètre dans le chas de l'aiguille.*** ﴾ (S7, V40)

Par contre, si quelqu'un se voit en train de coudre les vêtements des gens avec cette aiguille, cela signifie qu'il les exhorte à la bienfaisance et œuvre à faire le bien parmi eux.

On a dit aussi que lorsqu'un célibataire voit une aiguille dans un rêve cela indique pour lui une amélioration de sa situation.

Aiguille (Masalla)

Sa vision symbolise une femme en raison du fil qui y pénètre. Celui qui se voit, en rêve, avec une aiguille dans la main, si son épouse est enceinte, elle mettra au monde deux bébés. Si son épouse n'est pas enceinte, cela annonce un voyage pour lui.

Ail (Thawm)

La vision de l'ail évoque une mauvaise réputation ou des biens illicites. Se voir en train de manger de l'ail cuit, est l'indice du repentir d'un péché. La vision de l'ail est bénéfique au seul malade. On dit aussi que l'ail et l'oignon signifient les soucis et l'affliction.

Aile (Janâh)

La vision d'une aile, dans un rêve, symbolise un fils. Se voir, en rêve, avec deux ailes, annonce la naissance de deux enfants chez l'auteur du rêve. Celui qui voit l'une de ses ailes se casser, verra l'un de ses enfants tomber malade, alors que celui qui se voit arracher l'une de ses ailes, devra s'attendre à la mort de l'un de ses enfants.

Air (Hawâ)

Sa vision symbolise la passion (hawâ) de l'âme. Celui qui désobéit à sa passion, sera parmi les élus du paradis, alors que celui qui se voit en train de suivre sa passion, cela signale qu'il est négligent dans les affaires de sa religion. Celui qui se voit debout, dans les airs, entre ciel et terre, obtiendra une distinction et un pouvoir de la part d'un sultan, sans pour autant rester ferme dans cette position. Celui qui se voit assis, sur les airs, cela indique que son application des préceptes de la religion repose sur sa passion et son égarement.
Pour celui qui se voit suspendu entre ciel et terre, cela veut dire que son cœur est distrait et qu'il ne sait pas ce qu'il fait. Se voir en train de tomber du ciel, signale pour l'auteur du rêve qu'il va être déchu de son rang et de sa distinction.

Aisance (Rakhâ)

La vision d'une aisance signifie la délivrance pour celui qui se trouve dans une mauvaise passe, l'acquittement d'une dette ou la dissipation des soucis et des malheurs.

Albâtre (Balaq)
Celui qui se voit avec la peau en albâtre sera atteint de la lèpre.

Alcôve (Mikhda)
Sa vision évoque la tromperie vis-à-vis d'autrui. Si quelqu'un voit dans sa maison une alcôve qu'il n'a pas l'habitude d'en voir, cela évoque un renouvellement de ses espérances et de ses intentions vis-à-vis d'Allah.

Alfa (Halfâ)
La vision de l'alfa signifie la mort pour le malade, de même qu'elle indique le succès et la bénédiction pour ceux qui s'associent dans un projet.

'Alî Ibn Abî Tâleb (qu'Allah l'agréé)
Celui qui voit l'émir des croyants 'Alî Ibn Abî Tâleb (qu'Allah ennoblisse son visage) acquerra la science, le courage et l'ascétisme.

Aliments cuits dans l'eau (Masloûq)
La vision d'aliments cuits dans l'eau, comme la volaille, les viandes, les œufs et autres, évoque des ressources rapides et des marchandises prospères. Quant à la vision de légumes cuits dans l'eau, elle évoque l'acquittement des dettes, les joies et les réjouissances ou bien des soucis, des afflictions et une disette.

Allah (qu'Il soit exalté)
La vision d'Allah (qu'Il soit glorifié) indique la miséricorde pour celui qui fait partie des vertueux, alors que pour celui qui n'en fait pas partie, cela indique une mise en garde, en vertu de la parole du Très Haut : ﴾ ***Le jour où les hommes se tiendront debout devant le Seigneur des mondes.*** ﴿ (S83, V6)
Si quelqu'un se voit en train de parler à Allah, cela signifie qu'il sera honoré de Sa proximité et qu'il sera aimé des gens, en vertu de la parole d'Allah : ﴾ ***Et, tel un confident, Nous l'avons fait approcher de Nous.*** ﴿ (S19, V52)

Il en est ainsi lorsqu'il se voit prosterné devant Allah, en vertu de Sa parole : ﴾ ***Prosterne-toi et rapproche-toi.*** ﴿ (S96, V19) S'il voit qu'Allah lui a promis le pardon et la miséricorde, cette promesse sera véridique, car Allah ne faillit jamais à Ses promesses, mais il doit s'attendre à être l'objet d'épreuves dans ce bas monde.

Allaitement (Irdhâ')

Si une femme voit, en rêve, qu'elle allaite un homme, cela signifie que ce bas monde va se voiler pour elle ou qu'elle sera emprisonnée, car celle qui allaite est comme une prisonnière tant que le nourrisson ne lâche pas son sein, et elle ne peut pas se relever tant que le nourrisson n'a pas relâché son sein.

Allaitement (Radhâ')

Sa vision symbolise le besoin, la situation d'orphelin, le dépérissement d'une chose ou le changement de tempérament. Lorsqu'une femme se voit en train d'allaiter un homme, cela veut dire que les portes de ce bas monde vont se fermer devant eux ou qu'ils seront emprisonnés tous deux. En outre, lorsqu'un malade se voit en train de téter du lait, en rêve, cela indique sa prochaine guérison.

Allégeance (Moubâya'a)

Celui qui se voit en train de faire allégeance aux membres de la famille du Prophète et à ses partisans, cela veut dire qu'il va suivre la guidée, les préceptes de l'Islam et le droit chemin. Se voir en train de faire allégeance à un pervers, indique son alliance avec des gens pervers.

Allongement (Istilqâ)

Se voir en rêve, allongé sur son dos, annonce un appui solide. Celui qui se voit ainsi, verra sa position se renforcer et ce bas monde viendra à lui ou sera sous sa main, car la terre est un solide appui.

Allumeur (Machâ'ili)
Sa vision évoque un guide grâce auquel les gens se guident. Elle évoque aussi le bien, la bienfaisance et la science.

Allumeur de feu (Waqqâd Ennâr)
Sa vision évoque le bien, le repos, la satisfaction des besoins et la proximité des grands personnages. Sa vision évoque aussi la science, sauf s'il brûle les vêtements des gens avec le feu, sans aucun intérêt. Auquel cas, cela évoque le mal, les troubles et le gaspillage d'argent.

Al-Mach'ar Al-Harâm
Sa vision évoque la préservation des testaments et l'application des instructions. Celui qui fait sa vision, alors qu'il se trouve dans un état de peur, obtiendra la sécurité, des ressources et une guidée.

Alouette (Qounboura)
La vision d'une alouette symbolise un petit garçon.

Altercation (Mouchâtama)
Celui qui se voit en train d'injurier un homme, en rêve, avec des choses qui ne sont pas permises, cela veut dire que la personne injuriée triomphera de la personne qui injurie. S'il voit que quelqu'un lui fait du tort ou le calomnie, il triomphera de son oppresseur, tant qu'il n'y aura pas de trace visible à son tort, en vertu de la parole du Très Haut : ﴾ ***Celui qui châtie, comme il a été châtié et qui a subi, ensuite, de nouvelles représailles : Allah le protégera.*** ﴿ (S22, V60)

Amande (Loûz)
Sa vision évoque de l'argent. Se voir en train d'en manger, signifie obtenir de l'argent dans une querelle. Se voir en train de la cueillir de son arbre, signifie obtenir de l'argent d'un homme avare. Sa vision peut évoquer aussi la disparition des maladies, la mise à l'écart et la destitution d'un poste de responsabilité.

Ambre gris ('Anbar)
Sa vision évoque un bien provenant d'un homme noble. Son utilisation, en rêve, signifie de beaux éloges.

Ameuter un groupe (Jachch)
Sa vision évoque des propos proférés dans un but accusateur, mais qui sont utiles.

Amour (Hubb)
La vision de l'amour symbolise les malheurs, les soucis, l'égarement et la surdité. Sa vision évoque aussi la négligence et la faiblesse dans la religiosité de son auteur. Par contre l'amour d'Allah, dans un rêve, symbolise la fermeté dans la religion, l'excellence de la certitude et la conformité à la sunna du Prophète ﷺ.

Amour ('Ichq)
Sa vision symbolise une épreuve. Celui qui voit, en rêve, qu'il est amoureux, sera éprouvé. L'amoureux est celui qui désire ardemment faire soit un acte de bienfaisance soit une turpitude. La vision d'un amour ancré dans le cœur signifie une épreuve pour son auteur. Sa vision évoque aussi une négligence et une faiblesse dans la religion.

Amour de l'homme pour autrui (L') (Tahabbub El-Insân Li Ghayrihî)
Lorsque cet amour est exprimé en vue de gagner l'amour d'Allah, cela veut dire qu'il implique la miséricorde d'Allah et Sa satisfaction ainsi que l'abandon des péchés ou la conversion d'un incroyant. Mais si cet amour est exprimé pour gagner autre chose que l'amour d'Allah, cela signifie la conclusion d'une association dont le résultat sera la trahison ou un mariage sans tuteur.

Amputation de la main ou autre membre (Qat' El-Yadd et autres)
La vision d'une amputation de la main ou d'un autre membre indique la négligence de la prière, l'enrichissement de l'auteur

de la vision le mettant à l'abri de toute sollicitation ou son repentir. Voir ses membres amputés, signifie faire un voyage et se séparer de sa famille, de ses enfants et de sa tribu.

Anéantissement (Fanâ)
Sa vision évoque l'annulation des avantages, l'incapacité d'assister autrui en raison de la maladie ou une catastrophe qui s'abat sur les récoltes. Chez les gens de la voie (les soufis), elle évoque l'existence et la pérennité.

Ange de la mort (Malik El-Mawt)
La vision de 'Azrâïl عليه السلام signifie la longévité. On dit aussi qu'elle évoque une grande frayeur. Celui qui voit l'ange de la mort عليه السلام avec une mine réjouie, mourra en martyr. S'il le voit avec une mine sévère, mourra sans se repentir. Pour les amoureux d'Allah, elle évoque la sérénité, l'atteinte du but, la concrétisation de la promesse, le passage d'une situation gênante à une situation aisée et les messages de bonnes nouvelles.

Ange gardien de l'Enfer (Mâlik)
Celui qui voit Mâlik, l'ange gardien de l'enfer, en rêve, se présentera devant le chef de la police. S'il le voit souriant, il échappera à la prison. Si c'est un malade qui fait cette vision, on craindra pour lui la mort. Celui qui se voit prendre ses traits ou qui reçoit de la bonne nourriture de sa part, cela évoque pour lui l'amour d'Allah, de Son messager et des croyants ainsi que la puissance, le pouvoir et l'éloignement de l'hypocrisie.

Anges (sur eux le salut) (Malâïka)
Celui qui voit des anges connus, avec la mine réjouie, cela signifie pour lui l'apparition d'une chose, de même qu'une puissance, une dignité, une bonne nouvelle, une victoire après une injustice, une guérison après une maladie, une sécurité après la peur et un salut après une difficulté. Pour celui qui voit un ange lui parler ou lui offrir quelque chose en rêve, cela lui annonce qu'il va mourir en martyr.

Anges gardiens (Hafadha)
Leur vision symbolise des savants, guides et dignes de confiance. On dit que celui qui voit les Hafadha, en rêve, aura la bonne nouvelle, et sera réjoui en ce bas monde et dans l'autre. Il aura pour dernière demeure le paradis, s'il est un homme pieux. S'il est autre que cela, il doit prendre garde de la parole du Très Haut : ﴿ ***Alors que des gardiens veillent sur vous ; de nobles scribes qui savent ce que vous faites.*** ﴾ (S83, V10-12)

Angoisse (Ghamm)
Sa vision évoque la joie. On dit aussi qu'elle évoque une vraie angoisse à l'état réel. La joie, vue en rêve, évoque, elle, l'angoisse, en vertu de la parole du Très Haut : ﴿ ***Allah n'aime pas ceux qui se réjouissent.*** ﴾ (S28, V76)

Animosité ('Adâwa)
Celui qui se voit en train d'éprouver de l'animosité pour quelqu'un, en rêve, cela veut dire qu'il va y avoir de l'amitié entre eux. La vision d'une animosité pour les ennemis d'Allah indique la foi de son auteur. S'il leur montre de l'amitié ou se confie à eux, cela dénote d'une infraction de sa part au Livre d'Allah et un détournement de la sunna du Prophète ﷺ.

Anneau (Halqa)
La vision d'un anneau symbolise la religion musulmane. Celui qui se voit en train de tenir un anneau, cela veut dire qu'il est attaché à la religion de l'Islam. La vision d'un anneau sur la porte, évoque le portier, le chambellan ou le chien de garde. Si cet anneau est fait en or ou en argent, cela indique la puissance, l'élévation du rang et la royauté.

Anneau de porte (Zirfîn)
Sa vision évoque une immunité entre deux époux, un contrat d'association entre deux associés et une réconciliation entre deux adversaires.

Année ('Am)
Sa vision évoque une épreuve que son auteur verra en lui-même ou dans autrui, en vertu de la parole du Très Haut : ﴿ ***Ne voient-ils pas que chaque année ils sont éprouvés une fois ou deux ? Ils ne s'en repentent pas ensuite et ils ne s'en souviennent plus.*** ﴾ (S9, V126)

Année (Sana)
Sa vision évoque la sécheresse et la disette, comme elle peut indiquer le doute et le scepticisme dans la religion. Elle peut évoquer aussi la gêne, les menaces ou les épreuves.

Anse ('Ourwa)
Sa vision symbolise la religion. Se voir en rêve, en train de tenir une anse, est l'indice de son attachement à la religion, en vertu de la parole du Très Haut : ﴿ ***Qui croit en Allah a saisi l'anse la plus solide et sans fêlure.*** ﴾ (S2, V256)

Antilope (Zhabya)
Sa vision symbolise une jeune fille arabe belle. Celui qui voit comme s'il chassait une antilope en rêve, cela indique qu'il va tromper une jeune fille ou une femme pour l'épouser. Se voir en train de manger de la chair d'antilope, annonce l'obtention d'argent d'une belle femme. Quant à celui qui se voit tuer une antilope, cela veut dire qu'il va éprouver un souci et un malheur causés par des femmes.

Antimoine (Kohl)
Sa vision évoque de l'argent ainsi qu'un surplus de perspicacité dans la vertu. Celui qui voit, en rêve, un homme vertueux qui lui induit les yeux d'antimoine, cela indique un bien à venir. Celui qui voit un homme lui induire les yeux d'antimoine et l'aveugler, cela indique qu'il va lui prendre une partie de son argent par ruse et tromperie. La vierge qui se voit en train de s'induire les yeux d'antimoine, se mariera, de même que la veuve.

Aorte (Watîne)
Sa vision évoque la vie de l'homme, car il s'agit d'une artère qui est située entre l'épine dorsale, le cœur et le cou. La joie, les sensations et la tristesse proviennent de là.

Apiculteur (Nahhâl)
Sa vision évoque une bataille, l'expropriation de biens, un siège, une fatigue ou un port d'armes.

Apothicaire (Çaydalâni)
Sa vision évoque un homme savant qui écrit des livres, car les médicaments améliorent le corps comme la science améliore la religion.

Apparition (Zhouhoûr)
La vision de l'apparition d'une chose qui était cachée indique pour son auteur une compagnie après la solitude, un profit après une perte et un enfant après en avoir désespéré. Elle évoque aussi la concrétisation d'une promesse, le règlement d'un besoin, l'acquittement de dettes, le retour d'un absent, la délivrance d'un prisonnier ou d'une femme enceinte.

Appel (Nidâ)
Pour celui qui l'entend, en rêve, cela signifie un péché commis, en vertu de la parole du Très Haut : ﴾ ***Comme si on les appelait de très loin.*** ﴿ (S41, V44)

Appel à la prière (Adhân)
Celui qui se voit en train de faire l'appel à la prière une ou deux fois puis d'accomplir une prière prescrite, jouira d'un pèlerinage et d'une 'Omra, en vertu de Sa parole : ﴾ ***Appelle les hommes au pèlerinage, ils viendront à toi.*** ﴿ (S22, V27)
S'il se voit en train de faire l'appel à la prière, au-dessus d'un phare, il deviendra un prêcheur de vérité et il sera gratifié d'un pèlerinage.

A

Se voir en train de faire l'appel à l'intérieur de la Ka'ba, n'est pas quelque chose de louable, et le fait de se voir en train de faire l'appel à la prière sur la terrasse de son voisin signifie qu'il va tromper ce dernier avec son épouse. En outre, celui qui se voit en train de faire l'appel à la prière au milieu de gens qui ne lui répondent pas, cela indique qu'il se trouve au milieu de gens injustes, en vertu de Sa parole : ﴾ ***Un crieur, parmi eux, criera alors : Que la malédiction d'Allah soit sur les injustes.*** ﴿ (S7, V44)
Celui qui se voit aussi en train de faire l'appel à la prière puis de prier, vivifiera une sunna (tradition du Prophète ﷺ) et fera disparaître une bid'a (innovation blâmable).

Application (Jidd)
Celui qui se voit, dans un rêve, en train de s'appliquer pour atteindre une chose noble, il se peut qu'il l'atteigne. Celui qui se voit devenir un grand-père, vivra jusqu'à un âge avancé et verra son rang s'élever. La vision du grand-père dans un rêve a la même valeur que celle du père. Sa vision peut symboliser l'application et l'effort. Voir son grand-père mourir signifie que son application et son effort diminueront.

Apprentissage de l'homme (Ta'alloum El-Insân)
Se voir, en rêve, en train d'apprendre le Coran pour l'assimiler, d'écrire le hadith prophétique, d'étudier une sagesse ou d'apprendre un métier, signifie l'enrichissement qui succède à la pauvreté et la guidée qui succède à l'égarement. Si l'auteur de la vision est un célibataire, il se mariera ou aura des enfants ou bien fréquentera celui qui le guidera et l'orientera vers la vérité.

Arabes ('Arab)
Leur vision évoque la facilitation des choses difficiles, en vertu de la parole du Très Haut : ﴾ ***Ceci est une langue arabe claire.*** ﴿ (S16, V103)

'Arafâ

La vision de 'Arafâ évoque le pèlerinage. Elle peut évoquer aussi le jour du vendredi ainsi que le marché et le commerce prospère. Celui qui se voit, en rêve, à 'Arafâ, préservera ses liens de parenté et se réconciliera avec celui avec qui il a un différend. S'il a quelqu'un qui est absent, il reviendra vers lui.

Araignée ('Ankaboût)

La vision d'une araignée évoque une femme maudite qui abandonne la couche de son mari. La vision de sa toile signifie épouser une femme sans religion. Elle évoque aussi un homme dévot et ascète. Celui qui voit une toile d'araignée, en rêve, s'affaiblira, en vertu de la parole du Très Haut : ﴾ ***La demeure de l'araignée est la plus fragile des demeures.*** ﴿ (S29, V41)

Arbre (Chadjara)

La vision d'arbres inconnus évoque des soucis et des malheurs. Elle figure aussi des hommes. Celui qui se voit, en rêve, en train de cueillir des fruits d'arbres, cela lui annonce qu'il va obtenir des biens d'hommes. Celui qui se voit en train de planter des arbres dans son jardin, va avoir des enfants mâles qui vivront en fonction de la vie de ces arbres. Voir un arbre s'abattre, être coupé ou cassé par un vent violent, annonce qu'un homme ou une femme va périr.

Arc (Qaws)

La vision d'un arc évoque, à l'origine, une femme à l'accouchement rapide, un enfant, un frère, un voyage ou une proximité avec Allah (qu'Il soit glorifié). Elle peut évoquer aussi la proximité avec certains nobles, en vertu de la parole du Très Haut : ﴾ ***Puis il s'approcha et demeura suspendu.*** ﴿ (S53, V8) La vision d'un arc qui se casse, signifie que l'auteur de la vision n'a pu se charger d'une mission. Celui qui se voit en train de tendre un arc en s'abaissant avec lui, vivra longtemps.

A

Arc-en-ciel (Qaws Qouzah)

La vision d'un arc-en-ciel signifie la sécurité devant la peur. Si on le voit à droite et à gauche, cela indique la prospérité pour les pauvres et une difficulté éphémère pour les riches. Elle indique aussi le mariage de celui qui le voit s'il est célibataire.

Arche (Taboût)

La vision d'une arche symbolise un roi puissant. Celui qui se voit dans une arche, obtiendra un pouvoir s'il en est digne, en vertu de la parole du Très Haut : ﴿ ***Voici quel sera le signe de sa royauté : l'arche viendra vers vous portée par les anges.*** ﴾ (S2, V248)

On dit aussi que la vision d'une arche signifie que l'auteur de la vision a peur d'un ennemi qu'il est incapable d'affronter, et cette vision est la preuve de sa prochaine délivrance de cet ennemi.

Sa vision signifie aussi l'obtention, par son auteur, d'une science, d'une sérénité et d'une dignité.

Archer (Nouchâbî)

Sa vision évoque un espion qui incite les gens à médire les uns les autres. Elle évoque aussi les voyages, les soucis, les afflictions, la dévastation ainsi que la répartition des biens selon la règle légale de la Charia.

Architecte (Mouhandis)

Sa vision évoque la dévastation des constructions et la construction de ce qui est dévasté, de même que les troubles et les maux. Celui qui se voit devenir un architecte, en rêve, obtiendra une longévité et acquerra une puissance, le pouvoir d'ordonner et d'interdire.

Argent (Fidda)

Sa vision symbolise des biens amassés. Elle évoque aussi une jeune femme belle, blanche et élégante. Celui qui se voit en train de fondre de l'argent, en rêve, cela veut dire qu'il va entrer en litige avec son épouse et subir les critiques des gens.

Argile (Tayn)
Sa vision évoque une maladie et un avilissement. Celui qui tire ses moyens d'existence d'un travail lié à l'argile, cette vision est de bon augure pour lui. Construire avec de l'argile, en rêve, évoque la religion et la certitude. Pour celui qui se voit devenir l'argile de la tombe du Prophète ﷺ, cela annonce l'accomplissement du pèlerinage avec ses propres moyens. La vision de l'argile signifie la mort pour le malade.

Argile (Wahl)
La vision de l'argile évoque la paralysie des activités ainsi que la rupture des prières. Elle peut évoquer aussi les dettes, la calomnie et, peut-être, l'accouchement de la femme, d'un garçon, en vertu de la parole du Très Haut : ﴾ ***Nous avons créé l'homme d'argile fine.*** ﴿ (S23, V12)
Le malade qui se voit dans de l'argile, en rêve, verra sa maladie persister, sauf s'il voit qu'il s'en est débarrassé. Auquel cas, il guérira de sa maladie. Pour celui qui n'est pas malade, se voir en train de marcher dans de l'argile, annonce le fait de tomber dans une discorde ou un malheur, dans un souci, ou le fait d'être emprisonné

Argile pour briques (Tayn Ellabin)
Sa vision indique des ressources licites. Elle indique aussi un enfant mort-né ou un enfant dont l'existence est éphémère.

Arme (Silâh)
La vision d'une arme symbolise le triomphe et la puissance face aux ennemis de même que l'éloignement des maladies. Celui qui se voit, en rêve, avec des armes, alors qu'il est capable de les utiliser, cela indique la concrétisation de ses buts. Cela peut indiquer aussi une vertu dans la religion. Si l'auteur de cette vision est craintif ou malade, Allah le guérira. S'il est en voyage, il reviendra sain et sauf vers sa famille.

Armiyya عليه السلام

Celui qui voit le prophète Armiyya عليه السلام dans un rêve, sa vision signale qu'un feu va se déclarer dans cette contrée, dans sa maison ou dans son hameau.

Arrivée au but recherché (L') (Zhafr Bîl Mourâd)

Sa vision indique un surplus de science, la voie vers Allah, ainsi que des biens licites à obtenir. Si l'auteur de la vision est célibataire, cela indique son prochain mariage.

Art (Fenn)

Sa vision évoque la guérison des maladies, la sécurité contre la peur et la compagnie après la solitude. Elle évoque également les lieux de promenade, les différentes couleurs ou divers vêtements ainsi que les visages agréables.

Ascétisme (Zuhd)

Sa vision évoque la sympathie des gens pour l'auteur de cette vision, en vertu du hadith qui dit : *« Renonce à ce que possèdent les gens et les gens t'aimeront »*.

Assassinat (Qatl)

Celui qui se voit commettre un meurtre en rêve, commettra une chose très grave. On dit aussi que cela signifie la délivrance d'une affliction, en vertu de la parole du Très Haut : ﴿ ***Tu as ensuite tué un homme. Nous t'avons préservé de l'affliction.*** ﴾ (S20, V40)

Celui qui se voit en train de se suicider, obtiendra un bienfait et se repentira sincèrement, en vertu de la parole du Très Haut : ﴿ ***Revenez donc à votre Créateur et entretuez-vous.*** ﴾ (S2, V54)

Association (Charqa)

La vision d'une association symbolise l'équité. Elle évoque aussi une joie et, probablement, une exagération dans la piété. Celui qui voit, en rêve, qu'il s'est associé avec quelqu'un, cela veut dire que chacun d'eux va faire preuve d'équité envers l'autre dans une affaire entre eux.

Astrolabe (Istirlâb)
L'astrolabe symbolise le serviteur des dirigeants et celui qui a des relations avec le sultan. Celui qui se voit, en rêve, prendre possession d'un astrolabe, fréquentera un homme faisant partie de cette catégorie de personnes et en tirera profit à la mesure de ce qu'il verra dans son rêve. Il peut aussi représenter un homme versatile, sans résolution, ni loyauté ni virilité.

Astrologue (Mounadjjim)
Sa vision évoque la fréquentation des médecins des cœurs et la connaissance de leurs états. Elle évoque aussi le dévoilement des secrets ainsi que le fait de répandre des informations certaines ou fausses. Elle peut évoquer aussi le mariage pour le célibataire, la séparation entre les deux conjoints, la mort du malade, le voyage ou la délivrance de la femme enceinte.

Attache d'une chose (L') ('Aqd Ech-chay)
La vision d'attaches évoque des contrats et des engagements pour celui qui les voit. Elle évoque aussi un commerce, un mariage ou la solidité de la foi, selon la manière dont on la voit.

Attaque (Karr)
Sa vision signifie le contraire de la fuite. Elle peut évoquer aussi le regret, le repentir et le retour au bien.

Attention (L') (Iltifât El-Insân)
L'attention de l'homme dans son sommeil symbolise l'avidité qui perdra son auteur, surtout l'attention dans la prière. Si cette attention a pour cause la crainte d'un serpent ou d'un lion, cela indique une mise en garde contre l'épouse et les enfants. L'attention dans la prière signifie l'aspiration à ce bas monde et le détournement de l'au-delà.

Aube (Fadjr)
La vision du lever de l'aube signifie une guidée et une lumière. Celui qui voit son lever obtiendra une joie et un bonheur successifs.

Aubépine (Za'roûr)
La vision d'une aubépine de couleur jaune symbolise une maladie, en fonction de l'éclat de sa couleur. La couleur verte, n'évoque pas de maladie.

Aubergine (Bâdhindjân)
La vision de l'aubergine, en dehors de sa saison, signifie des ressources qui arrivent difficilement. Par contre, dans sa saison, elle annonce l'arrivée facile de ressources. Se voir en train d'en manger, indique la tendance à rechercher les permissions pour s'exempter des obligations de la religion, la flagornerie, la haine, la tromperie et l'image de l'homme à double face.

Audition (Simâ')
La vision d'une audition du Coran, d'un panégyrique du Prophète ﷺ ou d'un prêche, en rêve, évoque la guidée et le retour vers Allah. S'il entend autre chose que cela, il sera à l'exemple de ceux au sujet desquels Allah a dit: ﴾ ***Si tu les invites à la vraie direction, ils n'entendent pas.*** ﴿ (S7, V198)

Aumône (Çadaqa)
La vision d'aumônes surérogatoires indique la préservation contre les malheurs. Elle évoque aussi la guérison pour le malade, les ressources et le bien ainsi que la sincérité dans les propos. Elle peut indiquer aussi les louanges d'Allah, la visite des cimetières et les actes de bienfaisance.

Aumône légale (Zakât)
La vision de la Zakât évoque l'essor des biens et sa multiplicité. Celui qui se voit en train de s'acquitter de la

Zakât, dans un rêve, acquerra des biens et des richesses, en vertu de la parole du Très Haut: ﴾ ***Ce que vous donnez en aumônes en désirant la Face d'Allah, voilà ce qui doublera vos biens.*** ﴿ (S30, V39)

Autruche (Na'âma)
Sa vision évoque une femme campagnarde, riche, belle et distinguée. Si quelqu'un se voit monter, en rêve, sur une autruche, cela signale qu'il va commettre un péché.

Auvent de porte ou de mosquée (Saddatu El-Bâb Aw El-Masdjid)
Sa vision évoque ce que porte l'homme comme habits ou ce dont il se pare. Elle évoque aussi les biens qui préservent sa situation. Elle peut évoquer aussi la femme jolie et aux traits parfaits, distinguée et à la progéniture nombreuse.

Avant-bras (les deux) (Sâ'idâne)
Leur vision évoque deux proches ou deux compagnons, deux frères ou deux enfants sur lesquels il peut compter et dont il tire avantage.

Avarice (Bukhl)
L'avarice dans le rêve, signifie le reproche. Celui qui se voit faire preuve d'avarice, va faire l'objet de reproches et vice versa. Quant à la dépense de biens à contre cœur, elle signifie l'approche du terme de la vie, en vertu de la parole du Très Haut: ﴾ ***Dépensez de ce que Nous vous avons fait don, avant que la mort ne vienne à l'un de vous...*** ﴿ (S63, V10)
Elle symbolise aussi l'hypocrisie et tous les actes qui rapprochent de l'enfer, de même que la parcimonie, la pauvreté et la perte de biens, d'enfants ou d'héritiers incompétents.

Avarice (Chouhh)
Elle évoque le fait de commettre ce qui est interdit.

Aveu d'un homme (L') (Iqrâr El-Insân)

Faire l'aveu d'une servitude à l'égard de quelqu'un, dans un rêve, c'est lui exprimer son inimitié. Faire l'aveu d'un péché et d'une désobéissance, est un signe de l'obtention d'une noblesse, d'un honneur et d'un repentir, en vertu de la parole du Très Haut au sujet d'Adam et d'Eve : ﴾ ***Ils ont dit : Seigneur, nous nous sommes fait du tort à nous-mêmes*** ﴿. Faire l'aveu du meurtre d'un homme, signifie l'obtention d'un pouvoir, d'une autorité ou d'une sécurité, en vertu de la parole de Moïse dans le Coran : ﴾ ***J'ai tué un homme parmi eux.*** ﴿

Azèdarac ou arbre à chapelets (Azadrakht)

L'arbre à chapelets symbolise un homme d'agréable compagnie, au beau nom, en raison de la saveur de son odeur.

B

Bâillement (Tathâoub)
La vision des bâillements signifie le libertinage et les œuvres qui plaisent au Diable, comme les lamentations et la paresse dans l'accomplissement de la prière. Elle signifie aussi un affront auquel sera exposé l'auteur de la vision ou une maladie incurable dont il est atteint.

Baiser (Qubla)
La vision d'un baiser avec désir évoque la satisfaction d'un besoin. Celui qui se voit en train d'embrasser un homme, de le fréquenter ou d'être allongé prés de lui en ressentant du désir pour lui, obtiendra ce qu'il désire. Si le baiser est empreint de désir, cela veut dire que celui qui embrasse obtiendra de celui qui est embrassé, un bienfait, comme la transmission d'une science ou l'orientation vers quelque chose de convenable. Celui qui se voit en train d'embrasser un mort, en rêve, cela annonce sa mort prochaine.

Baisser son regard (Ghadd El-Baçar)
Sa vision évoque la préservation des préceptes d'Allah et de Ses interdits, en vertu de Sa parole : ﴿ ***Dis aux croyants de baisser leurs regards, d'être chastes.*** ﴾ (S24, V30)

Balai (Miqnasa)
Sa vision évoque un serviteur. Elle peut évoquer aussi la dissipation des soucis et des afflictions et l'acquittement des dettes.

B

Balance (Mizân)
Sa vision symbolise tous ceux qui sont pris comme exemples et guides, comme le juge, le savant, le sultan et le Coran. Elle évoque aussi la foi et la justice dans les paroles et les actes. Elle peut évoquer aussi le règlement des dettes et le respect des vœux. La vision d'une balance neuve et dressée, indique que le juge de ce pays est fort et érudit.

Balançoire (Mardjoûha)
Se voir, en rêve, sur une balançoire, indique son égarement et sa déviation de la religion, en ne sachant que faire.

Balançoire (Ourdjoûha)
Il s'agit de celle qui est fabriquée avec une corde. Se voir en train de se balancer avec, en rêve, signifie avoir une foi vacillante.

Balayage (Kans)
Pour celui dont les actes sont souillants et pour les gens de métier, la vision d'un balayage est un bon signe. Pour les riches, sa vision augure de pauvreté et de diminution des biens.

Balle (Koura)
Sa vision évoque la lutte pour les biens de ce bas monde entre ceux qui le refusent et ceux qui le désirent. Elle évoque aussi les voyages et le passage d'un lieu à un autre.

Banane (Moûz)
Pour celui qui recherche ce bas monde, sa vision évoque l'obtention d'un bien en fonction de son aspiration. Quant à celui qui recherche la religion, sa vision indique l'acquisition d'une force dans son adoration en fonction de ses intentions. La vision d'un bananier évoque un homme riche, croyant et bien éduqué. Sa présence dans une maison, indique la naissance d'un enfant. Le Très Haut a dit : ﴾ ***Et d'acacias bien alignés.*** ﴿ (S56, V29) Il s'agit là du bananier.

Bannière ('Alam El-Djund)
Sa vision évoque un savant renonçant à ce bas monde et généreux, que les gens prennent comme exemple, en vertu de la parole du Très Haut : ﴿ ***Et des points de repère. Les gens se dirigent d'après les étoiles.*** ﴾ (S16, V16)

Bannissement (Tard)
La vision d'un bannissement signifie un emprisonnement. Celui qui se voit banni de son pays, doit s'attendre à être emprisonné. Se voir chassé du paradis augure de la pauvreté.

Banquet (Walîma)
Pour celui qui assiste à un banquet ou donne un banquet, en rêve, cela évoque la disparition de ses soucis et de ses afflictions, de même que le poste de responsabilité qui attirait les gens vers lui. La vision d'un banquet peut évoquer aussi le souci, l'affliction ou un tort dû à des coups ou à des paroles.

Barbe (Lihya)
Sa vision symbolise pour l'homme la richesse et la puissance. Voir sa barbe s'allonger d'une façon démesurée, indique des dettes et des soucis pour l'auteur de la vision. Si elle s'allonge au point de tomber par terre, elle indique la mort pour l'auteur de la vision, en vertu de la parole du Très Haut :
﴿ ***De la terre Nous vous avons créés ; en elle, Nous vous ramènerons.*** ﴾ (S20, V55)
S'il voit que sa barbe s'est allongée jusqu'à arriver à son ventre, il obtiendra des biens et une dignité qui lui causeront de la fatigue en fonction de l'arrivée de sa barbe à son ventre. S'il voit que sa barbe s'allonge d'une façon proportionnée et harmonieuse, il obtiendra des biens, une dignité et une vie agréable.
S'il voit des poils blancs sur sa barbe, cela évoque une mise en garde pour lui contre des péchés commis.

B

Barbe dorée (Çouhoûbat Ellihya)
Sa vision évoque une séduction, surtout si la barbe est mélangée à des poils blancs.

Bascule (Qabbân)
La vision d'une bascule évoque un roi. Elle évoque aussi un enfant ou un époux diminué physiquement. Elle peut signifier aussi la science, la guidée et la conformité à la vérité.

Bassin avec jet d'eau (Chadhrouwân)
Sa vision chez la personne qui sied à cela, évoque la puissance, la dignité, la dissipation des soucis et des malheurs ainsi que l'écoute des bonnes informations ou des belles mélodies.

Bassine (Tast)
La vision d'une bassine évoque une esclave ou un serviteur. Elle symbolise aussi une puissance, une dignité, des ressources et des biens. Celui qui utilise, en rêve, des récipients en or ou en argent, commettra des péchés.

Bât (Akâf)
Se voir hissé sur un bât, dans un rêve, indique le repentir de l'auteur d'une injustice après en avoir joui longuement.

Bât (Bard'a)
Sa vision symbolise la dissipation des soucis, de la peine, du malheur ainsi que les préparatifs pour un voyage.

Bateau (Safîna)
Sa vision symbolise l'Islam qui sauve de l'ignorance et des épreuves comme elle peut évoquer l'épouse qui protège de la séduction et, partant, du feu et des épreuves. Elle peut signifier aussi le Sirât sur lequel les gens de foi échappent au feu.
Elle peut indiquer également la prison, le souci et l'entrave. Celui qui se voit monter en rêve, dans un bateau, s'il est un

incroyant, il se convertira à l'Islam, surtout s'il y est monté au milieu de la mer, après avoir failli se noyer. Si c'est un pécheur, cela veut dire qu'il va se repentir, si c'est un pauvre, cela lui annonce qu'il va s'enrichir après sa pauvreté et, si c'est un malade, qu'il va guérir de sa maladie, sauf s'il se voit y monter avec des morts. Si l'auteur de la vision est endetté, cela indique qu'il va régler ses dettes et se délivrer de son souci.

Bâton ('Açâ)

La vision d'un bâton symbolise un homme distingué et inabordable, mais qui recèle de l'hypocrisie. Celui qui se voit, en rêve, avec un bâton dans la main, demandera assistance à un homme ayant ces caractéristiques. Il obtiendra ce qu'il cherche, triomphera de son adversaire et multipliera ses biens. Celui qui voit son bâton se casser, sera atteint d'une grave maladie qui épuisera ses forces.

Beauté de l'homme (Jamâl El-Insân)

Lorsque quelqu'un se voit dans un rêve, beau, dans sa personne, ses vêtements ou son moyen de transport, cela signifie que son ennemi se trouve dans une mauvaise situation.

Beauté du nez (Chamam)

Sa vision indique un amoindrissement et une diminution du rang pour celui qui cherche la distinction et la considération parmi les gens.

Bec d'oiseau (Minqâr Ettayr)

Sa vision évoque une puissance et une grande dignité pour celui qui le possède.

Bêche (Marr)

Sa vision évoque un bienfait pour celui qui la possède en rêve.

B

Belette (Ibn 'Ars)
Sa vision figure un homme insolent, oppresseur et dur, peu clément avec les gens. Celui qui voit une belette entrer chez lui, verra des gens rusés et perfides s'introduire chez lui.

Bélier (Kabch)
Sa vision symbolise l'homme imposant et puissant, comme le sultan, l'imam, l'émir, le chef de l'armée ou le lieutenant des soldats. Se voir en train de prendre un bélier par ses cornes, en rêve, annonce à l'auteur du rêve qu'il va être protégé dans une affaire, par un homme noble.

Belvédère (Mandhara)
Sa vision évoque un homme qui attire les regards. Celui qui le voit de loin, triomphera de ses ennemis, et obtiendra ce qu'il désire. Sa dignité prendra de l'essor. Si c'est un commerçant qui le voit, il gagnera beaucoup de profits.

Berceau (Mahd)
Sa vision symbolise la bénédiction, le bien et les bonnes œuvres. Celui qui se voit acheter un berceau ou dormir dans un berceau obtiendra un bien et une bénédiction et fera profiter les gens de biens considérables, en vertu de la parole du Très Haut : ﴾ ***Ceux qui auront accompli de bonnes œuvres en recueilleront le bénéfice.*** ﴿ (S30, V44)
Pour un célibataire, sa vision signifie un mariage et, pour la femme mariée, un enfant.

Berger (Râ'i)
Le berger, vu en rêve, symbolise un homme possédant un pouvoir. Il indique aussi l'enseignant des enfants et celui qui s'occupe des affaires du sultan ou du gouverneur. La vision d'un berger indique aussi la distinction, sauf pour celui qui se voit en train de garder des porcs. Cela indique alors la fréquentation des Chrétiens et des innovateurs.

Berger d'étoiles (Râ'ï Ennoudjoûm)
Se voir en rêve, sous les traits d'un berger d'étoiles, indique l'obtention d'un pouvoir.

Besoin (Fâqa)
Se voir dans le besoin vis-à-vis d'Allah, en rêve, en lui faisant une demande en ce sens, évoque la réponse à sa question faite, dans la réalité, à des personnes de haut rang.

Beurre (Zubd)
Sa vision évoque l'embryon dans le ventre de sa mère. Elle évoque aussi des biens précieux et avantageux. On dit que celui qui voit du beurre, en rêve, Allah lui accordera la faveur de la visite des lieux saints. La vision du beurre évoque aussi la prospérité, l'humidité, le gain et les avantages.

Beurre (Semen)
Sa vision symbolise une science utile et un monothéisme pur de tout doute. Elle évoque aussi les biens, les récoltes, les gains, la prospérité et le bien être pour celui qui se trouve dans la gêne, ainsi que la santé pour celui qui est malade s'il se voit en train de le consommer.

Bien-être (Hanâ)
Sa vision évoque une affliction, car c'est son contraire. Elle peut évoquer aussi la délivrance d'une gêne ou l'enrichissement après la pauvreté.

Bienfaisance (Ihsân)
La bienfaisance indique le salut pour l'auteur du rêve.

Biens de mainmorte (Waqf)
Leur vision évoque les bonnes œuvres avec lesquelles on se rapproche d'Allah et grâce auxquelles on acquiert une dignité en ce bas monde et dans l'au-delà, en fonction des biens consacrés. Si quelqu'un consacre au service d'Allah, un livre,

une maison ou de l'argent, cela veut dire qu'il va se repentir, s'il est un pécheur et se guider s'il est égaré.

B

Bière (Fuqqâ')
Sa vision évoque un bien acquis avec peine et provenant d'un homme avare. Elle évoque aussi la rencontre avec un bien-aimé de même qu'une maladie pour celui qui se voit en train d'en boire.

Bigaradier (Nârandj)
Sa vision évoque un mal ou un trouble. Sa vision évoque aussi ce qui implique la fuite et la recherche du salut, comme elle peut évoquer l'amour et la passion.

Bijoutier (Çâïgh)
Sa vision évoque un homme maléfique, menteur et qui ne recèle aucun bien. Elle évoque aussi l'ostentation, le mensonge, la tromperie et la fraude. Elle peut évoquer aussi la science, la guidée, les réjouissances, le mariage et les enfants.

Billot du boucher (Wadam)
Sa vision évoque un homme hypocrite qui aime les querelles et incite les gens à se quereller.

Biscuit (Ka'k)
Sa vision évoque un voyage. Sa vision pour celui qui ne peut pas le manger, signifie un souci, une affliction et une difficulté.

Blâme (Lawm)
Sa vision évoque l'obéissance au Diable dans de nombreuses actions qui mènent en enfer ainsi que le non respect d'une promesse, en vertu de la parole du Très Haut : ﴾ ***Le Démon dira : Allah vous a certainement fait une promesse vraie, tandis que je vous ai fait une promesse que je n'ai pas tenue*** ﴿ jusqu'à Sa parole : ﴾ ***Ne me blâmez donc pas et blâmez-vous vous mêmes !*** ﴿ (S14, V22)

Blessure (Jirâha)
La vision de blessures dans le corps signifie l'obtention de biens. Si quelqu'un voit une blessure sur sa main droite, cela veut dire que des biens vont lui parvenir de la part de proches à lui, parmi les hommes, alors que si cette blessure se trouve sur la main gauche, cela veut dire que les biens vont lui parvenir de la part de proches parmi les femmes. Toute vision d'une blessure saignante signifie des dépenses ou des préjudices dans les biens.

Blette (Salq)
Sa vision évoque un bienfait. On dit aussi qu'elle évoque des propos touchant à l'honneur des gens.

Boire (Chourb)
Se voir, en rêve, en train de boire une boisson inconnue mais agréable ou de l'eau fraîche, évoque la guidée, la science et l'inspiration pour les maîtres de la voie spirituelle.

Bois (Hatab)
Celui qui se voit, en rêve, en train de ramasser du bois, cela signale qu'il est un rusé et un médisant, en vertu de la parole du Très Haut: ﴾ ***Ainsi que sa femme porteuse de bois*** ﴿. C'est-à-dire qu'elle médisait des gens. Celui qui se voit porter du bois en rêve, cela peut signifier des paroles blessantes et une médisance portant préjudice à l'honneur des gens. Elle peut signifier aussi des ressources, l'acquittement des besoins des gens ou des biens provenant d'un héritage ou d'un bien de mainmorte. Celui qui se voit, en rêve, approcher du bois vers un feu, cela dénote de sa proximité de son Seigneur.

Boisson (Charâb)
La vision de toute boisson de couleur jaune évoque une maladie. Celui qui se voit en train de boire, en rêve, une boisson inconnue, cela indique de sa part une augmentation de sa certitude et la fidélité à ses vœux, surtout si la boisson a un

goût agréable. Se voir en train de boire dans une coupe, en rêve, peut évoquer aussi la mort de l'auteur de la vision.

Bonbonne (Çourâhiyya)
Sa vision symbolise une jeune esclave, un jeune serviteur, une femme distinguée et majestueuse, qui n'agit pas par tromperie.

Bond (Jamaz)
Sa vision évoque des informations forgées de toutes pièces ou la fréquentation assidue des compagnons jusqu'à la lassitude.

Bond (Qafz)
Celui qui se voit, en rêve, en train de bondir sur un seul pied, en raison d'un problème qui l'empêche de marcher normalement, sera victime d'un dommage qui lui fera perdre la moitié de ses biens. Il vivra avec le reste dans la difficulté et la peine.

Bonne action (Hasana)
Celui qui se voit faire une bonne action en rêve, cela veut dire qu'il va se repentir d'un acte de corruption, sauvegarder un lien de parenté ou donner des aumônes à un pauvre. La vision d'une bonne action, comme celle qui consiste à dégager un obstacle de la voie publique ou à ordonner le convenable et à interdire le blâmable, est une preuve de gains dans le commerce, d'acquittement de dettes et indique la sécurité face à la peur. Jouir d'une bonne action, en rêve, signifie la destitution des injustes et l'investiture des gens de justice.

Bonne disposition des choses (Tadabbur El-Oumoûr)
La bonne disposition des choses, dans un rêve, symbolise la noblesse.

Bonnet (Tartoûr)
Sa vision évoque les voyages, la femme assumant la charge de son époux et vice versa.

Bosse (Hadba)
Celui qui voit en rêve qu'il est bossu, cela veut dire qu'il va obtenir des biens considérables et un poste de responsabilité grâce au soutien de ses proches. Elle symbolise également l'éveil et l'intelligence. On dit aussi qu'elle évoque la longévité, et aussi les enfants.

Bosse (Waram)
Sa vision évoque une bonne situation et l'acquisition d'une science. On dit aussi qu'elle signifie un emprisonnement ou un tort de la part d'un sultan.

Bottillon (Zarboûl)
Sa vision signifie pour celui qui le porte, une épouse, une monture, un voyage ou un poste.

Bouc (Tiys)
Le bouc symbolise, dans le rêve, un homme craint dans son apparence, mais dont le choix est indécis. Il peut symboliser aussi un esclave noir ignorant ou un homme ferme dans sa religion et imposant par son rang.

Bouche (Foumm)
Sa vision évoque le début et la fin de la situation de l'homme. S'il voit quelque chose sortir de sa bouche, en rêve, cela indique les ressources en bien ou en mal. S'il voit sa bouche suspendue ou fermée, sa vision évoque l'incroyance. Sa vision évoque aussi la clef qui ouvre les affaires de l'homme et les ferme. Elle évoque également la mort et la vie, les paroles, la demeure, le vase, la prison, le bain, le moulin, la caisse, l'épouse, les ressources, l'industrie, la guidée et l'égarement.

Boucher (Jazzâr)
Sa vision évoque un homme préjudiciable à ses semblables, lorsqu'il apparaît avec des vêtements souillés et tenant à la main un couteau. Et lorsque quelqu'un se voit en boucher,

mais avec des vêtements neufs, cela veut dire que sa vie se prolongera dans ce bas monde. Lorsque le boucher est un homme, sa vision évoque l'Ange de la mort.

Boucher (Qaççâb)
Sa vision évoque l'ange de la mort. Pour les affligés et les emprisonnés, la vision du boucher est de bon augure et indique le salut. Celui qui se voit, en rêve, en train de découper de la viande, cela signale qu'il s'adonne à la médisance des gens.

Bouclier (Tourse)
Le bouclier représente un homme éduqué, généreux, obéissant, prenant en charge toutes les vertus de ses frères. Il les protège, les assiste et les préserve des malheurs et des choses néfastes. On dit aussi qu'il symbolise un fils qui protège son père.

Bougie (Cham'a)
Sa vision évoque un pouvoir ou un homme vertueux. Elle évoque aussi une guidée pour l'ignorant et une richesse pour le pauvre.

Bouillie ('Açîda)
Sa vision, en été, évoque des soucis, des malheurs et des coups.

Bouilloire (Qoumqoum)
Sa vision évoque la mise à l'écart d'un responsable, la guérison d'un malade et le voyage pour celui qui envisage de voyager. Elle évoque aussi les réjouissances d'un mariage.

Bouquetin (Wa'l)
Celui qui se voit chasser un bouquetin, sur une montagne, obtiendra un butin d'un roi implacable, car la montagne évoque un roi implacable.

B

Bouquiniste (Koutoubî)
Sa vision évoque la disparition des soucis, la résolution des problèmes, la connaissance des faits étonnants, le mariage du célibataire, le repentir du pécheur et la conversion à l'Islam du mécréant.

Bourreau (Jallâd)
Sa vision symbolise un homme injurieux envers les gens. On dit aussi que sa vision signifie les soucis, les malheurs, les maladies et tout ce qui implique les dettes et les peines légales.

Bourrelier (Barâd'î)
Sa vision dans un rêve indique celui qui est ferme dans ses décisions et est régulateur dans ses affaires. Elle indique aussi un orthopédiste ou un préposé aux contrats de mariage.

Bourse de ceinture (Hamyân)
Sa vision symbolise de l'argent. Elle évoque aussi une épouse pour le célibataire ou un enfant. Celui qui voit sa bourse de ceinture tomber dans la mer ou dans une rivière, verra son argent lui être enlevé par un roi. S'il voit qu'elle est tombée dans le feu, cela indique que son argent va lui être enlevé par un sultan injuste.

Bouteilles (Qawârir)
La vision de bouteilles inconnues indique pour l'auteur du rêve que le terme de sa vie sera écourté.

Boutique (Hânout)
La vision d'une boutique symbolise tout lieu dont l'homme tire un avantage pour sa vie d'ici-bas et pour son au-delà. Si quelqu'un voit en rêve, que sa boutique s'est effondrée, cela présage d'un divorce d'avec son épouse, une séparation de l'un de ses enfants, sa mort s'il est malade ou sa faillite.
Par contre, s'il voit que sa boutique est devenue neuve et belle, il épousera une femme vertueuse et aura des enfants, s'il est

célibataire, il guérira de sa maladie s'il est malade, sa vie se prolongera et il obtiendra un haut rang et un grand ascendant.

Bouton (Zirr)
Sa vision signifie une protection et un contrat authentique ou bien un bien et des ressources.

Bouvier (Baqqâr)
Sa vision évoque des ressources considérables provenant des cultures et des arbres fruitiers, comme elle peut évoquer la danse et le tournoiement.

Bracelet (Siwâr)
Sa vision symbolise un enfant mâle ou un serviteur. Si celui qui se voit le porter, en rêve, est un homme, cela évoque un souci pour lui. Si c'est une femme, cela symbolise une parure pour elle. La vision de morts portant des bracelets signifie qu'ils sont au paradis. Sa vision évoque aussi une épouse pour celui qui est célibataire.

Bracelet (Mi'dhad)
Sa vision, pour une femme, évoque son époux, ainsi que celle de tout bijou, en vertu de la parole du Très Haut : ﴾ ***Elles sont un vêtement pour vous.*** ﴿ (S2, V178)
Pour un homme, cela évoque des ressources considérables à obtenir.

Braises (Jamr Ennâr)
Leur vision évoque des ressources immédiates et la demande de ce qui est disponible. Si quelqu'un voit, en rêve, qu'il profite de ces braises, cela signifie pour lui des ressources sans fatigue. Leur vision peut évoquer aussi la quête de la science.

Bras ('Adhud)
La vision d'un bras symbolise un frère. Elle évoque aussi les choses qui servent d'appui à l'homme dans sa religion et sa vie profane, comme l'épouse, l'esclave ou la religion. Pour celui

qui voit son bras s'allonger, dans le rêve, cela indique le bon comportement de son frère ou de son fils pubère. Pour celui qui voit son bras se casser, en rêve, cela annonce sa mort ou bien un malheur ou une affliction qui vont l'atteindre.

Brasero (Madjmara)
Sa vision évoque un serviteur poli dont son maître tire de beaux éloges.

Brebis (Na'dja)
Sa vision évoque une femme digne et riche. Immoler une brebis, en rêve, signifie épouser une femme. Voir une brebis mettre au monde ses petits, annonce la prospérité et le bien être. La vision de brebis évoque des femmes vertueuses.

Brèche (Thalm)
Il s'agit d'une brisure en toute chose. Sa vision symbolise une diminution de tout ce qu'il représente. Elle évoque aussi une réconciliation entre deux personnes qui étaient en brouille.

Bredouillement (Tamtama)
Celui qui se voit en train de bredouiller dans un rêve, cela veut dire qu'il va acquérir une science de jurisprudence (fiqh) ou de rhétorique ou qu'il va obtenir un pouvoir et triompher de ses ennemis.

Bride (Zimâm)
Sa vision évoque l'obéissance et la soumission ainsi que des biens et des faveurs pour celui qui la voit dans sa main.

Brigadier-chef ('Arîf El-Qawm)
Sa vision évoque l'auteur d'une hérésie. On dit aussi qu'elle désigne un homme qui entraîne les gens vers la vertu bien qu'il soit l'auteur d'une hérésie.

Brigandage (Qat' Ettarîk)
Celui qui se voit victime de brigands de grands chemins, qui

lui enlèvent des biens ou des bagages, sera touché dans l'un de ses amis les plus intimes.

B

Brique crue (Labin Attîne)
Sa vision évoque l'obtention d'un bien, chaque brique représentant cent, mille ou dix dirhams, en fonction de la vision de son auteur. La vision d'une brique qui n'est pas utilisée dans la construction évoque de l'argent, alors que celle qui est utilisée dans la construction, évoque les bonnes œuvres et la religion.

Brique cuite (Athâfi)
Elle représente l'âme de l'homme. Et de même que la brique cuite sert d'appui à la marmite, les biens servent d'appui aux âmes.

Briquet (Zand)
Celui qui se voit, en rêve, en train d'utiliser un briquet pour allumer un feu afin de se réchauffer, demandera l'assistance d'un homme au cœur dur et possédant un pouvoir. Lorsqu'une femme se voit en train d'utiliser un briquet à feu, cela veut dire qu'elle va accoucher d'un garçon.

Briquetier (Tawwâb)
La vision d'un briquetier évoque des soucis et des malheurs ainsi que le fait d'amasser de l'argent pour les autres. Elle évoque aussi la personne à qui les enfants ne survivent pas.

Broc (Ibriq)
Celui qui se voit en train de boire d'un broc, se réjouira de la naissance d'un enfant. La vision d'un broc dans le rêve, signifie aussi le repentir pour un pécheur ainsi que la naissance d'un enfant pour la femme enceinte. Quant à la vision d'un ensemble de brocs, elle représente les œuvres vertueuses qui impliquent l'entrée au paradis. Le broc symbolise aussi le jeu, le rire et les éclats de rire. Il en est ainsi pour tous les autres genres de récipients.

Broche (Seffoûd)
Sa vision symbolise le maître de maison. Elle évoque aussi le règlement des affaires auprès du sultan, de même qu'une intercession pour le bien, les ressources et le bien être.

B

Brodeur (Moutarriz)
Sa vision évoque un savant rusé qui utilise des paroles trompeuses et embellies. Elle évoque aussi un écrivain, un poète ou un musicien.

Brodeur d'étoffe (Raqqâm)
Sa vision évoque un peintre, le dessinateur ou le sculpteur. Celui qui se voit sous les traits d'un brodeur deviendra un scribe ou un gagneur dans les jeux de hasard. La vision d'une femme brodeuse, évoque une femme expérimentée dans la vie.

Brouette (Minqala)
Sa vision évoque un homme qui obtient des biens par le fruit de son labeur et avec peine. Sa vision par un malade annonce sa mort.

Brouhaha (Dadjîdj)
Sa vision évoque l'assistance à une sédition, à une fête ou à un événement important auquel assisteront toutes sortes de gens.

Brouillard (Dabâb)
Sa vision indique une confusion, une épreuve et une perplexité, qui touchent les gens. Celui qui voit, en rêve, un brouillard le couvrir, cela signale qu'il cherche à faire quelque chose de mauvais. Qu'il craigne donc Allah et abandonne cette idée

Broussailles (Adjâm)
Les broussailles représentent des gens dont la compagnie n'est pas bénéfique et qui sont perfides. En effet, à l'origine de la perfidie, il y a la broussaille, et on dit d'un homme perfide qu'il est broussailleux.

B

Brume (Ghaïm)
Sa vision évoque un voyage en mer.

Bûcheron (Hattâb)
Sa vision évoque un homme versé dans la médisance et la discorde. Sa vision symbolise aussi les profits et les avantages, surtout durant la saison hivernale.

Buffle (Jâmous)
La vision d'un buffle représente un homme craint des gens, à la grande ruse, épiant les paroles des autres et voyageant beaucoup à travers terre et mer. Elle évoque aussi un homme aux demandes insistantes et qui domine ses adversaires. Elle symbolise également la peine, le labeur et la gêne, bien qu'elle recèle du bien, de la bienfaisance et des avantages. Celui qui se voit utiliser un buffle dans les labourages ou pour tourner seulement, cela indique le besoin et l'indigence.

Bureau (Maktab)
Sa vision évoque l'avilissement, la servilité, la parcimonie, la vie difficile, la peur et la frayeur. Elle évoque aussi un poste majestueux.

Buste (Jawchan)
Sa vision symbolise la puissance, la force, le triomphe et l'argent.

Butin (Ghanîma)
Sa vision évoque la joie, le bonheur, les ressources, l'obtention de ce qui est demandé, la bénédiction dans les biens et l'augmentation de ce butin, surtout s'il donne le cinquième au service d'Allah.

C

Caban (Qabâ)
Sa vision évoque la force, le pouvoir et la délivrance. Celui qui se voit, en rêve, portant un caban, cela signifie pour lui un pouvoir et une délivrance face à toutes les situations.

Câble (Kabl)
Celui qui se voit entravé avec un câble, en rêve, sa vision signifie son enchaînement et son emprisonnement, s'il fait partie des personnes malfaisantes. S'il ne fait pas partie de cette catégorie de gens, sa vision évoque un exil ou un voyage.

Caboteur (Râfi)
Sa vision évoque la prospérité et l'abondance des ressources.

Cadeau (Hadiyya)
Sa vision signifie une demande en mariage. Celui qui se voit offrir à quelqu'un un cadeau ou recevoir de quelqu'un un cadeau, cela veut dire qu'une de ses filles ou une femme de ses proches sera demandée en mariage et le mariage sera célébré, en vertu de la parole du Très Haut : ❁ ***Je vais leur envoyer un présent et je verrai ce que les émissaires rapporteront.*** ❁ (S27, V35)
Elle signifie aussi une joie, en vertu de Sa parole : ❁ ***Vous êtes contents de m'apporter des présents.*** ❁ (S27, V36)

Cadeaux (Çilât)
La vision de cadeaux faits au profit des nécessiteux, en rêve, indique le triomphe sur les ennemis et le fait d'éteindre la colère divine, car les aumônes, faites en secret, éteignent la colère divine.

C

Cafards (Banât Wardân)
Leur vision évoque un ennemi faible.

Cage (Qafç)
Sa vision symbolise une prison. Elle peut évoquer aussi un berceau pour enfants. Elle évoque également la complication des choses et leur imbrication.

Caille (Salwâ)
Sa vision évoque des ressources et des dons venant d'Allah. On dit aussi qu'elle évoque un homme aux deux visages, de même qu'elle peut figurer l'ingratitude, la perte d'un poste et une vie malheureuse.

Cailloux (Haçà)
La vision de cailloux représente les hommes et les femmes. Elle évoque aussi les femmes de taille courte ainsi que des dirhams brillants mais peu nombreux. Elle symbolise aussi le pèlerinage et le jet de cailloux dans le rite de la lapidation du Diable. Elle évoque aussi la rigueur et la dureté ainsi que les injures et la médisance. La vision de cailloux évoque également les savants parmi les gens, le repentir des pécheurs et la guidée des incroyants.

Cailloux servant à lapider le Diable (Haçâ El-Jamarât)
Leur vision symbolise le règlement de dettes dont le montant est de sept dirhams, sept dinars ou sept cents. Elle évoque aussi le triomphe sur un ennemi ainsi que l'accomplissement d'une bonne œuvre. La vision de leur lancement signifie aussi l'acquittement d'un jeûne ou d'une prière.

Caïn (Qâbil)
Celui qui voit Caïn, en rêve, fera preuve d'oppression et tuera un homme injustement, en vertu de la parole du Très Haut: ﴾ ***Sa passion le poussa à tuer son frère ; il le tua donc et se trouva au nombre des perdants.*** ﴿ (S5, V30)

Celui qui voit Caïn mais ne commet pas de crime, regrettera un acte qu'il aura commis, en vertu de Sa parole : ﴾ ***Et se trouva au nombre des perdants.*** ﴿ (S5, V30)

Caisse (Ṣandoûq)
Sa vision figure une femme ou une esclave. Elle évoque aussi une épouse pour le célibataire et une richesse pour le pauvre, alors que la caisse de voyage représente un voyage ou un ambassadeur.

Cajolerie (Malaq)
Se voir courtiser quelqu'un pour un bien de ce bas monde, évoque une chose abhorrée. S'il voit qu'il le courtise pour obtenir une science qu'il veut apprendre de lui ou un acte de bien, cela veut dire qu'il va obtenir un honneur et que sa pratique de la religion va s'améliorer.

Calame (Qalam)
Sa vision évoque le sultan, le savant, le juge, la langue, l'épée et l'enfant mâle. Celui qui se voit avec un calame, obtiendra une science conforme à ce qu'il aura vu dans son rêve, s'il se voit écrire avec. On dit aussi que sa vision signifie se mettre sous une tutelle et avoir une garantie, en vertu de la parole du Très Haut : ﴾ ***Tu n'étais pas parmi eux lorsqu'ils jetaient leurs roseaux pour savoir qui d'entre eux se chargerait de Marie.*** ﴿ (S3, V44)
Sa vision peut évoquer aussi la longévité et les ressources.

Caleçon (Chirwâl)
Sa vision indique l'obtention d'un poste de responsabilité.

Calotte en feutre (Loubâd)
Sa vision évoque la patience et la fermeté dans les choses.

Calvitie (Ṣal')
Celui qui voit, en rêve, sa tête se dégarnir de ses cheveux jusqu'à devenir chauve, on craint pour lui la disparition de ses

biens et la perte de sa considération auprès des gens. La vision d'une femme chauve, évoque une épreuve.

C

Cambrioleur (Liçç)
La vision d'un cambrioleur évoque un homme médisant qui demande ce qui ne lui appartient pas. Elle peut évoquer aussi l'ange de la mort, de même que le retour d'un absent ou l'arrivée d'un prétendant au mariage.

Caméléon (Hirbâ)
Le caméléon symbolise, dans le rêve, le ministre du roi et son adjoint qui ne le quitte jamais, matin et soir. Sa vision évoque aussi un homme ferme dans ses affaires, le travail pour le chômeur, l'épreuve dans la religion, la femme mage, car le caméléon a l'habitude de se mouvoir en fonction du mouvement du soleil, en apparaissant lorsqu'il apparaît, et en se cachant lorsqu'il se cache. Elle évoque aussi les lamentations sur les morts.

Camomille (Aqhawân)
On rapporte que la camomille représente les beaux-fils d'un homme par sa femme. Si l'un d'eux se voit en train de la cueillir, cela veut dire qu'il prendra certains des proches de son épouse comme amis.

Camphre (Kâfour)
Sa vision évoque de beaux éloges ainsi qu'un bel éclat. Lorsqu'on voit du camphre avec un mort ou un vivant, cela indique de bonnes œuvres et prouve que l'auteur de la vision sera en compagnie des pieux.

Canal (Qanât)
Sa vision évoque la femme, les biens ou un savant. Celui qui se voit creuser, en rêve, un canal, cela veut dire qu'il va se marier et obtenir des biens et une belle vie. Celui qui voit un canal d'eau courir dans sa maison ou dans son jardin, cela

annonce pour lui la délivrance s'il était affligé ainsi que l'obtention de biens. Celui qui se voit creuser un canal sans y trouver d'eau, cela veut dire qu'il va utiliser une ruse pour avoir quelque chose.

Canal d'évacuation (Barbakh)
Le canal d'évacuation symbolise un homme ferme qui a fait l'expérience du travail avec le sultan. Si l'eau s'écoule à travers lui, cela signifie une investiture, sinon ce sera une destitution.

Canard (Batt)
Le canard symbolise dans le rêve la femme et les domestiques du sultan. Sa vision évoque la vie tranquille en raison de sa chair tendre et de sa grâce. Celui qui se voit en train de manger du canard, obtiendra de l'argent de la part de femmes esclaves et épousera une femme riche, car le canard a pour refuge l'eau dont il ne se lasse jamais.

Candélabre (Cham'adhân)
Sa vision symbolise une épouse pour le célibataire et le bel enfant pour celui qui est marié.

Canitie (Chayb)
La vision d'une canitie symbolise la faiblesse ainsi que la pauvreté si elle atteint les cheveux et la barbe. Sa vision peut évoquer aussi la dignité ainsi que le retour d'un absent ou la venue d'un hôte. Celui qui se voit avec les cheveux blancs, en rêve, alors que son épouse est enceinte, cela indique pour lui la naissance d'un enfant mâle dans son foyer.

Cape (Ridâ)
La vision d'une cape neuve, blanche et épaisse, symbolise la dignité de l'homme, sa puissance, sa religion et sa confiance. Si une femme voit une cape, en rêve, cela veut dire que son époux n'est pas bienfaisant envers elle.

C

Capitaine de bateau (Rubbân)
Il s'agit de celui qui tient la barre d'un bateau. Sa vision évoque les voyages lointains, les biens, les commerces fructueux ou la fréquentation des noirs.

Carat (Qirât)
La vision d'un carat évoque un malheur qui atteint l'auteur de la vision à cause d'une dette dont il est redevable.

Caravanier (Moukâri)
Sa vision évoque la guérison des maladies, le fait de commettre des péchés et de porter des charges. Elle peut évoquer aussi le fait de supporter les torts et la recherche du repos.

Carcan (Ghull)
Celui qui voit sa main attachée à son cou par un carcan, cela veut dire qu'il obtiendra des biens dont il ne s'acquittera pas de la Zakât. On dit aussi que cela signifie qu'on l'empêchera de commettre un péché. On dit aussi que la vision d'un carcan évoque un gain illicite.

Cardeur (Naddâf)
Sa vision évoque un homme querelleur qui brasse beaucoup d'argent.

Cardeur de coton (Hallâdj El-Qutn)
Sa vision symbolise le savant ou le dirigeant grâce à qui les affaires sont réglées. Elle évoque aussi l'homme qui se marie beaucoup et a de nombreux enfants.

Cardinal (Jâthliq)
Celui qui voit en rêve qu'il est devenu un cardinal doit s'attendre à sa mort prochaine, sa noyade, un péril qui le guette ou la disparition d'un bienfait.

Carotide (Wadadj)

Celui qui voit du sang gicler de sa carotide, en rêve, cela veut dire qu'il va mourir. La vision d'une carotide peut évoquer aussi un serment ou la fermeté dans un travail difficile.

C

Carotte (Jazr)

Sa vision symbolise un souci et une tristesse, pour celui qui se voit en train de la prendre ou de la manger. Elle évoque aussi un homme grossier et vil ou un homme facilement abordable.

Carquois (Terkâch)

Sa vision symbolise une puissance et un triomphe sur l'ennemi, de même qu'elle signifie œuvrer au service d'un chômeur, des richesses, un discours à faire ou un enfant.

Carquois (Ju'ba)

Sa vision symbolise l'épouse vertueuse ainsi que le compagnon de confiance qui préserve les secrets et les biens. Se voir en train de sortir une flèche d'un carquois, annonce la naissance d'un garçon pour l'auteur du rêve. Sa vision signifie aussi une crainte imposée aux ennemis. Se voir offrir un carquois, c'est obtenir un pouvoir et une responsabilité politique.

Carrelage (Balât)

Un carrelage en pierres, posé sur le sol à la place du marbre, signifie un renversement de situation au niveau des postes occupés, des épouses, des moyens de transport, des lieux et des ressources. A l'inverse, lorsque le marbre est vu posé dans une vision, il symbolise le changement du mal par le bien.
Cependant, lorsque le carrelage en pierres est posé dans un endroit où la nécessité l'exige, il évoque la bonne compagnie, la familiarité, les réjouissances, la fin des soucis et des peines ainsi que les ressources et le renouvellement de la garde-robe.

C

Carrier (Hadjjâr)
Sa vision évoque la proximité des personnages importants, les querelles et les injures ainsi que la division.

Carrousel (Miydân El-Forsâne)
Sa vision évoque l'activité et la victoire sur les ennemis.

Carvi (Karâwiyya)
Sa vision évoque un bien qui agrémente d'autres biens.

Cassis (Ribâs)
Sa vision évoque un avantage provenant d'un proche ou d'un ami. Ceci dans le cas où il est sucré. Dans le cas contraire, sa vision indique un regret.

Catapulte (Mandjanîq)
Sa vision évoque la diffamation et la calomnie. Elle évoque aussi la tromperie, la ruse ainsi que la victoire des opprimés et la défaite des incroyants.
Si quelqu'un voit, en rêve, qu'il attaque une forteresse appartenant à des incroyants, avec une catapulte, et dans le but de la conquérir, cela veut dire qu'il va appeler à un bien.

Cautérisation (Kiyy)
La vision d'une cautérisation évoque des propos blessants. On dit aussi qu'elle évoque un mariage ou un accouchement. La vision d'une cautérisation sur le front ou sur le flanc évoque le refus de donner la zakat.

Caution (Kafâla)
Sa vision évoque la fermeté dans l'accomplissement d'une chose. Celui qui voit, en rêve, que quelqu'un le cautionne, cela veut dire qu'il va obtenir des biens abondants, en vertu de la parole du Très Haut : ﴾ ***Et Il la confia à Zacharie.*** ﴿ (S3, V37)

Caverne (Ghâr)
Sa vision évoque la sécurité pour celui qui vit dans la peur.

Celui qui se voit en train de fuir devant son ennemi jusqu'à se réfugier dans une caverne, cela veut dire qu'il va être à l'abri de son ennemi, et ce en vertu de la parole du Très Haut : ﴿ ***Le jour où tous deux se trouvèrent dans la caverne.*** ﴾ (S9, V40)

C

Caverne (Kahf)

Sa vision évoque ceux auprès desquels se réfugie l'homme, à l'image du maître, de l'imam, du père, du professeur, de l'épouse ou du métier. Pour le chômeur, elle évoque l'obtention d'un travail. Si l'auteur de la vision est malade ou emprisonné, cette vision sera un signe de salut pour lui.

Cécité ('Amâ)

Sa vision évoque l'égarement à l'égard de la religion ainsi que l'obtention de certains biens de la part de certains proches du père. Elle évoque aussi l'oubli du saint Coran, en vertu de la parole du Très Haut : ﴿ ***Mon Seigneur ! Pourquoi m'as-tu amené, ici, aveugle ?*** ﴾ (S20, V125)

On dit aussi que celui qui se voit, en rêve, aveugle, s'enrichira s'il est pauvre.

Celui qui voit comme si un homme l'avait aveuglé, en rêve, cela veut dire qu'il va l'induire en erreur et lui faire changer d'avis.

Cédrat (Atroudj)

Voir un seul cédrat signifie un enfant, alors qu'un ensemble de cédrats représente de beaux éloges. On rapporte que le Prophète ﷺ a dit : « *l'exemple du croyant qui récite le Coran est comme le cédrat, son odeur est agréable et son goût de même.* » Rapporté par El-Bukhâri et Muslim d'après Anas.

D'autres spécialistes de l'oniromancie ont vu dans le cédrat une chose de mauvais augure, en soutenant qu'il signifie l'hypocrisie, car son apparence est différente de son essence.

Ce n'est pas l'opinion d'autres spécialistes qui estiment que le cédrat est loué et que, lorsqu'il est bon, il annonce des biens considérables, alors que lorsqu'il est amer, il augure d'un enfant qui apporte soucis et tristesse. Lorsqu'une femme voit en rêve, une couronne de fleurs de cédratier sur sa tête, elle épousera un homme à bonne réputation est dont la pratique religieuse est bonne. Par contre, lorsqu'elle voit un cédrat dans son giron, elle donnera naissance à un enfant honoré.

Cédratier (Kabbâd)
La vision d'un cédratier évoque la lutte contre les maladies, les malheurs et les afflictions. Elle évoque aussi la femme jolie et qui se soucie peu de son apparence.

Ceinture (Tikka)
La vision d'une ceinture de pantalon, par un homme, évoque une femme. Pour une femme, la ceinture évoque un frère, un beau-frère ou un oncle. Pour une femme enceinte, elle représente la naissance d'une fille.

Ceinture (Mintaqa)
La vision d'une ceinture évoque le père, le frère, l'oncle ou le fils. Elle indique aussi un homme parmi les gens du pouvoir dont on demande l'assistance pour régler des affaires.

Ceinture à gousset (Kamar)
Sa vision évoque une épouse pourvue de nombreux effets ou des enfants. Elle évoque aussi une parure et des biens en fonction de sa valeur.

Céleri (Karafs)
Sa vision évoque des biens licites suivis de beaux éloges. Elle évoque aussi la manifestation des secrets et l'ostentation dans les actes.

Celui qui demande l'aumône (Sâïl)
La vision d'un mendiant demandant l'aumône évoque celui qui part à la quête de la science. S'il reçoit ce qu'il demande, il obtiendra cette science.

Celui qui établit les parchemins (Raqûqi)
Sa vision symbolise la science, la guidée et l'émulation.

C

Celui qui fait des clins d'œil (Ghammâz)
Sa vision évoque un homme haineux. Celui qui se voit en train de faire des clins d'œil, en rêve, se réjouira d'une chose, au début, puis s'en attristera à la fin.

Celui qui fait des fritures (Qallâ)
Sa vision évoque des méfaits, des malheurs, la négligence des prières et les penchants pour les passions.

Celui qui fourbit les épées (Souyoûfi)
Sa vision annonce la victoire sur les ennemis ainsi que l'établissement de preuves et d'arguments décisifs.

Celui qui passe en revue ('Aridh)
Se voir présent dans le cabinet du souverain, alors que l'auteur du rêve n'en fait pas partie, présage de sa mort. S'il voit que celui qui passe en revue les gens est mécontent, cela veut dire qu'il a commis des péchés. S'il voit qu'il est satisfait de lui, cela veut dire qu'Allah est satisfait de lui.

Celui qui pratique la divination (Dârib El-Mandil)
Sa vision évoque une science ou une interprétation de paroles comme le fait un messager. Elle peut évoquer aussi l'interprète des rêves ou celui qui est au courant de ce qui est mis en réserve.

Celui qui procède à la récolte (Haççâd)
Sa vision évoque les troubles. La vision d'un rassemblement de gens procédant aux récoltes, en dehors de la saison des récoltes, indique un ennemi ou une épée qui va s'abattre sur les habitants de cette contrée ou leur éradication et leur fin.

Celui qui procède aux diagnostics (Jassâs)
Sa vision évoque la médisance des gens ou bien un espion.

C

Cendre (Ramâd)
Sa vision symbolise de l'argent illicite. Elle évoque aussi la tristesse, de même que le fait d'étouffer une discorde et un mal. On dit aussi que sa vision signifie des biens provenant du sultan. Celui qui voit de la cendre, en rêve, doit s'attendre à endurer de la peine de la part du sultan et n'obtenir que de la fatigue. On dit aussi que sa vision indique une science inutile.

Cercueil (Nâwous)
La vision d'un cercueil contenant un mort évoque une maison où il y a des biens illicites. S'il est vide, sa vision évoque un homme mauvais qui abrite des gens mauvais

Cerf-volant (Tarrâda)
La vision d'un cerf-volant évoque la hauteur, l'élévation et la dignité. Elle peut évoquer aussi l'éloignement du but recherché comme elle peut désigner la magie. Celui qui se voit, en rêve, en train de jouer avec un cerf-volant, cela signale qu'il sera ensorcelé ou qu'il va s'adonner à des pratiques condamnables.

Chacal (Ibn Awâ)
La vision du chacal dans un rêve représente un homme qui lèse les gens dans leurs droits. La vision du chacal obéit à la même règle d'interprétation qu'à celle du renard, sauf que le renard est plus fort et plus rusé. Sa vision peut aussi vouloir dire la compagnie et la réunion dans les jeux et les plaisirs.

Chaîne (Silsila)
La vision d'une chaîne évoque le fait de commettre un grand péché, en vertu de la parole du Très Haut : ﴿ ***Nous avons préparé pour les incrédules des chaînes.*** ﴾ (S76, V4)
Celui qui se voit, en rêve, avec une chaîne au cou, cela veut dire qu'il va épouser une femme au mauvais comportement. Celui qui se voit lié par une chaîne, cela indique un souci dans lequel il se trouve ou qui va lui survenir.

Chaire de la mosquée (Minbar)
Sa vision évoque un pouvoir, une victoire et un ennemi. Pour celui qui se voit monter sur une chaire, en rêve, cela indique pour lui une femme à épouser. Sinon, il se fera connaître par un scandale.

C

Chaise (Koursî)
Celui qui se voit assis sur une chaise, cela indique son succès dans l'au-delà, s'il y est. Sinon, il obtiendra un pouvoir et une noble dignité selon son rang. S'il est célibataire, il se mariera avec une femme selon son rang, sa beauté, sa dignité et son sérieux. La vision d'une chaise est un mauvais signe pour un malade.

Chaleur (Harr)
Ressentir de la chaleur, dans un rêve, durant la saison hivernale, évoque les avantages, les ressources et les vêtements chers, alors que pendant la saison estivale, cela évoque le contraire de cela.

Chambellan (Buwwâb)
La vision du chambellan du sultan symbolise une mise en garde, alors que celui qui voit en rêve les portes d'un émir, obtiendra un poste de responsabilité.

Chambellan du roi (Hâdjib El-Malik)
La vision du chambellan du roi annonce une bonne nouvelle. Elle symbolise un homme fort et poli que les gens consultent et sur qui peuvent compter aussi bien l'homme au rang élevé que le commun des gens.

Chambres (El-Buyût)
La chambre de l'homme symbolise son épouse qui se trouve dans la maison où il trouve refuge. Elle peut symboliser aussi le corps de la personne en question.
Celui qui voit, en rêve, qu'il ferme une porte, cela veut dire

qu'il va se marier. Voir des portes ouvertes, signifie des ressources en vue. Celui qui se voit entrer dans une chambre et fermer la porte derrière lui, cela veut dire qu'il évite de désobéir à Allah, en vertu de la parole du Très Haut : ﴿ ***Et elle ferma les portes.*** ﴾ (S12, V23)

C

Quant à celui qui se voit sortir d'une chambre étroite, cela signifie qu'il va se débarrasser d'un souci.

Chameau (Ibil)

Celui qui se voit en rêve, avec une tête de chameau, obtiendra un pouvoir et une responsabilité. En outre, celui qui voit des chameaux inconnus entrer dans un local, cela annonce la chute de pluies diluviennes et leur transformation en torrents.

Chameau (Jamal)

La vision d'un chameau est signe de tristesse. Lorsque quelqu'un voit, en rêve, des chameaux entrer dans une ville, sans leurs équipements, ou marcher en dehors des chemins des bestiaux, cela annonce des nuages et des pluies. Pour celui qui se voit posséder des chameaux, cela indique qu'il va s'imposer face à des gens qui ont des rangs élevés. La vision d'un chameau peut évoquer aussi le Diable ou la mort.

Chameau blanc (Hadjîn)

Sa vision évoque la noblesse et la puissance, car il est la monture des maîtres. Elle évoque aussi le poste majestueux et l'arrivée au but.

Chamelier (Jammâl)

Sa vision symbolise celui qui dirige les affaires et le chef des soldats. Elle évoque aussi les voyages et la mort des malades, de même que le marin et le capitaine du bateau.

Chamelle (Nâqa)

La vision d'une chamelle évoque une femme, une année, un arbre, un bateau, un palmier ou un lien parmi les liens de ce bas monde. Celui qui se voit la posséder ou la monter, en rêve, se mariera s'il est célibataire, voyagera s'il aime les voyages ou possédera une maison, une terre, une récolte ou des gains.

Champ (Mazra'a)
Sa vision symbolise une femme. Elle évoque aussi tout ce qui sert de lieu de semence pour l'au-delà et de moyen d'obtenir une récompense, comme les mosquées, les ribât, les assemblées d'évocation et les lieux où l'on donne les aumônes, en vertu de la parole du Très Haut : ﴿ ***Nous accroissons le champ de celui qui désire le champ de la vie future. Nous accordons quelques profits à celui qui désire le champ de la vie de ce monde.*** ﴾ (S42, V20)

Changement de choses (Tahwîl El-Achyâ)
Voir des choses changer, en rêve, comme une église devenir une mosquée ou un arbre sec devenir un arbre fruitier, annonce un changement au niveau des postes dirigeants ou un changement dans l'état du monde, du mal vers le bien ou vice versa, en fonction des scènes de la vision. Pour celui qui se voit devenir un vieillard, alors qu'il ne l'est pas, c'est l'indice d'un bien pour lui dans sa religion, plus de dignité et d'honneur, alors que pour celui qui se voit devenir un enfant, c'est d'un mauvais présage, à tout point de vue.

Changeur (Çayrafî)
Sa vision évoque un savant qui ne tire profit de sa science que pour les affaires de ce bas monde. On dit aussi qu'elle évoque le jurisconsulte (faqîh) qui reçoit des questions et y répond avec équité et pondération. Sa vision évoque aussi la richesse et la vie aisée.

Chant (Ghinâ)
La vision d'un chant agréable, évoque un commerce lucratif, alors que celle d'un chant désagréable évoque un commerce ruineux. On dit que la vision d'un chanteur symbolise un

savant, un sage ou un prêcheur. A l'origine, la vision d'un chant évoquait un vacarme et une contestation.

C

Chanteur (Moughanni)
Sa vision évoque les réjouissances, les voyages et le passage d'un lieu à un autre. Elle peut évoquer aussi un prêcheur.

Chanteuse (Qîna)
La vision de chanteuses et d'instruments de musique, dans une fête, en rêve, signifie un malheur pour les gens de cette maison.

Chapelet (Sabha)
La vision d'un chapelet symbolise une femme vertueuse, des moyens de subsistance licites ainsi que des soldats utiles, pour celui qui se voit le posséder ou l'utiliser en rêve.

Charbon (Fahm)
Sa vision figure un homme dangereux. On dit aussi qu'elle évoque des biens illicites.

Charbonnier (Fahhâm)
Sa vision évoque un sultan inique qui appauvrit ses sujets, car les arbres symbolisent les hommes, alors que le feu symbolise le sultan. Sa vision évoque aussi les maux, les afflictions, les tentations, la noirceur du visage et le mensonge.

Charlatan (Moucha'bad)
Sa vision évoque celui qui s'occupe de distractions, de jeux et d'ironie. Elle évoque aussi le mensonge de même qu'une femme adultère, une entremetteuse ou un serviteur.

Charlatanisme (Cha'wadha)
Sa vision évoque une chimère, une calomnie et une sédition.

Charretier ('Adj-djâl)
Sa vision évoque un voyage sur terre et sur mer.

Charrette ('Adjala)
Sa vision évoque la disposition de la vie de son auteur, car elle est composée de choses diverses, porte beaucoup de choses et les transporte d'un lieu à un autre. Celui qui se voit, en rêve, monté sur une charrette qui porte des charges, mais qui n'est pas équipée pour cela, peut s'attendre à des soucis et des malheurs.

Chasse (Çayd)
Sa vision évoque le butin. Celui qui se voit, en rêve, chassant la gazelle, le lièvre ou l'âne sauvage, obtiendra des biens et un butin. Celui qui se voit en train de tirer sur des oiseaux ou sur une vache, en dehors de la chasse, calomniera une femme.

Chasseur (Çayyâd)
Sa vision évoque un homme qui penche vers les femmes et ruse pour les avoir. Sa vision évoque aussi un entremetteur.

Chasseur de serpents (Hâwi)
Sa vue symbolise la fréquentation des gens malfaisants et les bons égards envers les adversaires. Si ce chasseur tient dans sa main des serpents, alors que l'auteur de la vision est malade, cela veut dire que son âge et sa vie se prolongeront. A l'inverse, s'il n'a rien de cela avec lui, mais que les serpents se transforment en vers à soie, cela signifie son repentir s'il est un pécheur, et son enrichissement s'il est pauvre.

Chat (Qitt)
Sa vision évoque l'aversion pour l'épouse et les enfants, les querelles, le vol, la fornication, la déloyauté, l'indiscrétion, les mimiques et la diffamation. Elle peut évoquer aussi l'enfant issu de la fornication ou l'enfant trouvé dont on ignore le père.

Chat (Sennoûr)
Sa vision symbolise un serviteur et un gardien. Elle évoque aussi un voleur parmi les membres de la maison. La vision d'une chatte évoque une femme mauvaise et trompeuse.

C

Chatte (Hirra)
La vision d'une chatte paisible évoque une année de repos et de joie, alors que celle d'une chatte farouche et préjudiciable évoque une année de fatigue et de peine. On dit aussi qu'elle évoque une femme traîtresse.

Chaud (Le) (Hârr)
Voir en rêve, quelque chose de chaud parmi les aliments ou la boisson, symbolise les ressources obtenues avec grande difficulté, les gains illicites et l'annihilation des bénédictions. Voir en rêve, un mort lavé avec de l'eau chaude, annonce que ce mort fait partie des habitants de l'enfer.

Chaudron (Mardjal)
Sa vision évoque une maison où se règlent les choses difficiles, comme chez l'intermédiaire entre le roi et ses sujets ou chez le chef de la police.

Chaussette (Jawrab)
La vision d'une chaussette symbolise de l'argent et une préservation de l'argent.
Si l'odeur de cette chaussette est bonne, cela veut dire que l'auteur de cette vision préserve son argent et le purifie par la Zakât. Par contre, si cette odeur est mauvaise, elle évoque la laideur d'une femme, et si elle est usée, elle indique que l'auteur de la vision refuse de donner la Zakât et les aumônes.

Chauve (Aqra')
Celui qui se voit devenir chauve, dans un rêve, sollicitera de l'argent de son patron mais sans en tirer profit. Quant à la femme chauve, elle représente une année de disette.

Chauve-souris (Watwât)
Sa vision évoque l'aveuglement et l'égarement. Elle évoque aussi le fait de se cacher en raison d'actes vils, comme le vol et l'espionnage des gens. Elle peut évoquer aussi la disparition des bienfaits et l'éloignement de ce qui est habituel.

Chèche (Châch)
Sa vision signifie le retour à une chose à laquelle on est habitué.

C

Chef de l'armée (Qâïd El-Djeïch)
Sa vision évoque un homme célèbre pour sa bravoure, que ce soit lorsqu'il charge l'ennemi ou lorsqu'il est seul, car c'est là sa vocation. Celui qui se voit, en rêve, sous l'aspect d'un chef de l'armée, obtiendra un bien, des richesses et une dignité s'il est digne de cela. S'il n'en est pas digne, ce sera l'annonce de sa mort.

Chemin (Tarîq)
La vision d'un chemin symbolise la voie droite. Or, la voie droite est la religion et la droiture. Celui qui se voit emprunter un chemin, en rêve, sans s'égarer, cela veut dire qu'il se trouve dans la droite voie, la direction de la religion et les préceptes de l'Islam. S'il se voit en train de dévier du chemin, cela indique une perplexité de sa part dans sa vie et dans sa religion.

Chêne (Belloût)
Sa vision symbolise un homme compliqué mais fortuné. Sa vision évoque aussi la solitude ou le voyage. Il peut signifier aussi la sodomie.

Chêne (Sindiyân)
Sa vision évoque des biens prospères. Elle évoque aussi la fréquentation des gens négligents ou des égarés dans les lieux déserts de même qu'elle évoque la fréquentation des lieux des gens vertueux vivant dans la solitude.

Chenille (Yasroû')
Sa vision évoque un homme qui se pare de la religion, et qui vole, petit à petit, les biens des chefs et des riches, sans que personne ne le soupçonne en raison de l'excellence de son apparence.

C

Chercher à tirer du feu d'un briquet (Qadh Ennâr)
Se voir en train de chercher à tirer du feu d'un briquet, en rêve, signifie chercher une chose jusqu'à ce qu'elle soit claire. Celui qui se voit en train de tirer du feu d'un briquet, pour se chauffer avec, demandera assistance à un homme au cœur dur, et qui possède un pouvoir.

Cheval de l'échiquier (Faras Ech-chatrandj)
Sa vision évoque la ruse pour prendre possession de quelque chose. Pour le malade, elle signifie l'agonie et la mort.

Cheval de trait (Burdhoûn)
Le cheval de trait symbolise l'importance de l'homme. Celui qui voit en rêve son cheval de trait se vautrer dans la terre et dans la crotte, verra son importance grandir et ses biens augmenteront.
Celui qui a l'habitude de monter un cheval, et qui se voit, en rêve, sur un cheval de trait, son rang diminuera et son pouvoir s'avilira.

Chevalier [oiseau] (Titâwi)
La vision d'un oiseau chevalier symbolise une femme. Elle évoque aussi une esclave vierge.

Chevêche (Çad)
Sa vision évoque un homme qui fait dans l'ostentation, en montrant la crainte révérencielle et la dévotion, le jour, et en commettant des péchés la nuit.

Cheveux (Cha'r)
La vision de cheveux symbolise des biens et une longévité. Celui qui voit ses cheveux pousser et s'allonger, en rêve, cela veut dire que sa vie va se prolonger. Pour celui qui voit ses cheveux diminuer par rapport à son habitude, cela représente la diminution de ses soucis. La beauté des cheveux, dans le rêve, indique la noblesse et la puissance.

Cheveux crépus (Ja'd Echcha'r)
La vision de cheveux crépus évoque des dommages en argent, un changement d'épouse ou de vêtements.

C

Cheville (Ka'b)
Sa vision évoque un enfant qui s'adonne aux jeux de hasard. On dit que celui qui voit, en rêve, sa cheville se casser, mourra ou sera atteint d'un souci, d'un malheur, d'une épreuve ou d'une grande difficulté.

Chèvre ('Anz)
Celui qui se voit posséder, en rêve, une chèvre, cela veut dire qu'il va posséder une esclave ou épouser une femme à la religion corrompue et fornicatrice. Celui qui voit qu'il a trouvé une chèvre, obtiendra des ressources abondantes, une prospérité et un bien.

Chevreau (Jeddi)
Sa vision représente un fils. Celui qui voit un chevreau égorgé, doit s'attendre à la mort de son fils. Se voir acquérir un chevreau, annonce la naissance d'un enfant. Si le rêveur voit qu'il égorge un chevreau pour le manger, cela veut dire qu'il va gagner de l'argent grâce à un enfant. S'il voit qu'il l'égorge pour une autre raison que la consommation de sa viande, cela veut dire qu'un enfant à lui ou à l'un de ses proches va mourir.

Chewing-gum ('Alq)
Celui qui se voit en train de mâcher du chewing-gum, en rêve, abondera en paroles, suite à un litige, à une requête ou autres.

Chien (Kalb)
Sa vision évoque un gardien, un hérétique, un homme insensé ou un ennemi oppresseur. Elle évoque aussi un ennemi faible ou un homme avare. Celui qui voit, en rêve, un chien aboyer contre lui, cela veut dire qu'il entendra de la part d'un homme vil des paroles qui le contrarieront. Celui qui se voit

transformé en chien, Allah lui enseignera une grande science, puis la lui enlèvera, en vertu de la parole du Très Haut : ﴾ ***Raconte-leur l'histoire de celui auquel Nous avions accordé Nos signes. Il s'en débarrassa.*** ﴿ (S7, V175)

C

Chiffonnier (Kaddâch)
Sa vision évoque la collecte de biens licites ou illicites, la manifestation des secrets et celui qui s'occupe de ce qui ne le regarde pas.

Choc (Ṣadma)
Celui qui voit en rêve, une chose le faire pleurer, doit s'attendre à perdre un enfant ou des biens.

Choix (Ikhtiyyâr)
Celui qui se voit choisi parmi son peuple, obtiendra le pouvoir, en vertu de la parole du Très Haut qui dit : ﴾ ***Ton Seigneur crée ce qu'Il veut et Il choisit.*** ﴿ (S28, V67)

Chou (Kourounb)
La vision d'un chou évoque un homme fort et dur, d'origine campagnarde. Celui qui voit dans sa main un paquet de choux, cela veut dire qu'il recherche une chose qu'il ne pourra obtenir qu'avec dureté et force.

Chou-fleur (Qounabit)
Sa vision évoque un campagnard qui fait parfois preuve de rudesse. Celui qui se voit avec des choux-fleurs dans sa main, cela veut dire qu'il cherche à récupérer une dette qui ne pourra être réglée que par l'utilisation de la fermeté.

Chrétien (Nasrâni)
Sa vision évoque une victoire. La vision d'un chrétien évoque une compassion, en vertu du verset qui parle de cela. La vision d'un vieillard chrétien évoque un ennemi dont on ne craint pas le mal. Celui qui se voit en tant que chrétien, en rêve, héritera de son oncle maternel ou de sa tante maternelle. Se voir avec

une cordelière de chrétien évoque la naissance d'un garçon. Si l'auteur de la vision est digne du pouvoir, il obtiendra un pouvoir.

C

Chrysanthèmes (Aqâh)
La vision de chrysanthèmes, dans un rêve, symbolise la femme belle et distinguée.

Chrysolite (Zabardjad)
Sa vision évoque un bien agréable et licite ainsi que les paroles inspirées de la science et de la vertu. Elle symbolise aussi un compagnon doué de vertu, de scrupule et de noblesse.

Chu'aïb عليه السلام
Celui qui voit Chu'aïb frissonnant, en rêve, cela veut dire qu'il va perdre la vue. Celui qui le voit dans un autre état que celui-ci, cela indique qu'il sera lésé par des gens qui seront injustes à son égard, mais qu'il arrivera à triompher d'eux.

Chute (Taraddi)
Faire une chute, en rêve, de haut en bas, évoque un changement de situation d'un état de bien vers un état de mal, d'une épouse vers une autre, d'un métier vers un autre, d'un pays vers un autre ou d'une école de pensée vers une autre. Celui qui se voit en train de tomber du haut d'une maison, en se cassant la main ou le pied, sera atteint par un malheur dans sa personne, ses biens ou son ami.

Chute dans l'eau (Wouqoû' Fîl Mâ)
Celui qui se voit tomber, en rêve, dans une eau profonde, sans atteindre son fond, obtiendra beaucoup de biens, car ce bas monde est une grande mer. On dit aussi qu'il obtiendra une joie et un bienfait.

Chute de cheveux (Jalah)
La chute de cheveux, en rêve, signifie s'acquitter de ses dettes pour le rêveur qui est endetté.

Çiddiqoûn [Ange] عليه السلام

Il s'agit de l'ange chargé des visions et des paraboles tirées de la Table bien gardée (Ellawh El-Mahfoûdh). Sa vision évoque la bonne annonce, les réjouissances, l'accomplissement d'une promesse, la mort et la vie, le voyage et le retour chez soi, le mariage, les enfants, le pouvoir, la puissance, le triomphe et la défaite.

Ciel (Samâ)

La vision du ciel doit être interprétée selon ce qu'elle signifie. Si quelque chose en descend ou apparaît dans sa direction, ce qui lui est comparable viendra de la part d'Allah, sans que quiconque n'ait de cause en cela. Par exemple, la vision d'un feu venant du ciel, et s'abattant sur les habitations, signifie que des maladies telles que la méningite et la variole ainsi que la mort vont s'abattre sur les gens. La vision du ciel évoque aussi la personne du sultân, en vertu de sa prééminence sur les créatures. Elle peut évoquer aussi la prison. Se voir, en rêve, en train de monter au ciel, évoque l'élévation des préoccupations.

Cigogne (Laqlaq)

La vision d'une cigogne évoque des gens qui aiment les rencontres et les rassemblements. Lorsque quelqu'un voit des cigognes réunies, en période d'hiver, leur vision évoque des voleurs, des brigands de grands chemins ou des ennemis. Elle évoque aussi des perturbations atmosphériques. Sa vision est un bon signe pour celui qui veut se marier.

Cils (Chafr El-'Ayn)

Leur vision symbolise la protection de la religion. Voir une beauté et une excellence dans ses cils, représente la même chose pour sa pratique de la religion. Voir ses cils blanchir, indique qu'une maladie va toucher le rêveur dans sa tête, ses yeux ou ses oreilles.

C

Cils (Houdb El-'Ayn)
Leur vision évoque la préservation de la religion. Celui qui voit que ses cils sont beaux et abondants, cela signifie que sa religion est préservée. Celui qui voit que ses yeux n'ont pas de cils, cela signale qu'il va délaisser les préceptes de la religion. Voir ses cils devenir blancs, indique une maladie qui va atteindre la tête, les yeux, les oreilles ou les dents.

Cimetière (Jabbâna)
La vision du cimetière évoque l'au-delà, car c'est lui qui transporte les gens vers l'au-delà. Elle peut évoquer aussi des endroits réputés pour leur malfaisance, comme les maisons closes ou les tavernes, où on trouve les gens ivres, étendus comme des défunts. Elle peut évoquer également une prison, car le mort est emprisonné dans sa tombe. Celui qui se voit en train d'entrer, dans un cimetière, alors qu'il est malade dans la réalité, doit s'attendre à mourir. Sa vision signifie aussi la sécurité pour celui qui a peur et vice versa, comme elle peut signifier la crainte, l'espoir et le retour vers la guidée après l'égarement.

Cimetière (Maqbara)
La vision d'un cimetière évoque les exhortations, la lecture, les pleurs, le rappel, la crainte révérencielle et le renoncement à ce bas monde. Elle peut évoquer aussi les savants, les ascètes, les émirs du roi et les chefs des armées parmi les croyants.

Cinéma (Sînimâ)
Se voir entrer dans un cinéma, en rêve, indique que le rêveur va agir de manière illicite et qu'il cherche à commettre un péché, et Allah est plus savant.

Cisailles (Miqrâdh)
Sa vision évoque un homme qui fait beaucoup de serments. Elle évoque aussi un enfant bienfaiteur et qui réconcilie les gens. Celui qui voit, en rêve, des cisailles dans sa main, sera contraint de traîner ses adversaires devant le juge.

Citadelle (Qal'a)
La vision d'une citadelle signifie passer d'un souci à une délivrance. Elle indique aussi le fait de se détourner des péchés. Celui qui se voit entrer, en rêve, dans une citadelle, obtiendra des ressources et la dévotion dans sa religion. Celui qui se voit construire une citadelle, en rêve, préservera son organe sexuel des péchés et protégera sa personne et ses biens des malheurs et de l'avilissement.

Citerne (Ṣihridj)
Sa vision évoque l'épouse en raison de l'eau qui est emmagasiné dans la citerne. Elle indique aussi tous ceux qui ont connaissance de secrets, comme l'associé. Elle évoque aussi la facilité de ce qui est difficile, la puissance, le poste de haute responsabilité ainsi que la sécurité face à la peur.

Citerne d'eau (Fusqiyyat El-Mâ)
Sa vision évoque une belle femme, distinguée et riche, si elle est remplie d'eau. Si elle est vide, elle évoque une femme pauvre et sans ressources ou une femme stérile.

Citron (Laymoûn)
La vision d'un citron jaune indique une maladie pour celui qui se voit en train d'en manger. Pour celui qui ne se voit pas en train d'en manger, sa vision évoque de l'argent à obtenir. La vision d'un citron vert est meilleure que celle d'un citron jaune. Quant à la vision d'un citronnier, elle symbolise un homme très utile aux gens.

Citrouille (Qithâ)
On dit que sa vision signifie la grossesse de l'épouse de l'auteur de la vision. On dit aussi qu'elle signifie des ressources insignifiantes et éphémères.

Clairvoyance (Firâsa)
La vision d'une clairvoyance et d'une prémonition de certains faits inconnus, évoque l'abondance du bien et la sécurité face

au mal, en vertu de la parole du Très Haut : ﴾ ***Si je connaissais le mystère incommunicable, je posséderais des biens en abondance et le mal ne me toucherait pas.*** ﴿ (S7, V188)

C

Clarté (Dawe)
Sa vision évoque un messager ou une science.

Claudication ('Aradj)
La vision d'une claudication symbolise la tromperie et la manifestation d'une trahison et d'une intrigue.

Clé (Miftâh)
La vision d'une clé évoque des ressources, une assistance, l'ouverture d'une porte de la science ou du Coran qu'il recevra de la part d'Allah. Elle évoque aussi une place privilégiée auprès du sultan, des biens, une sagesse et une vertu. Celui qui se voit, en rêve, en train de mettre une clé dans une porte jusqu'à l'ouvrir, cela annonce l'exaucement de l'une de ses invocations, de celle de ses parents ou de l'un de ses proches.

Cloche (Nâqous)
La vision d'une cloche évoque un courtier, une épouse à la nombreuse progéniture ou un muezzin. Elle peut évoquer aussi la célébrité et le scandale. Elle indique aussi la fréquentation d'un homme en qui il n'y a aucun bien. Celui qui se voit, en rêve, en train de sonner la cloche, va répandre, parmi les gens, une fausse information. S'il se voit en train de lirc la Thora ou l'Evangile, sans connaître leurs significations, cela veut dire que sa doctrine est fausse et que son opinion est conforme à celle des Juifs et des Chrétiens. Le Très Haut a dit : ﴾ ***Vous lisez le Livre. Ne comprenez-vous pas ?*** ﴿ (S2, V44)

Clochettes (Jalâjil)
Leur vision signifie des querelles, des propos virulents et une polémique dont se rendra célèbre celui qui les voit dans un rêve.

C

Clou (Mismâr)
Sa vision évoque un émir ou un dirigeant. Elle évoque aussi l'homme à travers lequel les gens arrivent à régler leurs affaires, comme le témoin et celui qui transcrit les contrats.

Cocktail de parfums (Ghâliyya)
Sa vision évoque le pèlerinage. Elle évoque aussi un bien ou une suprématie. Celui qui se voit, en rêve, en train de s'asperger d'un cocktail de parfums, fera l'objet de beaux éloges de la part de deux hommes.

Coépouse (Darra)
La vision d'une coépouse évoque les maladies, le tort et la cécité. Elle peut évoquer aussi les mauvaises actions, la découverte de secrets, le souci et le malheur.

Cœur (Qalb)
La vision du cœur symbolise le courage de l'homme, sa tolérance, sa témérité, sa douceur, sa générosité, sa libéralité, sa dureté, sa vertu et sa corruption. On dit aussi que sa vision symbolise l'épouse de l'homme, car c'est elle qui dispose de ses affaires. S'il voit que son cœur s'est déchiré, alors qu'il était malade, il guérira et son souci disparaîtra. Celui qui voit, en rêve, une frayeur dans son cœur, sera guidé vers la vérité, en vertu de la parole du Très Haut : ﴾ ***Lorsque la frayeur sera bannie de leurs cœurs.*** ﴿ (S34, V23)

Coffret (Huqqa)
La vision d'un coffret symbolise un palais. Se voir posséder un coffret contenant des perles, évoque l'acquisition d'un palais dans lequel se trouvent des domestiques.
Elle évoque aussi des réjouissances, des épouses et des enfants, de même que l'acquittement des dettes et la dissipation des soucis et des malheurs.

Coiffe (Qalnaswa)
La vision d'une coiffe évoque un long voyage, le mariage d'une femme ou l'achat d'une esclave. Elle évoque aussi l'ascétisme. Celui qui se voit avec une coiffe sur la tête obtiendra un pouvoir, une autorité et un bien de la part de son chef. L'enlever, en rêve, c'est se séparer de son chef.

C

Coiffeur (Hallâq)
Sa vision évoque un homme qui intercède pour les gens auprès du sultan pour leur régler leurs affaires.

Coiffeur (Machchât)
Sa vision évoque un homme qui débarrasse les gens de leurs soucis. Quant à la vision d'une coiffeuse, elle évoque une femme digne. Celui qui se rapproche d'elle, sa dignité et sa noblesse augmenteront aux yeux des gens. Lorsqu'un célibataire voit une coiffeuse, en rêve, il se mariera.

Coin d'Ismaël dans la Ka'ba (Hidjr Ismaël عليه السلام)
Celui qui se voit, en rêve, dans ce coin, verra la naissance d'un enfant qui prendra soin de lui et l'aidera dans les choses de cette vie.

Coing (Sfardjal)
Pour la plupart des interprètes des rêves, la vision du coing est néfaste. Ils disent qu'il symbolise la maladie en vertu de sa couleur jaune. On dit aussi que sa vision évoque un voyage. Celui qui se voit en train de le manger, en rêve, alors qu'il est malade, cela annonce sa guérison. Si c'est un gouverneur, cela annonce la concrétisation de ses ambitions et, si c'est un commerçant, cela signifie des gains pour lui.

Coït (Moudjâma'a)
Celui qui se voit en train de faire le coït avec sa propre personne, cela évoque de sa part une perte de sa considération et sa parcimonie vis-à-vis de ceux avec lesquels il doit être généreux. Elle évoque aussi la dilapidation des biens et le

divorce avec l'épouse. Si l'auteur de la vision est pauvre, cela indique une grave maladie pour lui. Elle peut indiquer aussi des relations sexuelles avec des personnes de sa famille qu'il lui est interdit d'épouser. S'il se voit en train de pratiquer le coït avec un garçon, cela veut dire qu'il va être atteint d'un malheur. S'il se voit en train de faire le coït avec une femme qu'il connaît, cela annonce un grand bien pour lui, si cette femme est jolie et embellie. Si elle est vieille et laide, cela annonce le contraire pour lui.

Colère (Ghadhab)
Sa vision symbolise une prison. Celui qui se voit en colère, en rêve, à cause de ce bas monde, cela indique son peu d'importance pour la religion d'Allah.

Colique (Qawlandj)
Celui qui se voit atteint de coliques, dans un rêve, cela veut dire qu'il dépense avec parcimonie au profit de sa famille. C'est aussi l'annonce d'un châtiment. On dit aussi qu'elle signifie la bonne santé des proches et de la famille.

Colle de cordonnier (Ghirâ El-Asâkifa)
Sa vision évoque un homme habile qui a expérimenté les choses difficiles. Elle évoque aussi un homme qui œuvre à une concorde entre les gens.

Collecte (Lamm)
Sa vision évoque le réveil du désir et la collecte d'argent.

Collier ('Iqd)
Sa vision évoque la beauté des femmes et leur parure. Pour un homme, la vision d'un collier autour de son cou, signifie pour lui sa mémorisation du Coran, s'il cherche à l'apprendre, de même que sa maîtrise de la jurisprudence, s'il l'étudie. Elle signifie aussi qu'il respectera son engagement ou son contrat et, s'il n'a rien de cela, il épousera une femme qui mémorise le Coran.

C

Collier (Tawq)
Pour celui qui voit, en rêve, un collier autour de son cou, cela indique qu'il est avare. On dit aussi que la vision de n'importe quel collier évoque la corruption de la religion.

Colocase (Qoulqâs)
Pour l'auteur de cette vision, il s'agit d'une gêne qu'il éprouve dans la réalité.

Colonne (Amoûd)
Sa vision évoque tout ce qui sert d'appui pour l'homme, comme l'Islam, le Coran, les sunen, la jurisprudence de la religion, le sultan, le juriste, le juge, le père, le maître, l'époux, le tuteur, le témoin, l'épouse et les biens. Voir en rêve, une colonne descendre du ciel, annonce qu'Allah va faire don aux gens d'un sultan juste, compatissant et indulgent.

Colostrum (Labâ)
Sa vision évoque la délivrance de l'accouchement pour la femme enceinte.

Cols de montagnes (Ch'ab El-Djibâl)
Leur vision indique l'intrigue et la tromperie.

Colza (Saldjem)
Sa vision symbolise une femme paysanne ayant des mérites. On dit aussi qu'elle évoque un souci et une tristesse.

Combat (Qitâl)
Se voir en train de combattre des oppresseurs, en rêve, évoque le triomphe de la religion, l'assistance au père et à la mère ainsi que la jalousie pour l'épouse. Si l'auteur de la vision voit qu'il fait partie des oppresseurs, il faut craindre pour lui, l'apostasie, la déviation de la religion, la désobéissance à ceux auxquels il doit obéissance ou l'abandon de la prière.

C

Combat de béliers (Mounâtaha Bil Kabch)
Sa vision évoque des préparatifs en vue d'une guerre. Elle peut évoquer aussi la présence dans un rassemblement hérétique contraire à la religion. Elle peut évoquer aussi le fait de s'enorgueillir à travers les généalogies.

Combat de coqs (Mounâqara Biddouyoûq)
Sa vision évoque une incitation à une querelle entre des gens qui se fréquentent habituellement ou entre les savants et les muezzins.

Commandement du convenable (Al-Amr Bil-Ma'roûf)
Celui qui se voit en train de commander le convenable aux gens, dans un rêve, est comme celui qui ordonne la prière ou les deux témoignages de la foi aux gens et comme celui qui les exhorte au bien. Ceci indique sa foi en Allah et son dévouement.

Commerçant (Tâdjir)
Lorsque quelqu'un se voit assis devant la porte d'un commerce, alors qu'autour de lui il y a des marchandises, et que lui-même porte les habits d'un commerçant, cela signifie la prééminence dans le commerce. Cela dans le cas où cet homme est un commerçant. Par contre, si l'auteur de la vision n'est pas un commerçant, cela veut dire qu'il sera à l'abri de la pauvreté. Sa vision signifie aussi les bénéfices, les postes financiers, les voyages et la connaissance des récits étranges.

Compagnie (Mousâhaba)
Pour celui qui est malade, se voir en compagnie d'un autre évoque sa guérison. Si quelqu'un se voit en train de tenir compagnie à un inconnu, cela indique un préjudice à survenir pour lui.

Compagnons du Prophète ﷺ (Ashâb Ennabî)
La vision de l'un ou de tous les compagnons du Prophète vivants, indique la force de la religion et vaudra au rêveur

d'être gratifié de noblesse et d'honneur et d'obtenir une place très élevée. S'il voit qu'il est devenu l'un d'eux, il sera éprouvé par des malheurs mais arrivera, en fin de compte, à triompher de ces épreuves. S'il les voit à plusieurs reprises, sa vie sera empreinte de sincérité. Lorsque celui qui les voit, est un pauvre, il s'enrichira, car ils ont fait des conquêtes et ont acquis des butins, et s'il est riche, il préférera l'au-delà à ce bas monde et fera don de sa personne et de ses biens au service d'Allah.

C

Concombre d'Egypte ('Adjîr)
Sa vision évoque un garçon qui ressemble à son père et à sa mère.

Condiments de fruits (Moukhallal El-Fâkiha)
Leur vision évoque l'apostasie ou l'émulation des corrompus. Elle évoque aussi le gaspillage d'argent ou la violation d'un engagement.

Conduite irréfléchie (Ghayy)
Sa vision évoque la tentation dans la religion, le rejet de la guidée et de l'évidence de la vérité.

Confiserie (Halwâ)
Sa vision symbolise la sincérité dans la religion. Elle évoque aussi la délivrance du prisonnier, le retour du voyageur, la guérison du malade, le mariage du célibataire, de même que la guidée, le repentir, la science, le Coran, de nouveaux enfants, des serviteurs distingués et des ressources licites. Elle évoque également une bonne parole. Pour le croyant, la vision d'une confiserie symbolise la saveur de la foi, alors que pour l'incroyant, elle symbolise la saveur de ce bas monde.

Confiseur (Halwâni)
La vision d'un confiseur évoque un homme charitable et doux, dans le cas où il ne prend pas d'argent en contre partie de ses produits. Dans le cas contraire, il évoque un homme aimant l'ostentation.

C

Conformité (Mouwâfaqa)
La vision d'une conformité avec ce qui satisfait Allah indique l'amour pour les frères vertueux et l'abandon des gens mauvais.

Congestion (Ihtiqan)
Le rêveur qui se voit congestionné par une maladie dont il souffre, indique pour lui le retour à une décision bénéfique dans sa religion ; s'il est congestionné alors qu'il ne souffre d'aucune maladie, cela signifie pour lui, rompre un vœu fait à Allah, renier une promesse faite, une parole prononcée ou une exhortation et autre chose de ce genre. Cela peut vouloir dire aussi être éprouvé par une violente colère.

Conjecture (Zhann)
Sa vision évoque un péché, en vertu de la parole du Très Haut : ﴿ ***Certaines conjectures sont des péchés.*** ﴾ (S49, V12)

Conjonctivite (Ramad)
La vision d'une conjonctivite signifie que l'auteur de la vision se détourne de la vérité et que sa pratique de la religion laisse à désirer, et ce en fonction de l'importance de sa conjonctivite, car cela symbolise la cécité. Or, Allah a dit : ﴿ ***Ce ne sont pas leurs yeux qui sont aveugles, mais ce sont leurs cœurs qui sont aveugles dans leurs poitrines.*** ﴾ (S22, V46)
On dit aussi que sa vision représente la diminution des ressources, la négligence ou bien la faiblesse dans la religion.

Connaissance (Ittilâ')
La connaissance de l'homme, dans un rêve, de quelque chose qui lui était cachée, indique la science complexe et le travail sublime. Il peut indiquer aussi la connaissance d'un secret parmi les secrets d'Allah, comme la découverte d'un trésor ou d'une mine.

Consécration de sa vie au djihâd dans la voie d'Allah (Ribât Fî Sabîl Allah)
Sa vision symbolise l'attachement à l'adoration d'Allah, l'observance des obligations, la conformité à la sunna et la crainte révérencielle d'Allah.

C

Conseil (Madjlis)
Celui qui voit, en rêve, qu'il dirige un conseil d'exhortation où il prêche aux gens, alors qu'il n'est pas digne de cela, cela veut dire qu'il se trouve dans un souci et une maladie et qu'il invoque Allah afin qu'il l'en délivre. Celui qui se voit assis au milieu d'un conseil de savants, alors qu'il est digne de cela, cela indique l'obtention d'une science et une augmentation de sa dignité.

Conseil (Naçîha)
Venant d'un ennemi, sa vision évoque une tromperie et une gloriole, en vertu de la parole du Très Haut : ﴾ ***Il leur jura : Je suis, pour vous, un conseiller digne de confiance. Et il les fit tomber par sa séduction.*** ﴿ (S7, V21)

Consolation (Ta'ziyya)
La consolation, vue en rêve, symbolise pour celui qui se trouve dans l'aisance matérielle, un malheur qui va le frapper, alors que pour celui qui se trouve dans la gêne, ce sera l'inverse, c'est-à-dire un bienfait qui va l'atteindre.
Celui qui se voit consoler une personne touchée par un malheur, obtiendra une sécurité, en vertu du hadith du Prophète ﷺ qui dit : « *Celui qui console quelqu'un dans le malheur, aura la même récompense que lui* ».

Consolidation d'une chose (Idjtimâ' El-Amr)
Lorsqu'une chose arrive à sa consolidation ou à sa perfection, c'est la preuve qu'elle va dépérir, en vertu de la parole du Très Haut : ﴾ ***Quand la terre revêt sa parure et s'embellit.*** ﴿ (S10, V 24). Le poète a dit : "Lorsqu'une chose arrive à sa

perfection, son imperfection commence à apparaître ; attends-toi au dépérissement, lorsqu'on dit d'une chose qu'elle est achevée".

C

Constellation de l'Ourse (Banât Na'ch)
Sa vision symbolise un homme noble. Voir toutes ces étoiles tomber, dans un rêve, augure de la mort des savants de cette contrée.

Constructeur de bateaux (Foulqî)
Sa vision évoque le courtier en femmes parmi les esclaves.

Construction (Binâ)
La vision d'une construction récente sur le sol est un avantage matériel particulier ou général. Elle peut annoncer aussi le mariage d'un homme avec une femme. Si quelqu'un voit que sa maison s'est agrandie d'une façon belle et harmonieuse cela signifie une prospérité matérielle qui s'annonce.
Si cet agrandissement dépasse les dimensions requises, cela veut dire que des gens entreront dans la maison de l'auteur sans sa permission, que ce soit au cours d'un malheur, d'un mariage ou d'une frayeur.

Consulter (Châwara)
La vision d'un pervers qui consulte un pieux, est l'indice du repentir. Mais si c'est un pieux qui consulte un pervers, cela signale qu'il est sur le point de commettre une innovation.

Conteur et chroniqueur (Qâçç El-Akhbâr Oua Essayr)
Sa vision indique la connaissance des informations et la transmission des nouvelles qu'elles soient fausses ou sûres ainsi que la promesse véridique.

Contraction (Inqibâd)
La contraction de quelqu'un, dans son sommeil, signifie une contraction dans ses biens. La vision de la contraction peut signifier aussi la résultante des péchés commis à l'état d'éveil.

Contraction de l'âme (Qabdh Ennafs)
C'est l'inverse de la relaxation. Sa vision évoque peut être la maladie ou la mort, en vertu de la parole du Très Haut : ﴾ ***Puis Nous la ramenons à nous avec facilité.*** ﴿ (S25, V46)

C

Contrainte (Ghalaba)
Lorsque celle-ci se multiplie, sa vision évoque des choses qui impliquent la joie ou la haine.

Conversion (Islâm)
Lorsqu'un polythéiste se voit, dans un rêve, au paradis ou paré de bracelets d'argent ou que quelqu'un l'y voit, cela signifie qu'il va se convertir à l'Islam, en vertu de la parole du Très Haut : ﴾ ***Ils seront parés de bracelets d'argent.*** ﴿ (S76, V21) Il en est de même lorsqu'il se voit entrant dans une forteresse. On rapporte, en effet, que le Prophète ﷺ a dit : « *Allah dit : Il n'y a de dieu qu'Allah, Allah est Ma forteresse. Celui qui y entre, sera à l'abri de Mon châtiment* ». Si un polythéiste voit qu'il s'est converti à l'Islam ou qu'il rend grâce à Allah, il sera guidé vers l'Islam. Si un musulman voit en rêve qu'il se convertit une deuxième fois à l'Islam, cela signifie qu'il se mettra à l'abri des malheurs.

Copulation (Nikâh)
Sa vision évoque une fonction majestueuse. Toute copulation, en rêve, dont on voit une éjaculation de sperme qui nécessite un lavage à l'état d'éveil, est fausse et n'a aucune interprétation, car elle résulte d'un rêve érotique. Celui qui se voit en train de copuler avec son ennemi, cela veut dire qu'il va le soumettre. Celui qui se voit en train de copuler avec l'un de ses frères, cela veut dire qu'il va faire preuve de bienfaisance et de compassion envers lui. Celui qui se voit en train de copuler avec sa mère, sa sœur ou l'une des personnes qui lui sont interdites par la religion, durant l'un des mois sacrés, cela veut dire qu'il va visiter les lieux sacrés. Se voir en train de copuler avec un homme inconnu, signale que l'auteur du rêve va gaspiller de l'argent.

Copulation (Wataa)
Sa vision évoque l'arrivée au but escompté par l'homme ou la satisfaction de son aspiration, qu'elle soit religieuse ou profane, comme le voyage, la guerre, l'entrée chez le sultan, car la copulation est un plaisir et un avantage. Celui qui se voit en train de copuler avec son épouse, va obtenir d'elle ce qu'il désire et vice versa.

Coque de noix et d'amande (Qichr El-Djoûz Oua Elloûz)
Leur vision évoque des vêtements. On dit aussi qu'elle évoque la fausse couche pour la femme enceinte. Elle indique aussi une ostentation, une flatterie ou une hypocrisie.

Coquelicot (Chaqîq)
Sa vision évoque le feu en raison de sa rougeur. Elle peut indiquer la migraine ou un frère germain.

Coquillage (Ṣadaf)
Sa vision constitue une fausse couche pour la femme enceinte.

Cor (Ṣoûr)
La vision du souffle dans le Cor (d'Israfîl عليه السلام) indique le salut pour les pieux. Elle évoque aussi des nouvelles terribles. Si l'auteur de la vision entend ce souffle, à lui seul, cela veut dire que ces nouvelles le concernent en particulier, mais s'il voit que les gens l'ont entendu avec lui, cela veut dire que ces nouvelles les concernent tous. Celui qui entend, en rêve, le deuxième souffle du Cor, cela évoque l'opulence de la vie, l'existence de réserves, l'apparition de secrets, la guérison des malades, la délivrance du prisonnier ou la rencontre avec les voyageurs.

Corail (Mourdjân)
Sa vision évoque des biens considérables ainsi qu'une esclave belle et distinguée.

Corban (Qorân)

La vision d'une récitation du Coran, à partir du texte, évoque un ordre et une interdiction, un honneur, une joie et une victoire. Celui qui se voit en train de réciter le Coran d'une façon abstraite, cela veut dire qu'on lui contestera un droit qu'il revendique et qu'il mérite. Celui qui voit, en rêve, mémorisant le Coran par cœur, alors que ce n'est pas le cas, dans la réalité, obtiendra un pouvoir, en vertu de la parole du Très Haut au sujet de Joseph : ﴾ ***J'en serais le gardien compétent.*** ﴿ (S12, V55) Celui qui entend la récitation du Coran, dans un rêve, son pouvoir se renforcera, le terme de sa vie sera excellent et il sera préservé contre les intrigues des intrigants, en vertu de la parole du Très Haut : ﴾ ***Quand tu lis le Coran, Nous plaçons un voile épais entre toi et ceux qui ne croient pas à la vie future.*** ﴿ (S17, V45) La vision de la récitation du Coran évoque aussi la multiplicité des œuvres de bien ainsi que la distinction du rang de son auteur.

Corbeau (Ghurâb)

Sa vision évoque un homme qui marche avec ostentation et arrogance, et qui est avare. Elle figure aussi un homme pervers et menteur. On dit que celui qui chasse, en rêve, un corbeau, obtiendra un bien illicite dans des actes de perversité et de spoliation.

Sa vision est de mauvais augure sur les arbres ou sur les cultures. Celui qui voit un corbeau lui parler, en rêve, aura un enfant pervers. On dit aussi qu'il sera l'objet d'une grande affliction avant de connaître une délivrance.

Corbeau (Petit) (Na'âb)

Sa vision évoque le dénuement et la disette ainsi que l'éloignement de la famille et des proches.

Corbeille (Silla)

Sa vision indique une bonne nouvelle ou une mise en garde. Elle évoque aussi la phtisie.

C

Corde (Habl)
Sa vision symbolise un serment et un pacte. Voir une corde descendre du ciel, évoque le Coran. Elle symbolise aussi la puissance et la dignité, de même que la ruse et la tromperie. Sa vision symbolise également la magie. Elle symbolise aussi la religion. Celui qui se voit en train de tenir une corde, cela veut dire qu'il est attaché au câble d'Allah.

Cordelière des incroyants (Koustîdj Al-Kouffâr)
Sa vision symbolise un enfant. Celui qui voit une cordelière des incroyants ceindre sa taille, sera scrupuleux et assistera la religion d'Allah. S'il se voit avec une cordelière autour de la taille et un vêtement neuf, cela veut dire qu'il va avoir un enfant vertueux. Voir la cordelière se déchirer, annonce la mort de l'enfant.

Cordelière des Nazaréens (Zunâr Ennasâra)
Sa vision symbolise un enfant lorsqu'elle est vue au-dessus de vêtements neufs. Sa rupture, signifie la mort de l'enfant. Lorsque cette cordelière est vue sous les vêtements, sa vision évoque l'hypocrisie dans la religion. La vision d'une cordelière peut évoquer aussi l'adultère et le feu.

Cordier (Fettâl)
Sa vision évoque ceux qui décident des choses et détiennent les causes, à l'image du Muftî, du juge et des gens d'opinion. Sa vision évoque la tromperie, la fraude et la magie.

Cordonnier (Isqâf)
Les cordonniers sont de plusieurs sortes : la vision de celui qui fabrique des souliers pour femmes figure celui qui établit les actes de mariage ou l'entremetteur. Quant à celle du fabricant de souliers pour hommes, elle indique les serviteurs et les voyages.

Coriandre (Kouzboura)
Sa vision symbolise un homme utile dans ce bas monde et dans la religion.

Cornac (Fiyyâl)
Sa vision évoque le précepteur des enfants des rois, le traducteur, l'écuyer ou le joueur de lances.

C

Corne (Qarn)
La vision d'une corne évoque la force et l'invincibilité. Celui qui se voit avec des cornes, en rêve, soumettra son ennemi. Celui qui se voit avec des cornes de taureau ou d'un autre animal, cela veut dire qu'il mourra par contrainte.

Corneille (Zâgh El-Ahmar El-Minqâr)
Sa vision évoque un homme dominateur, plaisantin et aimant la musique, possédant un pouvoir. Elle évoque aussi des hommes qui aiment l'association ou bien l'instabilité.

Corneille (Ghudâf)
Se voir posséder une corneille, en rêve, indique l'obtention d'un pouvoir pour celui qui en est digne. Pour celui qui n'en est pas digne, cela évoque une parole véridique qui sera refusée par ceux qui l'écoutent.

Corps céleste (Falaq)
Celui qui se voit en train de tourner autour d'un corps céleste, atteindra ses aspirations, verra son rang s'élever, et son pouvoir ainsi que sa dignité augmenter. S'il voit le corps céleste absolu,cela veut dire qu'il va se rapprocher d'Allah et obtenir une renommée et une dignité et fréquenter un roi parmi les plus puissants rois de la terre.

Corps de l'homme (Badan El-Insân)
La vision d'un corps fort et robuste, dans un rêve, signifie la force de la religion et de la foi. Si quelqu'un se voit avec un corps de serpent, cela signifie qu'il révélera ce qu'il cache comme animosité. Se voir avec un corps en fer ou en argile annonce la mort du rêveur, et pour celui qui voit son corps grandir sans aucun préjudice pour lui, cela signifie une augmentation des bienfaits en sa faveur.

Correspondance entre deux groupes en conflit (Mourâsala Bayna Fiatayn)
Sa vision évoque l'approche du terme de vie, l'étouffement d'une discorde, l'attachement à la vérité, la mort du malade et la victoire de l'opprimé.

C

Côte (Dil')
La vision d'une côte évoque une femme. Elle évoque aussi les membres de la famille et les proches qui sont différents par le rang et l'âge, mais qui sont égaux dans la concorde, l'amour et l'entraide. Elle évoque aussi les travaux cachés ainsi que le harnais d'un métier à tisser.

Côte ('Aqaba)
Pour celui qui se voit monter une côte, en rêve, pour acquérir quelque chose, cela veut dire qu'il va faire des efforts pour gagner ce bas monde et l'au-delà à la mesure de ce à quoi il a aspiré dans son rêve. La vision d'une côte peut évoquer aussi la femme difficile et têtue ou l'homme rigoureux qui ne peut être abordé qu'avec finesse.

Coton (Qutn)
La vision du coton évoque de l'argent. Se voir en train de carder du coton, signifie effacer ses péchés. Sa vision évoque aussi une sunna, tandis que le cotonnier évoque un homme modeste.

Cou ('Unq)
La vision du cou symbolise l'endroit du dépôt et de la confiance. Le voir allongé, signifie un surplus de pratique religieuse et de confiance. Le voir court, signifie un manque de confiance. Celui qui voit, en rêve, un serpent entourant son cou, cela veut dire qu'il ne s'acquitte pas de la Zakât sur ses biens, en vertu de la parole du Très Haut : ﴿ ***Bientôt, le Jour de la résurrection, ils porteront autour du cou ce dont ils se montraient avares.*** ﴾ (S3, V180)

Cou (Le haut du) (Raqaba)
Sa vision évoque l'affranchissement ou la servitude. Si un esclave voit, en rêve, un autre esclave attaché à son cou, cela indique que sa servitude persistera. S'il arrive à libérer son cou, cela annonce son affranchissement.

C

Couche (Firâch)
La vision d'une couche évoque une femme. Celui qui voit qu'il a vendu sa couche, divorcera de sa femme. Si son épouse est malade, cela annonce sa mort. Sa vision évoque aussi un enfant. Celui qui se voit étendu sur une couche, sera en sécurité face à ce qu'il craint. Cela peut aussi évoquer sa négligence dans la religion, car le sommeil est une négligence.

Couleur bleue (Zarqat Ellawn Fîl Manâm)
Voir une couleur bleue, en rêve, indique un souci, une affliction, une querelle et un malheur.

Coup de lance (Zadjj)
Sa vision symbolise l'engagement dans des situations compliquées et, peut être, la mort.

Coup de poing (Laqm)
Sa vision évoque l'avarice et la négligence dans la prière. Elle évoque aussi des propos grossiers entre les gens et, peut être, celui qui exige une revanche ou le paiement d'une dette.

Coup de poing (Waqz)
Sa vision évoque le fait de tomber dans un acte fâcheux qui relève des suggestions du diable, mais dont la fin dans la religion sera bénéfique, en vertu de la parole du Très Haut: ﴾ ***Moïse lui donna un coup de poing et le tua. Il dit: Voici une œuvre du Démon.*** ﴿ (S28, V15)

Coupe (Jâm)
La vision d'une coupe rappelle l'ami de l'homme. Si un homme se voit offrir une coupe sur laquelle se trouvent des légumes

ou des produits acides, cela dénote d'une inimitié et d'une animosité à craindre de la part de son ami.

C

Coupe (Kâs)
La vision d'une coupe symbolise une femme. Se voir en train de verser une boisson dans une coupe ou un récipient de verre annonce au rêveur que son épouse est enceinte. S'il voit que sa coupe s'est cassée et que l'eau est restée telle quelle, cela veut dire que son épouse va mourir et son embryon survivre.
Pour celui qui voit qu'on lui donne, en rêve, une coupe de vin, d'eau, de moutarde, de coloquinte ou de myrrhe, et qu'il boit son breuvage, cela indique sa mort.

Coupe de cheveux (Taqsîr)
La vision d'une coupe de cheveux pour la personne capable de se raser (pendant ce rite propre au pèlerinage) signifie la négligence dans le travail et le fait de se contenter des permissions.

Coupole (Qubba)
La vision d'une coupole symbolise la force. Celui qui se voit en train de construire une coupole, sur un nuage, cela veut dire qu'il obtiendra un pouvoir et une force. Se voir en train de détruire une coupole, alors que l'auteur du rêve a une femme malade, annonce la mort de cette dernière. Si elle est en bonne santé, cela veut dire qu'il va divorcer d'elle. Sa vision indique aussi un pouvoir, pour celui qui se voit entrer dans une coupole ou la posséder.

Coups (Darb)
La vision de coups signifie un bien qui va atteindre celui qui les reçoit de la part de celui qui les donne, sauf s'il voit qu'il est frappé avec du bois. Auquel cas, cela veut dire qu'il va lui promettre un bien sans pouvoir l'honorer. On dit aussi que la vision de coups signifie le changement de même que l'exhortation.

La vision de coups avec un fouet signifie des propos déplaisants. Si du sang est versé sur terre suite à ces coups, cela indique une perte de biens.

C

Courge (Qar')

La vision de son arbre symbolise un homme savant ou un médecin utile, proche des gens et béni. On dit aussi qu'elle évoque un homme pauvre. Pour un malade, la vision d'une courge annonce la guérison. Celui qui se voit en train de le manger, cuit, obtiendra une science en fonction de ce qu'il en aura mangé ou réunira une chose dispersée. Sa vision évoque aussi un souci, une affliction, une vie difficile, une maladie ou un emprisonnement.

Courrier (Barîd)

Sa vision dans les rêves signifie les mouvements et les voyages. Elle peut indiquer aussi des péchés et des fautes, de même que le risque de tomber dans des situations pouvant entraîner la mort.

Couronne (Tâdj)

Lorsqu'une femme voit une couronne sur sa tête, cela veut dire qu'elle va se marier avec un homme puissant ou riche. Si elle est enceinte, elle accouchera d'un garçon. Si c'est un homme qui voit une couronne sur sa tête, cela veut dire qu'il va obtenir un pouvoir étranger. La vision d'une couronne signifie aussi la science, le Coran et le pouvoir.

Course (Mousâbaka)

La vision d'une course à pied évoque des mouvements, et sa vitesse indique une inactivité ou un voyage sans intérêt. Si l'auteur de la vision est malade, il se rétablira, s'il est pauvre, il s'enrichira et, s'il est absent, il reviendra de son voyage. Celle d'une course de chevaux, évoque l'accomplissement de choses interdites ou un égarement, de même qu'elle évoque des troubles entre les gens ou leurs divisions.

C

Coursier (Sâ'î)
Sa vision indique celui qui transmet les invitations ou celui qui apporte les nouvelles, comme le facteur. Elle peut évoquer aussi celui qui œuvre pour le bien.

Courtier (Simsâr)
Sa vision évoque un homme qui prétend à la générosité et invite les gens à donner le maximum.

Coussin (Wisâda)
Sa vision évoque une femme qui s'occupe de son époux et qui est généreuse avec les gens. Elle évoque aussi un compagnon, un enfant ou une mère compatissante. Elle peut évoquer aussi un repos ou une maladie pour le sain de corps. Celui à qui est volé un coussin en rêve, cela veut dire qu'un serviteur à lui va mourir ou bien son épouse.

Couteau (Sikkîne)
La vision d'un couteau évoque le serviteur des lieux, dévoué au service de sa famille. Si la lame de ce couteau est affilée, cela indique l'application de ses ordres et de ses interdits. Celui qui voit, en rêve, un couteau dans sa main, alors qu'il est en jugement, cela veut dire qu'il va gagner son procès et attester de cela avec des preuves et des arguments.

Coutelier (Saqâqinî)
Sa vision évoque un homme qui enseigne aux autres l'habileté et la dextérité. Sa vision symbolise aussi la dignité et la sérénité de même que le dirigeant qui règle les affaires des gens.

Couvercle (Moukabba)
Sa vision évoque la préservation des secrets.

Couverture (Milhafa)
Sa vision évoque une femme et une maîtresse de maison. Celui qui se voit habillé d'une couverture, en rêve, épousera

une belle femme. Celui qui se voit enveloppé d'une couverture, épousera une femme vertueuse.

Couvoir (Ma'mal El-Farâridj)
Sa vision évoque un mariage pour le célibataire, et une progéniture pour le marié. Elle indique aussi la sortie ou l'entrée dans une prison.

Couvreur (Tabaqî)
Sa vision évoque un homme qui divulgue les secrets des gens.

Crabe (Saratân)
Sa vision symbolise un homme rusé et à la grande dignité, qui impose le respect. On dit aussi que celui qui voit, en rêve, un crabe, obtiendra des biens.

Crachat (Biçâq)
Le crachat représente les biens de l'homme et sa puissance. Celui qui se voit en train de cracher, cela veut dire qu'il médit d'un homme. S'il crache sur un mur, c'est qu'il dépense de ses biens dans le djihâd ou les investit dans un commerce, et s'il crache par terre, c'est qu'il va acheter une ferme ou une terre. S'il crache sur un arbre, cela signale qu'il a failli à un engagement ou fait un parjure. S'il voit son crachat changer de couleur, cela évoque son mauvais caractère.

Crayon de khôl (Mîl)
Sa vision évoque un enfant qui s'occupe des affaires des gens en attendant d'autre récompense que celle d'Allah.

Crépuscule (Chafaq)
Sa vision évoque un serment, en vertu de la parole du Très Haut : ﴾ ***Non, Je jure par le crépuscule !*** ﴿ (S84, V16)

Creusement (Hafr)
Se voir en train de creuser un trou et d'en tirer la terre, symbolise la tombe pour celui qui est malade ou qui a

quelqu'un de malade chez lui. S'il est un voyageur, ce sera alors son voyage, tandis que cette terre extraite sera son gain. Les trous creusés symbolisent aussi la ruse, la tromperie, les barreaux, les lieux de fornication, les prisons, les liens et autres.

C

Creux de l'omoplate ('Atiq)
Sa vision évoque un ami, un associé ou un ouvrier. Celui qui voit, en rêve, un défaut dans ses omoplates, cela évoque une maladie des frères ou leur mort, car les deux creux des omoplates symbolisent les deux frères.

Crevaison de l'œil (Faqa)
Voir son œil crevé, signifie la disparition des bienfaits.

Crevasse (Laqq)
Sa vision évoque la rencontre du voyageur avec ce qu'il abhorre.

Cri de l'homme (Çiyyâh El-Insân)
Celui qui se voit, en rêve, en train de crier en direction de gens, obtiendra un pouvoir. Celui qui se voit en train de crier, tout seul, cela veut dire que sa vigueur va partir et sa force faiblir. La vision d'un cri évoque aussi une épreuve à travers un malheur, une destruction, une noyade ou une maladie, qui incitent les gens à implorer le secours d'Allah.

Crime (Jinâya)
La vision d'un crime commis contre autrui signifie la transgression des interdits. Elle signifie aussi la concrétisation d'objectifs précis et l'exaucement de demandes.

Cristal (Belloûr)
La vision du cristal symbolise la femme. Celui qui se voit posséder un vase en cristal, épousera une femme précieuse.

Crocodile (Timsâh)

La vision d'un crocodile symbolise la perversité, l'interdiction, les choses illicites, la peur et le malheur. Elle symbolise aussi un commerçant injuste et trompeur, de même qu'un voleur et un traître.

C

Croisement des doigts (Chebbâk El-Açâbi')

Voir ses doigts croisés, dans un rêve, signifie une association, une alliance matrimoniale ou un contrat.

Croissance (Tawl)

Celui qui voit, en rêve, que sa croissance a dépassé les limites, cela veut dire que le terme de sa vie s'est approché ainsi que la chute de son rang. On dit aussi que pour celui qui voit que sa croissance a pris des proportions anormales, cela annonce une augmentation de sa science et de ses biens. Si l'auteur de la vision est un souverain, cela annonce un renforcement de son pouvoir et un bon comportement de sa part. Si c'est un commerçant, son commerce prospérera, en vertu de la parole du Très Haut : ﴾ ***Grâce à la science et à la sagesse dont il est doué.*** ﴿ (S2, V247)

Croissant de lune (Hilâl)

Sa vision évoque le roi, le prisonnier, le chef des armées, le nouveau-né qui lance ses premiers cris et le bienfait urgent. Elle évoque aussi l'arrivée du terme de la vie, l'acquittement des dettes pour son auteur ou le pèlerinage, si elle est vue durant ses mois. Elle évoque aussi un garçon noble, un pouvoir ou un succès dans le commerce, de même qu'elle évoque la sincérité d'une promesse ou l'obtention d'un bien. Sa vision peut signifier aussi le repentir du pécheur, la conversion de l'incroyant, la délivrance des malheurs, comme la prison, ou la guérison du malade.

Croix (Çalîb)

Sa vision indique le mensonge, la calomnie, l'accusation d'adultère et le faux témoignage. Elle figure aussi un homme de grande considération et qui applique scrupuleusement les préceptes de la religion. Elle peut évoquer aussi un mariage raté ou des soucis et des épreuves.

C

Crottin (Ba'r)
Se voir en train de balayer du crottin de moutons ou en posséder, annonce l'obtention de biens.

Crottin de cheval (Rawth El-Khaïl)
Sa vision évoque des biens provenant d'un homme noble. Celui qui se voit assis, en rêve, sur du crottin de cheval, obtiendra de l'argent de l'un de ses proches.

Croupière (Thafr Eddabba)
La vision d'une croupière de monture symbolise un responsable médiocre ou un homme soumis à sa femme. Elle signifie aussi de l'argent. Comme la sangle, elle symbolise le talon d'Achille d'une chose.

Croupion ('Oudjz)
Sa vue symbolise l'argent d'une femme. S'il est grand, cela signifie pour l'auteur de la vision que son épouse possède de grands biens. Si quelqu'un voit son croupier très grand, dans un rêve, cela veut dire qu'il va s'imposer grâce à l'argent de son épouse et en obtenir beaucoup de biens. Celui qui se voit en train de faire le coït avec sa femme, par derrière, cela veut dire qu'il va demander une chose par un moyen non approprié et ne pas en profiter.

Cruchon (Koûz)
Sa vision évoque une esclave ou un serviteur. La vision d'un cruchon cassé annonce la mort d'un serviteur, d'un esclave ou des enfants.

Crucifixion (Çalb)
La vision d'une crucifixion évoque une distinction et un pouvoir pour son auteur. Sa vision est bénéfique pour les

pauvres et de mauvais augure pour les riches, dans la mesure où elle signifie leur déchéance. Pour celui qui n'est pas marié, cela indique le mariage.

C

Cuisinier des réceptions (Tebbâkh El-Mouhimmât)
Sa vision ainsi que celle de tous ceux qui utilisent le feu dans leurs métiers, évoque des gens qui parlent beaucoup et qui cherchent querelle, des gens qui travaillent pour le sultan, les auxiliaires des juges et les courtiers des marchés. Sa vision évoque aussi les joies et les réjouissances. Voir un cuisinier chez soi, en rêve, est de bon augure, surtout pour celui qui veut se marier.

Cuisse (Fakhd)
La vision d'une cuisse représente le clan de l'homme. Si quelqu'un voit, en rêve, que sa cuisse est coupée, cela veut dire qu'il quittera son clan et son peuple et qu'il mourra en exil. Sa vision évoque aussi la prière, son bon accomplissement ainsi que la position assise qui y est recommandée.

Cuisson (Tabkh)
Sa vision indique l'arrivée au but recherché si cette cuisson arrive à point.

Cuisson avec de la viande (Matboûkh Billahm)
La vision d'une cuisson avec de la viande évoque une richesse pour le pauvre. La vision d'une cuisson sans viande évoque, elle, une disette ou un acte d'adoration.

Cuivre (Nouhâs)
Sa vision évoque un compagnon très sociable. Elle évoque aussi de l'argent provenant des Juifs ou des Chrétiens. Celui qui voit du cuivre dans sa main, en rêve, qu'il prenne garde à des gens qui lui sont hostiles.

C

Cuivre jaune (Chabah)
Sa vision, pour celui qui se voit le posséder, signifie de l'argent provenant des chrétiens. Celui qui se voit en train de le faire fondre, cela veut dire qu'il va se quereller pour les biens de ce bas monde.

Cuivre jaune (Çufr)
Sa vision évoque de l'argent provenant des chrétiens et des juifs. Elle figure aussi des propos insultants et une calomnie. Elle représente aussi un homme qui s'enorgueillit des biens de ce bas monde.

Culotte du roi Culotte du roi (Sirwâl El-Malik)
Sa vision évoque un homme ferme et qui sait gérer les affaires.

Cumin (Kammoûn)
Sa vision a le même sens que celle du carvi.

Curage d'une partie de son corps (Nakch El-Badan)
Sa vision évoque l'attachement à ce bas monde et aux dépenses.

Cymbale (Çandj)
Sa vision évoque le plaisir de ce bas monde, et le fait de jouer avec, signifie s'enorgueillir de la vie profane.

Cymbalier (Çannâdj)
Sa vision symbolise un homme orgueilleux et préoccupé uniquement par les biens de ce bas monde.

Cyprès (Sarw)
Sa vision évoque les enfants. On dit aussi qu'elle évoque la longévité ou des avantages, de même qu'elle peut évoquer un fils noble.

D

Daim (Ayill)
Sa vision dans un rêve symbolise la couronne, la dignité, la majesté et le triomphe sur les ennemis. Celui qui voit que sa tête s'est transformée en tête de daim obtiendra pouvoir et autorité.

Dais de lit (Bachkhanât)
Si un célibataire les voit dans un rêve, cela signifie pour lui un mariage ; pour la femme, ce sera un homme qui la couvrira de sa bienfaisance. Si le rêveur voit qu'ils sont posés sur pied, et qu'il y entre en dessous, cela signifie un voile par les actes de tromperie, de ruse et d'hypocrisie.

Dalleur (Mouballat)
Sa vision évoque celui qui traite les affaires avec justesse ou qui les prépare. Elle évoque aussi le tailleur.

Danse (Raqç)
La vision de la danse évoque les soucis et les malheurs qui préoccupent. Pour un malade, se voir en train de danser, en rêve, signifie le prolongement de sa maladie. Pour le pauvre la danse, annonce une richesse qui ne dure pas. Pour une femme, cela signifie tomber dans un désaveu.

Danseur (Raqqâç)
Sa vision évoque un malheur lorsque l'auteur de la vision se voit en train de danser pour lui-même. S'il danse pour un autre, cela veut dire que celui-ci sera atteint d'un malheur qu'il partagera avec le danseur. Sa vision évoque aussi la vanité de ce bas monde et le repos pour celui qui est fatigué.

Dartre (Bahaq)
Se voir atteint de dartre, et en souffrir, dans une vision, révèle des secrets abjects gardés par l'auteur de la vision.

Datte (Tamr)
La vision des dattes évoque la pluie. Quant à celui qui se voit en train d'en manger en rêve, cela signifie des biens purs d'ordre général qui seront sa propriété. On dit aussi que leur vision évoque la récitation du Coran ou bien des richesses thésaurisées. Leur vision évoque aussi des biens licites et excellents.

Datte Balh (Balh)
Sa vision signifie des biens éphémères. Elle signifie aussi un messager de bonne nouvelle. Celui qui se voit en train de manger des dattes balh obtiendra des biens licites.

David (Dawoud عليه السلام)
Réver du Prophète David عليه السلام annonce pour l'auteur du rève la possésion d'un pouvoir, d'une puissance et d'une royauté.

Dé à coudre (Koustibân)
Sa vision évoque des ressources, un enfant, une épouse, un serviteur habile, une monture, un voyage ou une créance qui dure. Elle peut évoquer aussi la gêne et l'affliction. Celui qui se voit, en rêve, en train de le mettre en dehors de l'endroit où il doit être mis, commettra la fornication, abandonnera la prière ou sera atteint d'une maladie. Voir un dé à coudre dans la main d'un défunt, signifie qu'il se trouve en enfer, en vertu de la parole du Très Haut : ﴿ ***Des fouets de fer sont préparés à leur intention.*** ﴾ (S22, V21)

Décapitation (Darb El-'Unq)
Si quelqu'un voit, en rêve, que sa tête est décapitée, cela annonce sa guérison s'il est malade, l'acquittement de ses dettes, s'il est endetté, son accomplissement du pèlerinage, si

tel est son vœu, et sa délivrance de la peur ou d'un malheur s'il se trouve dans un tel état. Sa vision peut évoquer aussi l'abandon de la prière ou l'apostasie.

Décharger quelqu'un d'une charge (Hatt At-thaql)
Décharger une personne ou une bête d'une charge, dans un rêve, signifie faire des aumônes et être bienfaisant avec ceux que l'on connaît et ceux que l'on ne connaît pas.

Déchéance (Mahâna)
Sa vision indique le repos pour les gens du labeur.

Déchirure du tissu (Chaqq El-Qimâch)
Sa vision évoque le divorce.

Déclamation d'un ver de poésie (Rawy El-Baït Mina Ech-chi'r)
Celui qui se voit en train d'apprendre ou de déclamer des vers de poésie, en rêve, obtiendra une science, des ressources ou une expérience dans son métier ou dans d'autres métiers ambitionnés.

Décrets d'Allah et Sa prédestination (Qadhâ Allah Oua Qadarihi)
Si l'auteur de cette vision voit que cela s'applique à lui ou à ses biens, cela indique pour lui l'obtention de gains importants ou l'engagement dans une affaire appréhendée. A la fin, les conséquences seront salutaires pour lui, en vertu de la parole du Prophète ﷺ : « *A chaque fois qu'Allah décrète pour Son serviteur quelque chose, Il le fait à son avantage.* » Rapporté par Ahmed dans son Musned (12099).

Défaite (Hazîma)
Pour les monothéistes, elle signifie une victoire dans le combat. Celui qui voit, en rêve, des soldats justes, entrer dans une ville, défaits, ils obtiendront la victoire et le succès. S'ils sont des oppresseurs, le châtiment les atteindra. Celui qui voit une fuite devant la mort ou le combat, cela indique la

proximité de la mort, en vertu de la parole du Très Haut : ﴿ ***Dis : Si vous fuyez la mort ou le combat, la fuite ne vous servira à rien.*** ﴾ (S33, V16)

D

Défaut ('Aïb)
Sa vision évoque une conduite malsaine et des caractéristiques viles.

Défilé dans la montagne (Fadjj Fîl Djebel)
Sa vision évoque la délivrance de malheurs ou le voyage, en vertu de la parole du Très Haut : ﴿ ***Allah a établi pour vous la terre comme un tapis afin que vous suiviez les voies spacieuses.*** ﴾ (S71, V20)

Dégonfler les enflures (Fach-ch El-Awrâm)
Sa vision évoque le retour de l'absent vers son pays, le retour au calme du coléreux et le retour de celui qui est fâché contre un proche, vers lui. Elle peut évoquer aussi la disparition d'un poste.

Dégraisseur d'étoffes (Qaççâr Ettiyyâb)
Sa vision représente un prêcheur grâce à qui beaucoup de gens se repentissent de leurs péchés. Elle évoque aussi la disparition des soucis et des afflictions et la dissipation de l'animosité des cœurs. Elle peut évoquer aussi le chant, la musique et le mariage de même qu'elle évoque celui qui se fatigue pour l'intérêt des autres.

Degré élevé (Rutba)
Sa vision évoque pour les gens modestes, une épouse, un moyen de vie ou une bonne action qu'Allah élèvera.

Déjeuner (Ghidâ)
La vision d'un déjeuner évoque une grande lassitude, en vertu de la parole du Très Haut : ﴿ ***Apporte-nous notre déjeuner. Nous avons éprouvé durant notre présent voyage une grande lassitude.*** ﴾ (S18, V62)

Pour celui qui se voit, en rêve, en train de demander un déjeuner, cela indique une grande lassitude de sa part.

Délai pour l'homme (Imhâl El-Insân)
Le délai signifie le châtiment, en vertu de la parole du Très Haut : ﴾ ***Accorde donc un délai aux incrédules ; accorde-leur un court délai !*** ﴿ (S87, V17)
Celui qui se voit donner un délai à quelqu'un, dans un moment de colère, cela signifie qu'il va le châtier durement.

Délégué (Naqîb)
Sa vision évoque l'annonce d'une bonne nouvelle et une victoire sur les ennemis, en vertu de la parole du Très Haut : ﴾ ***Allah a contracté une alliance avec les fils d'Israël et Nous avons suscité douze délégués parmi eux.*** ﴿ (S5, V12)

Délicatesse (Moulâyana)
La vision d'une délicatesse de la part de gens éminents à l'égard de gens simples, signifie une baisse de leur considération, la disparition d'un poste, une pauvreté et un besoin.

Délier une chose (Fuqq Ech-chay)
Sa vision évoque la solitude entre deux réunions. Elle évoque aussi le blâme fait à celui qui fait preuve d'avarice et de retenue, en vertu de la parole du Très Haut : ﴾ ***C'est racheter un captif ; nourrir, en un jour de famine....*** ﴿ (S90, V13-14)

Délivrance d'une situation de gêne (Nadjât Min Chidda)
Sa vision évoque les conséquences des œuvres vertueuses, comme le jeûne et les aumônes.

Demande (Talab)
Celui qui voit, en rêve, comme s'il demandait quelque chose, obtiendra ce qu'il aura demandé. Celui qui voit comme si quelqu'un le demandait, cela indique qu'un malheur va le toucher. La vision d'une demande évoque ce qui honore l'homme comme la science, le travail ou les biens.

Démangeaison (Hakka)
La vision de démangeaisons dans le corps évoque la visite aux proches pour s'enquérir de leur situation ainsi que la probabilité de ressentir de la peine de leur part. Elle évoque aussi la pauvreté et la nécessité de satisfaire les souhaits des proches. S'il se voit en train de se gratter sans que ses démangeaisons ne cessent, cela veut dire qu'un problème va tomber sur lui sans qu'il ne puisse le supporter. Mais si les démangeaisons cessent, il obtiendra bien et repos.

Démêloir (Misraha)
Sa vision évoque ce qu'évoque la vision du peigne. Pour une femme célibataire, elle évoque un époux, alors que pour un homme célibataire, elle évoque une femme noble et patiente devant les peines.

Démolition de la maison (Hadm Eddâr)
La vision de la démolition d'une maison évoque la mort de son propriétaire. On dit aussi que celui qui voit sa maison s'effondrer sur lui obtiendra beaucoup d'argent.
Celui qui se voit en train de démolir une maison ou une construction ancienne, sera atteint par un malheur ou un mal.

Dénigreur (Hammâz)
Sa vision évoque le mal, la connaissance des secrets et le fait de semer la zizanie entre les gens unis.

Dénombrement ('Add)
Celui qui se voit compter, en rêve, cinq mille, cela veut dire qu'il va triompher de ses ennemis. Il en est de même pour le nombre vingt et le nombre cent. Celui qui se voit en train de compter le nombre de sept ou huit, tombera dans un souci. Celui qui se voit en train de compter le nombre neuf, doit s'attendre à tomber dans un problème complexe et à fréquenter des corrompus. Celui qui se voit en train de compter le nombre de dix, cela veut dire qu'il se trouve dans une situation qui est

achevée et accomplie. On dit aussi que le nombre dix évoque le pèlerinage.

Dénouer ce qui est lié (Hall Ma'qad)
Se voir en train de dénouer ce qui est lié, symbolise les ressources et la facilitation de ce dont on craignait la complexité. Cela évoque aussi l'annihilation de la magie.

D

Dents (Asnân)
Les dents symbolisent les membres de la famille d'un homme. Le tremblement de certaines dents, dans un rêve, signifie une maladie qui va survenir ; leur chute et leur perte annonce sa mort. Le claquement des dents présage de problèmes au sein de la famille, alors que leur carie indique de mauvaises paroles sur la famille de l'auteur du rêve. Si celui-ci voit que ses dents ont été arrachées, cela signifie que ses liens familiaux vont être rompus ou qu'il dépense de ses biens malgré lui. Leur arrachage peut signifier aussi la désobéissance filiale d'un enfant.

Dépense (Nafaqa)
La vision d'une dépense au profit des membres de la famille et son extension aux proches évoque des largesses dans les biens, la prise en charge de la famille et la compensation de ce qu'il n'a pu avoir comme enfants ou bien, et ce en vertu de la parole du Très Haut : ﴿ ***Il vous rendra tout ce que vous avez donné en aumônes. Il est le meilleur des dispensateurs de tous les biens.*** ﴾ (S34, V39)

Dépôt (Wadî'a)
Sa vision évoque un secret connu du dépositaire. Celui qui confie un dépôt à un mort cela veut dire qu'il a confié un secret à celui qui le préserve. Cela peut indiquer aussi que le dépôt peut s'égarer. On dit aussi que le déposant évoque un dominateur et le dépositaire, un dominé.

D

Dépotoir (Mizbala)
Sa vision symbolise ce bas monde comme l'a décrit le Prophète ﷺ.

Dernier repas du jeûneur (Souhoûr)
Sa vision évoque la résistance contre les ennemis, le repentir pour les pécheurs, la guidée pour le mécréant ainsi que les ressources abondantes.

Dernière partie de la nuit (Sahar)
Celui qui voit, en rêve, la dernière partie de la nuit, va peut être commettre un péché qui nécessitera une demande de pardon, en vertu de la parole du Très Haut : ﴾ ***Ils imploraient, dés l'aube le pardon d'Allah.*** ﴿ (S51, V18)

Dérober aux regards (Se) (Tawâri)
Se dérober aux regards des gens signifie la naissance d'une fille, en vertu de la parole du Très Haut : ﴾ ***Il se dérobe aux yeux des gens.*** ﴿ (S16, V59). Cela peut signifier aussi la fuite, en vertu de la parole du Très Haut : ﴾ ***Nos maisons sont restées sans défense : mais elles n'étaient pas sans défense ; ils voulaient seulement s'enfuir.*** ﴿ (S33, V13). Cette vision peut évoquer aussi l'hypocrisie et le colportage de faits néfastes.

Descente (Houboût)
Se voir descendre d'une montagne, en rêve, est de bon augure pour l'auteur du rêve. La vision d'une descente peut évoquer aussi le courroux d'Allah, en vertu de la parole du Très haut : ﴾ ***Nous avons dit : Descendez, et vous serez ennemis les uns des autres.*** ﴿ (S2, V36). La vision d'une descente du ciel après y être monté, évoque un avilissement après une puissance.

Descente (Nouzoûl)
La vision d'une descente d'un endroit élevé vers un endroit plus bas, évoque la séparation de son auteur de son poste, de son épouse, de sa religion ou de sa croyance.

Désespérer de la miséricorde d'Allah (Qonoût)
Désespérer de la miséricorde d'Allah, dans un rêve, évoque le polythéisme, le meurtre, la transgression des interdits avec, à la fin, une issue heureuse.

Désespérer d'une chose (Yaïs Min Chayin)
Sa vision évoque le salut et la délivrance, en vertu de la parole du Très Haut : ﴿ ***Désespérant de le fléchir, ils se consultèrent.*** ﴾ (S12, V80)
Et Sa parole : ﴿ ***Quand les prophètes se désespéraient en pensant qu'on les traitait de menteurs, Notre secours leur est parvenu.*** ﴾ (S12, V110)
Celui qui se voit désespérer de la miséricorde d'Allah, cela veut dire qu'il œuvre selon les œuvres des gens du feu.

Dessèchement (Youbs)
Celui qui voit, en rêve, un dessèchement dans l'un de ses membres, cela indique un gaspillage de son argent dans la désobéissance à Allah et des emprunts d'argent aux gens en les gaspillant et en refusant de les rendre.

Dessinateur (Rassâm)
Sa vision symbolise l'acceptation d'une parole, un homme au bon jugement, le compagnon, les biens immobiliers et celui qui participe dans toutes les sciences. Elle évoque aussi un homme possédant le droit d'ordonner et d'interdire ainsi qu'un architecte.

Destruction (Talaf)
Celui qui se voit en rêve, en train de détruire quelque chose de bien, cela signale qu'il va corrompre ce qu'il possède comme bien. Cela veut dire aussi qu'il va remettre en cause un témoignage ou un engagement ou suivre une doctrine autre que la sienne. La destruction de quelque chose en rêve évoque aussi la haine, car celle-ci est la cause de toute destruction.

D

Détourner de quelqu'un (Se) Tahâdjur
Se détourner de quelqu'un, dans un rêve, évoque la défaite et la fuite du champ de bataille.

Deuxième appel à la prière (Iqâmet Es-salât)
Se voir en train de faire l'appel à la prière, dans un rêve, signifie la concrétisation d'une promesse et l'atteinte d'un but, de même que le salut pour celui qui se trouve dans une situation difficile. Celui qui se voit en train de faire l'appel à la prière devant une porte ou sur un lit, doit s'attendre à sa mort prochaine.

Devenir orphelin (Yatm)
Sa vision évoque un accablement, car les orphelins sont accablés et leurs biens se trouvent entre les mains des autres.

Devin ('Arrâf)
Sa vision évoque l'annulation des œuvres. Celui qui se voit rendre visite, en rêve, à un devin, et l'interroger, cela indique qu'il éprouve de gros problèmes, car il n'y a que ceux qui éprouvent de gros problèmes qui rendent visite aux devins.

Diable (Iblis)
La vision du Diable implique des malheurs. Un homme a dit à El-Hoçîne : "Ô Abâ Sa'ïd ! Le Diable dort-il ?". Il lui a répondu en souriant : "s'il dormait, nous aurions trouvé le repos".
Son apparition dans un rêve, signifie aussi l'abandon de la prière, le mensonge, le vol, la pratique des péchés et la longue vie. Elle représente aussi la ruse, la tromperie, la sorcellerie, l'envie et la séparation entre les époux, par analogie à son récit avec Adam عليه السلام.

Diadème royal (Iqlil El-Malik)
Le diadème a la même signification que la couronne. On dit que sa vision vaudra au rêveur un surplus de biens et d'argent ainsi qu'un enfant qui subvienne à ses besoins. Pour la femme, la vision d'un diadème signifie le mariage avec un non arabe.

Diarrhée (Ishâl)
Se voir souffrant de diarrhée, dans un rêve, indique le gaspillage et le laxisme dans la gestion des biens, alors que la constipation représente l'avarice et la parcimonie.

Difficulté de respiration (Dayq Ennafs)
Sa vision évoque la lassitude et l'ennui.

Digestion (Hadhm Atta'âme)
Sa vision évoque le souci de parfaire son travail. Elle évoque aussi la sécurité face à la peur, en vertu de la parole du Très Haut : ﴿ ***Celui qui aura fait le bien ne craindra ni injustice ni oppression.*** ﴾ (S20, V112)

Diminution (Nouksâne)
Sa vision, lorsqu'elle concerne les organes, évoque une diminution des biens et des faveurs.

Direction de la prière (Wadjhat El-Insân Fî Essalât)
Celui qui se voit en train de prier en direction de l'Orient, cela veut dire qu'il est un homme à la doctrine pervertie, qui ne cesse de calomnier les gens et qui commet des péchés avec audace, car il s'est conformé aux Juifs. S'il voit que son visage est dirigé vers l'Orient, cela veut dire qu'il fait partie des hérétiques, et qu'il est occupé par les choses vaines, car l'orient est la direction de la prière des Chrétiens, et la croix est une chose vaine. S'il voit que son visage est dirigé vers un lieu opposé à la direction de la Ka'ba, cela veut dire qu'il a rejeté les préceptes de l'Islam, en commettant un péché capital, en faisant un serment mensonger, en diffamant une femme croyante et en ne ressentant aucune pudeur à désobéir à Allah, car les mages se sont autorisés tous les excès.

Dirigeant (Hâkim)
Voir les dirigeants sous de bons aspects, dans un rêve, c'est acquérir une science que l'on peut attendre d'eux ou se guider vers une justesse de vue. La vision d'un dirigeant peut signifier

aussi l'orthopédiste, l'architecte, le couturier ou celui qui pose les ventouses.

Dirigeant ou souverain (Sultân)
La vision du sultân symbolise Allah (qu'Il soit glorifié). Voir le sultân satisfait, dénote de la satisfaction d'Allah. L'inverse est vrai. Le voir avec un visage sévère, signifie que l'auteur de la vision a commis une chose qui mène à la corruption de sa religion. Celui qui se voit devenir sultân, obtiendra puissance et noblesse.

Disparition dans la terre (Ghaïba Fîl Ardh)
Sa vision évoque un long voyage. Se voir disparaître dans la terre, sans creusement, et son enfoncement durer au point où il pense ne plus pouvoir remonter, indique sa passion pour ce bas monde.

Dispersion de perles et de rubis (Nathr El-Djawâhir Ouel Yawâqit)
La vision de perles et de rubis dispersés, sans que personne ne les ramasse, évoque la stagnation de la science et l'absence de gains financiers. Si quelqu'un les ramasse, s'il est digne de cela, cela évoque son sens méticuleux et son utilité pour les autres.

Dissension (Mounâza'a)
Se voir entrer en dissension avec une personne, en rêve, signifie tomber dans une grande affliction.

Divorce (Talâq)
Celui qui voit, en rêve, comme s'il avait divorcé de son épouse, s'enrichira, en vertu de la parole du Très Haut : ﴾ ***Si les époux se séparent, Allah les enrichira tous deux de Son abondance.*** ﴿ (S4, V130)
On dit que le gouverneur qui voit, en rêve, comme s'il avait divorcé de sa femme, sera écarté de son poste.

La vision du divorce évoque la pauvreté, car la femme est le pouvoir de l'homme et son bas monde.

Doigts de la main (Asâbi' El-Yadd)
Les doigts de la main symbolisent les cinq prières. Elles représentent aussi les choses qui assistent l'homme dans sa vie quotidienne, comme son métier, ou celles qui l'assistent dans sa vie future, comme le commandement du bien et l'interdiction du blâmable. Dans l'interprétation des rêves, les doigts représentent les enfants, les épouses, les pères et les mères, l'argent, les bestiaux, le pouvoir et l'industrie.
Celui qui voit qu'un homme lui coupe un doigt, peut s'attendre à ce que cet homme lui porte préjudice dans son argent. En outre, la longueur des doigts signifie l'avidité.

Dompteur (Râïd)
La vision d'un dompteur symbolise un homme possédant un pouvoir.

Don ('Atâ)
Si quelqu'un voit dans un rêve, qu'il donne peu à celui qui mérite plus, cela évoque le fait de se détourner d'Allah et de la sunna de Son messager ﷺ.

Don (Hiba)
Celui qui se voit offrir, en rêve, un esclave à un homme, cela indique en fait qu'il lui envoie un ennemi. S'il lui fait don d'une esclave, cela veut dire qu'il l'aide dans un commerce.

Doreur (Moudahhib)
Sa vision évoque le décorateur de maisons, l'orateur et le sincère dans ses propos et ses actes. Elle évoque aussi le travail dans les églises ou dans les lieux de perversion.

Dos de l'homme (Zhahr El-Insân)
Sa vision évoque le support de l'homme, sa valeur, son refuge et l'endroit de sa force. Celui qui voit, en rêve, son dos courbé,

D

cela veut dire qu'il va éprouver une adversité. Voir le dos de son ami, en rêve, signifie que ce dernier va se détourner de l'auteur de la vision et le quitter. Voir le dos de son ennemi, c'est être à l'abri de son mal.

D

Dot (Çadâq)
Celui qui se voit, en rêve, en train de donner une dot à une personne qu'il ne connaît pas à l'état d'éveil, s'acquittera des obligations auxquelles il est astreint comme la prière, le jeûne ou le pèlerinage.

Douleur (Wadj')
La vision d'une douleur évoque le regret d'un péché. Celui qui voit, en rêve, que ses dents lui font mal, va entendre des propos méchants de la part de l'un de ses proches. Sa vision évoque aussi le cheminement dans la désobéissance à Allah ou l'abondance de biens.

Douleurs (Awdjâ')
Se voir souffrir de douleurs au front, dans un rêve, signale une perte d'influence, alors que la vision de la mutilation du nez ou de la crevaison d'un œil signifie que les auteurs de cette mutilation et de cette crevaison vont s'acquitter de dettes à l'égard de leurs victimes ou récompenser des gens pour des actes accomplis précédemment, et ce en vertu de la parole du Très Haut : ﴾ ***Oreille pour oreille.*** ﴿ (S5, V45)
D'autres spécialistes en oniromancie ont dit que celui dont la femme est enceinte et qui voit en rêve que ses oreilles ont été mutilées, doit s'attendre à la mort de son épouse et, s'il n'a pas de femme, une femme de ses proches mourra.

Doute (Cheqq)
La vision d'un doute entourant ce qui est clair dans la Chari'a ou la parole d'Allah évoque l'hypocrisie, l'intrigue et la tromperie de son auteur.

Dragon (Tinîn)
Celui qui se voit changé en dragon, dans un rêve, sa vie s'allongera et il obtiendra un pouvoir. S'il se voit en train de manger de la chair de dragon, il obtiendra des biens d'un roi. Le dragon représente un ennemi qui cache son animosité. Il symbolise aussi un sultan oppresseur et craint ou un feu brûlant.

Drap (Lihâf)
Sa vision symbolise une femme contre laquelle l'homme se blottit. Celui qui se voit prendre un drap, en rêve, et se couvrir avec, épousera une femme ou bien obtiendra une sérénité et un repos.

Drapeau (Liwâ)
La vision de drapeaux et d'étendards symbolise les sultans, les émirs, les juges et les savants. Celui qui se voit, en rêve, avec un drapeau dans la main, obtiendra un pouvoir et sera bien vu des gens du pouvoir. Celui qui voit qu'on lui enlève un drapeau des mains, doit s'attendre à ce qu'un pouvoir lui soit retiré.

Drogues et boissons enivrantes (Mousakkir)
Leur vision évoque des doutes dans les biens, les enfants et les épouses.

Duel (Moubarâza)
Sa vision évoque un litige avec une personne, une division, une divergence ou un combat avec un autre.

Dur (Faddh)
Etre traité de dur, en rêve, pour celui qui occupe un poste de responsabilité, signifie sa destitution, en vertu de la parole du Très Haut : ﴾ ***Si tu avais été rude et dur de cœur, ils se seraient séparés de toi.*** ﴿ (S3, V159)

D

Dureté du cœur (Qaswa)
Celui qui ressent, dans le rêve, une dureté dans son cœur, lors de l'évocation d'Allah ou de l'écoute d'un hadith du Prophète ﷺ, cela indique le prolongement de la vie de l'auteur de la vision qui s'empêtrera dans les péchés jusqu'à sa mort.

Dysenterie (Zahîr)
Sa vision signifie pour la femme les douleurs de l'enfantement.

E

Eau (Mâ)

La vision de l'eau symbolise l'Islam et la science, de même qu'elle évoque la vie, la prospérité et la fertilité, car elle est à la base de la vie de toute chose, en vertu de la parole du Très Haut : ﴿ ***Nous les abreuverions d'une eau abondante pour les éprouver.*** ﴾ (S72, V16)

Sa vision évoque aussi un bonheur, des biens abondants, une augmentation des bienfaits ou un mariage, en vertu de Sa parole : ﴿ ***C'est Lui qui, de l'eau, a créé un mortel, puis Il a tiré, de celui-ci, une descendance d'hommes et de femmes.*** ﴾ (S25, V54)

La vision d'une eau fraîche symbolise des ressources licites, un bon cœur, une science et une guérison pour celui qui est sur le point de mourir, en vertu de Sa parole : ﴿ ***Et Nous avons créé, à partir de l'eau, toute chose vivante.*** ﴾ (S21, V30)

Quant à la vision d'une eau stagnante, elle évoque la prison ou un sultan oppresseur. La vision d'une eau salée évoque, elle, un souci.

Eau de fleur (Mâ Ward)

Sa vision évoque de l'argent, de beaux éloges et une bonne santé.

Eborgnement ('Awr)

Celui qui voit, en rêve, qu'il est borgne, perdra la moitié de son argent, la moitié de sa religion ou commettra un grand péché. On dit aussi que cette vision signifie qu'il sera atteint dans sa personne, dans l'une de ses mains, dans son fils, son épouse, son frère ou son associé.

Eboueur (Zebbâl)
Sa vision évoque un homme frustré et celui qui se fatigue pour le repos des autres. Elle évoque aussi la rapidité de l'enrichissement aussi bien que de la pauvreté, ainsi qu'une épidémie.

Ebouriffé (Cha'th)
Sa vision évoque l'avarice et la parcimonie.

Echelle de montée (Sullam Essou'oûd)
La vision d'une échelle en bois signifie un homme distingué mais hypocrite. On dit aussi que la montée sur une échelle, en rêve, signifie la demande d'aide de gens hypocrites. On dit aussi qu'elle évoque un voyage, de même qu'une fatigue et une peine.

Echiquier (Ruq'at Ech-chatrandj)
La vision d'un échiquier symbolise ce bas monde qui élève et abaisse, où certains vivent et où certains meurent, où apparaît celui qui suit la voie droite et celui qui en dévie et où se trouvent les mouvements, la guerre, la haine, les épreuves, l'envie, la richesse et la pauvreté.

Eclair (Barq)
L'éclair symbolise la crainte du sultan, ses menaces et ses mises en garde. Il peut signifier aussi le contraire de cela, à savoir les bonnes promesses, le rire, la joie et le bon accueil. Celui qui se voit en train de toucher un éclair ou en être atteint, cela atteste qu'un homme l'incite à faire le bien. Sa vision, dans un rêve, indique aussi le repentir après l'égarement, comme elle indique le dévoilement de secrets et le fait d'apprendre des nouvelles. Elle signifie également la bonne nouvelle du retour d'un absent ou du renouvellement des ressources.

Eclaireur (Tallâ')
Sa vision évoque des voyages. Elle évoque aussi le coiffeur ou le percepteur ou bien le messager ou le transporteur de marchandises d'une ville à une autre.

Eclipse solaire (Kousoûf Echams)
Voir une éclipse, en rêve, annonce la mort du grand sultan. On dit aussi que l'éclipse solaire annonce la mort de l'épouse ou de la mère de l'auteur de la vision.

Ecole (Madrasa)
Sa vision évoque la bienfaisance, l'application des peines, la vente et l'achat, l'affranchissement ou l'incitation aux troubles.

Ecorce d'un arbre (Sidhâb)
On dit que chaque botte représente cent dinars selon la valeur de la vision.

Ecorcheur de peaux (Masâlikhî)
Sa vision évoque un homme aisé.

Ecriture (Kitâba)
La vision d'une écriture évoque une ruse, alors que celle d'un écrivain évoque un homme rusé. Celui qui voit que son écriture est mauvaise, se repentira et abandonnera sa ruse avec les gens. Se voir en train d'écrire dans un cahier, indique une ingratitude de la part de l'auteur du rêve vis-à-vis des gens. Celui qui se voit en train d'écrire un livre obtiendra des biens illicites, en vertu de la parole du Très Haut : ﴾ ***Malheur à eux pour ce que leurs mains ont écrit, et malheur à eux pour ce qu'ils ont fait !*** ﴿ (S2, V79)
Voir un verset du Coran inscrit sur son vêtement, prouve que le rêveur est un homme attaché au Coran.

Ecrivain (Kâtib)
Sa vision évoque un homme rusé. L'écrivain qui se voit, en rêve, en tant qu'illettré, perdra sa ruse, sa raison, sa religion ou bien deviendra pauvre. Quant à celui qui se voit devenir un écrivain après avoir été un illettré, cela veut dire qu'il acquerra une bonne disposition et une ruse face à celui qui essaye de le tromper. La vision des nobles anges scribes qui écrivent les actions des humains, évoque, elle, une bonne nouvelle et

E

l'aisance dans ce bas monde et dans l'autre. Son auteur sera du nombre des élus du paradis s'il est parmi les gens pieux. Dans le cas contraire, qu'il prenne garde à la parole du Très Haut : ﴾ ***De nobles scribes qui savent ce que vous faites.*** ﴿ (S82, V11)

E

Educateur (Mouaddib)

Sa vision évoque l'inspecteur des marchés, le maître, le bon exemple, le professeur, le geôlier, le père et la mère. La vision d'un éducateur inconnu évoque le Miséricordieux, en vertu de la parole du Très Haut : ﴾ ***Le Miséricordieux a fait connaître le Coran.*** ﴿ (S55, V2)

Efféminement (Takhannut)

Celui qui voit, dans un rêve, qu'il est efféminé, sera atteint d'un malheur et d'une affliction.

Effort dans la voie d'Allah (Jihâd)

La vision du Jihâd évoque l'effort accompli pour nourrir sa famille. On dit aussi que sa vision signifie les ressources, de même que le fait d'emprunter le chemin du bien et de la rectitude, et de polémiquer avec les partisans de l'incroyance. Se voir aller au Jihâd, indique pour le rêveur qu'il est un musulman s'efforçant de faire de bonnes œuvres, et qui accomplit la prière et s'acquitte de la Zakât.
Celui qui se voit tourner les talons dans une bataille, cela veut dire qu'il va abandonner l'effort pour faire vivre sa famille et couper ses liens de parenté en corrompant sa religion, et ce en vertu de la parole du Très Haut : ﴾ ***Seriez-vous capables, si vous tourniez le dos, de semer la corruption sur la terre et de rompre vos liens de parenté ?*** ﴿ (S47, V22)

Egarement (Dalâl)

Se voir en train de dévier d'un chemin droit, en rêve, signifie la déviation de l'auteur de la vision, de la vérité et de la guidée. Si le chemin est tortueux, se voir en train d'en dévier, veut dire que l'auteur de la vision cherche à quitter l'erreur pour la guidée et la droiture.

Eglise (Kanîsa)
Pour ses partisans, sa vision évoque la science, le travail, l'ascétisme, la crainte et les pleurs. Elle peut évoquer aussi les soucis, la peine, le mensonge, la calomnie et la diffamation, de même qu'elle peut évoquer l'hérésie, la demeure de l'injustice, des amusements, des jeux et des réunions autour du vin et des péchés. Celui qui se voit entrer, en rêve, dans une église, se mariera s'il est célibataire, aura un enfant, s'il est marié ou s'égarera après sa guidée.

E

Egreneuse (Mihlâdj)
Sa vision évoque les injonctions et les interdictions, la satisfaction des besoins, la bonne descendance et les biens prospères.

Ejection (Nafth)
Ejecter un crachat, en rêve, évoque la sorcellerie, en vertu de la parole du Très Haut: ﴾ ***Contre le mal de celles qui soufflent sur les nœuds.*** ﴿ (S113, V5)

Elancement (Wouthoûb)
La vision d'un élancement évoque le passage d'une situation à une autre, d'un marché à un autre, d'une maison à une boutique ou d'un travail à un autre, en fonction des lieux. S'il se voit s'élançant d'une mosquée vers un marché, cela veut dire qu'il préfère ce bas monde à l'au-delà, s'il fait l'inverse, cela signifie qu'il préfère l'au-delà à ce bas monde. S'il se voit s'élançant de la terre vers le ciel, cela annonce sa mort et la levée de sa dépouille mortelle.

El-Burâq (la monture du Prophète ﷺ) Burâq Ennabî
Celui qui voit El-Burâq en rêve atteindra un degré élevé ; il voyagera dans la sécurité et la quiétude et y reviendra de la même façon ou il mourra en martyr.

E

Eléphant (Fîl)
Sa vision évoque un roi gigantesque. On dit aussi qu'elle évoque un homme maudit. Elle évoque également un roi non arabe, craint, le cœur amorphe, assumant de lourdes charges et habile dans l'art de la guerre. Sa vision évoque aussi des gens vertueux, des savants et des gens nobles. Celui qui voit, en rêve, un éléphant, sans pouvoir le monter, connaîtra une faiblesse dans son corps et une perte dans ses biens.

Elévation du rang ('Uluww Echan)
Celui qui voit, en rêve, qu'il veut s'élever au-dessus de gens, et qu'il s'élève effectivement, cela veut dire qu'il fera preuve d'arrogance puis s'avilira, en vertu de la parole du Très Haut: ﴾ ***Nous assignons cette demeure dernière à ceux qui, sur la terre, ne veulent être ni altiers, ni corrupteurs. La fin appartient à ceux qui craignent Allah.*** ﴿ (S28, V83)

Eloignement (L') (Bu'd)
L'éloignement symbolise les ténèbres, l'éloignement de la distance représente la privation, l'éloignement des personnes indique la dispute, la mort ou la mise à l'écart. L'éloignement peut signifier aussi le rapprochement, car c'est son opposé.

Eloquence (Façâha)
Sa vision symbolise la puissance et le pouvoir. Celui qui se voit, en rêve, s'exprimer difficilement en arabe, puis devenir éloquent, obtiendra honneur, puissance et pouvoir.

Emballeur ('Aqqâm)
Sa vision évoque la longévité et la courbature.

Emballeur de marchandises (Hazzâm)
Sa vision symbolise les voyages ainsi que l'argent, sa thésaurisation, et le refus de le dépenser. Elle évoque aussi l'effort et la détermination à acquérir la science.

Embarras d'élocution (Kalal Ellisân)
Sa vision évoque un éloge ou un blâme.

Emblème (Râya)
Sa vision évoque une chose connue et célèbre ainsi qu'une responsabilité. Elle évoque aussi un savant, un imam, un ascète perspicace et courageux, un riche généreux ou un homme fort et victorieux qu'on prend en exemple.

E

Emblème (Chi'âr)
Sa vision évoque un homme qui prend en charge les affaires des gens, qu'ils soient de haut rang ou de basse condition, et qui est utile, réformateur et doué de noblesse et de distinction.

Embrasure (Kouwwa)
La vision d'une embrasure dans la maison évoque un pouvoir que son auteur obtiendra, ainsi qu'une puissance et une richesse. Pour un homme affligé, ce sera une délivrance, pour le malade, une guérison ; pour le célibataire, une épouse et, pour la célibataire, un époux.

Emeraude (Zumrud)
Sa vision symbolise le martyr et tout ce qui implique l'entrée dans les palais du paradis. Celui qui se voit possédant une émeraude, en rêve, cela veut dire qu'il va gagner un frère vertueux, des enfants mâles éduqués, une science utile ou un bien licite et agréable.

Emerveillement ('Adjab)
La vision d'un émerveillement signifie une injustice. Celui qui s'émerveille de sa personne, de ses biens ou de sa force, en rêve, cela signifie qu'il est un injuste.

Empan (Chibr)
Sa vision évoque l'architecture et les voyages. Elle peut désigner aussi l'organe sexuel de l'homme.

Emprisonnement (Asr)
Celui qui se voit emprisonné dans un rêve, la vie se compliquera pour lui et les portes de la réussite se fermeront

devant lui, de la même façon que si son urètre l'empêchait d'uriner. Cela peut se rapporter aussi à des dettes qu'il ne peut honorer. En tout état de cause, se voir emprisonné, en rêve, est un signe qui n'augure rien de bon, et annonce un grand souci.

E

Encadrement ('Adhâda)
La vision de l'encadrement d'une porte symbolise le maître de maison et celui qui la gère. Celui qui voit que l'encadrement de sa porte est arraché, doit s'attendre à sa destitution. Si cet encadrement disparaît à ses yeux, cela indique sa mort.

Encens du bois d'aloès ('Awd El-Boukhoûr)
Sa vision évoque un homme faisant l'objet de beaux éloges. Celui qui voit du bois d'aloès pousser dans sa maison, verra la naissance d'un garçon qui sera un maître parmi les siens.

Encensement (Tabakh-khur)
L'encensement de l'homme, dans un rêve, signifie la bonne compagnie des gens. On dit aussi qu'il signifie la mort pour quelqu'un qui est malade, de même qu'il peut signifier la science et la religion ainsi que l'amitié solide.

Encensoir (Qoumqouma)
Sa vision évoque une esclave, une femme ou un enfant. On dit aussi qu'elle évoque un trésorier à qui on donne de l'argent pour le dépenser au profit des gens.

Enclos (Zarîba)
Sa vision symbolise des ressources, des avantages et des profits. Elle peut évoquer aussi ce qui protège l'argent comme le cellier, la caisse ou la bourse.

Enclume (Sindân)
Sa vision symbolise la patience et la fermeté dans les affaires. Elle peut évoquer aussi le mal et les litiges.

Encre (Madâd)
Sa vision évoque l'ennoblissement et la dignité. Elle évoque aussi une prééminence alors que l'écriture symbolise la force.

Encre noire (Niqs)
Sa vision évoque une faveur, une dignité avec une distinction et une joie. Celui qui voit son vêtement taché d'encre par quelqu'un, en rêve, cela veut dire que celui qui l'a taché va s'en prendre à lui et avoir le dessus sur lui, mais qu'il va gagner de l'estime et de beaux éloges.

E

Endroit dépeuplé (Wahch)
La vision d'un endroit dépeuplé évoque les montagnards, les bédouins et les campagnards. Elle évoque aussi les innovations des dissidents.

Enfant (Tifl)
Sa vision évoque des soucis, des malheurs ainsi que la fatigue à gérer les humeurs des ignorants et des jouisseurs et autres insouciants. La vision d'une petite fille, indique la délivrance pour son auteur s'il est emprisonné, assiégé, fatigué ou pauvre, ainsi que la dissipation de ses soucis.

Enfant trouvé (Laqît)
Sa vision symbolise un ennemi, en vertu de la parole du Très Haut : ﴾ ***La famille de Pharaon le recueillit et il devint pour eux un ennemi et une cause d'affliction.*** ﴿ (S28, V8)
Elle peut évoquer aussi le retour des choses à leur situation antérieure ainsi que la dissipation des soucis et des afflictions, en vertu de la parole du Très Haut : ﴾ ***Nous l'avons ainsi rendu à sa mère.*** ﴿ (S28, V13)

Enjoué et prévenant (Hach Bach)
Leur vision évoque l'excellence de la situation de l'homme, surtout le mort, auprès d'Allah.

Enlèvement d'un obstacle de la route (Imâtet El-'Adhâ)
Se voir en rêve en train d'enlever un obstacle de la route, atteste de son souci et de sa vigilance à vouloir faire triompher la religion. Cela signifie aussi le pardon des péchés et des fautes grâce à la douceur des mots ou au grand nombre d'amis.

E

Enlever ses vêtements (Tadjarrud Min Ettiyyâb)
Se voir en train d'enlever ses vêtements, dans un marché ou au milieu d'une foule, sans savoir si cela est une bonne ou une mauvaise chose, en exposant sa nudité devant tout le monde, mais en éprouvant de la honte pour cela, en gardant quelques vêtements, cela veut dire que son intimité sera violée, mais sans grande crainte pour lui. Par contre, s'il se voit en train d'enlever ses vêtements, dans les mêmes circonstances citées, mais sans que son intimité soit exposée, et sans qu'il n'en éprouve de honte, en ne gardant aucun vêtement, cela veut dire qu'il sera préservé d'une chose qui lui est fâcheuse. S'il est malade, Allah le guérira de cette maladie.

Ennemi ('Adouww)
Sa vision évoque l'élévation de la dignité et l'appui d'Allah ainsi que Sa victoire face à un adversaire résolu. Celui qui voit un homme lui montrer de l'animosité, en rêve, cela veut dire qu'il va devenir son ami. Celui dont son ennemi le menace d'un mal, obtiendra un bien. S'il lui donne un conseil, c'est qu'en fait il va le tromper.

Enoch (Idriss عليه السلام)
Celui qui voit le prophète Idriss, dans un rêve, sera un homme scrupuleeux (war'), sa vie s'achèvera par le bien et il deviendra un fervent adorateur, un clairvoyant, un compatissant et un savant. Celui qui se voit transformé en Idriss, dans un rêve, ou prendre sa forme, verra sa science augmenter et il obtiendra les plus hauts degrés.

Enormité ('Udhm)
Voir en rêve, son corps devenir énorme au point de dépasser la taille normale des gens, est annonciateur de la mort de l'auteur du rêve.

Enroulement du turban (Laff)
Sa vision évoque les organes. Elle évoque aussi le fait de démentir des propos déjà proférés.

E

Enseignant (Mou'allim)
La vision d'un enseignant pour enfants, inconnu, évoque l'émir, le juge et le jurisconsulte. La vision d'un enseignant inconnu peut évoquer Allah, en vertu de la parole du Très Haut : ﴿ ***Le Miséricordieux a fait connaître le Coran.*** ﴾ (S55, V1-2)
En effet, Allah est l'enseignant de toutes les créatures.

Entêtement (Ladjâdja)
Sa vision évoque un mal que commet son auteur ou qu'il voit, en vertu de la parole du Prophète ﷺ : « *Le bien est une habitude, et le mal un entêtement.* » Rapporté par Ibn Mâdja et Ibn Habbân.

Entonnoir (Qim')
Sa vision évoque un homme avisé qui dépense au profit des gens avec bienfaisance.

Entortillement (Liyy)
La vision d'un entortillement du turban ou d'une corde évoque un voyage.

Entraîner un condamné (Qawd)
Celui qui se voit entraîné, en rêve, par un être humain, cela veut dire qu'il sera poursuivi pour un meurtre ou des blessures. Si c'est un lion ou un oiseau qui l'entraîne, cela signifie pour lui une humiliation venant d'un personnage de l'entourage du sultan ou une maladie qui l'atteint.

Entremetteur (Qouwwâd)
Sa vision évoque le passage de lieux propres à des lieux sordides et malpropres, car sa fonction concerne les sexes et les anus. La fonction d'entremetteur évoque une vie aisée ainsi que le mariage du célibataire.

E

Enveloppement de l'homme (Tadatthur El-Insân)
Se voir enveloppé d'un vêtement, dans un rêve, signifie l'effort et l'activité dans l'obtention des ressources, de même qu'il signifie l'obtention d'un rang très élevé.

Epanouissement (Inchirâh)
Si quelqu'un se voit épanoui, dans un rêve, cela symbolise le repentir pour le pécheur et la conversion à l'Islam pour l'incroyant. Si l'auteur de cette vision se trouve dans une situation de gêne, il connaîtra un assouplissement de sa situation.

Epaule (Ketf)
La vision d'une épaule symbolise une femme. On dit aussi que les deux épaules évoquent la force. Tout défaut ou excellence qui y apparaissent, doivent être attribués à l'auteur de la vision ou à sa femme.

Epée (Saïf)
La vision d'une épée symbolise un enfant mâle ou un pouvoir. Se voir tenant une épée, vaudra au rêveur d'assumer un pouvoir.

Epervier (Bâchiq)
L'épervier symbolise un pouvoir inférieur à celui symbolisé par le faucon. Si quelqu'un voit, en rêve, qu'il a attrapé un épervier, cela veut dire qu'il attrapera un voleur qu'il enverra en prison. Celui qui voit un épervier sortir de son urètre, cela veut dire qu'un enfant courageux et brave sortira de lui. Sa vision symbolise aussi un roi ignorant et injuste.

Epi (Sounboul)
La vision d'un bouquet d'épis entre les mains d'un homme, dans une aire de battage ou dans un vase, signifie un bien qu'il acquerra ou une science qu'il apprendra.

Epidémie (Wabâ)
Sa vision évoque un préjudice qui va atteindre les gens de la part du sultan, à travers un emprisonnement ou des intentions maléfiques.

Epilation (Tanawwour)
La vision de l'épilation à l'endroit qu'exige la sunna, si elle fait disparaître les poils du pubis dénote la délivrance face à un problème. Si les poils ne disparaissent pas, cela dénote de dettes à venir et un surplus de tristesse pour l'auteur de la vision.

Epine dorsale (Çulb El-Insân)
Sa vision évoque un homme puissant sur lequel on s'appuie. On dit que la vision de son épine dorsale comme étant solide, évoque un niveau d'intelligence qu'atteindra le rêveur.

Epines (Choûq)
Leur vision évoque un homme campagnard, ignorant et rustre. On dit aussi qu'elle évoque une épreuve ou des dettes. Se voir courir sur des épines, signale que l'auteur du rêve tergiverse dans le règlement de ses dettes.

Epouses du Prophète ﷺ (Azwâdj Ennabî)
La vision des épouses du Prophète ﷺ représente les mères; elle indique le bien, la bénédiction et les enfants, surtout les filles. Lorsqu'une femme voit 'Aïcha (qu'Allah l'agréé), elle obtiendra un statut honorable, une bonne renommée et un grand respect auprès des parents et de l'époux; si elle voit Khadîdja (qu'Allah l'agréé), cette vision symbolise le bonheur et la bonne descendance.

Eructation (Juchâ')
La vision d'une éructation symbolise des paroles non fondées ou l'enrichissement d'un pauvre.

Escargot (Halazoûn)
Sa vision indique le déplacement d'un endroit à un autre.

E

Esclave (Ama)
La vision d'une esclave, en rêve, signifie la bête de somme, en raison de son travail ou signifie ce que l'homme foule de son pied comme les nattes ou les chaussures. Elle peut indiquer aussi les biens, pour sa valeur, ou bien la puissance, la considération, et le triomphe sur ses ennemis.

Esclave ('Abd)
Celui qui se voit devenir esclave, en rêve, alors qu'il était un homme libre, s'il connaît celui qui l'a asservi, cela veut dire qu'il l'a asservi par sa bienfaisance à son égard à l'état de veille. Il se peut aussi qu'il l'ait asservi par son influence sur lui dans la pratique des péchés et dans les faux pas. Il est possible également que sa vision signifie l'asservissement à celui auprès de qui il est endetté. Par contre, lorsque l'esclave devient libre, dans le rêve, cela annonce la facilité après la difficulté, la dissipation des peines, l'acquittement des dettes, la guérison des maladies et l'arrivée au but.

Espion (Jâsoûs)
La vision d'un espion évoque un djinn ou celui dont l'influence sur les œuvres maléfiques l'emporte sur l'influence sur les œuvres bénéfiques.

Essence d'une chose (Loubâb)
La vision de l'essence d'une chose évoque une science utile, la sincérité des paroles et des actes ainsi qu'un bon secret.

Essences distillées (Moustaqtar Min Al-Miyyâh)
Leur vision évoque des enfants au doux visage ou des gens

nobles. Elle peut évoquer aussi la science provenant des savants qui œuvrent pour le bien.

Estomac (Ma'idda)
Sa vision évoque un âge, des ressources et des moyens de subsistance. Pour celui qui voit son estomac fort et solide, en rêve, cela annonce un bienfait et une longévité. L'inverse est vrai.

E

Estragon (Tarkhoûn)
Sa vision évoque un homme de basse extraction. Elle évoque aussi une trahison.

Etagère (Raff)
Sa vision évoque celui qui préserve les secrets et cache les défauts ainsi que l'épouse digne qui assiste son époux.

Etalier (Lahhâm)
Sa vision évoque la sécurité contre la peur, l'immunité, le silence et la victoire sur les ennemis.

Etanchement de la soif (Rayy)
Se voir en rêve, en train d'étancher sa soif, indique la facilité après la difficulté ainsi que l'accomplissement d'une affaire. Cela évoque aussi la richesse après la pauvreté, le repentir, la guérison d'une maladie, ainsi que le fait de rattraper une science ou un travail raté.

Etat de sacralisation (Ihrâm)
Se voir, dans un rêve, en état de sacralisation pour le pèlerinage ou la 'Omra (petit pèlerinage) annonce le mariage pour un célibataire et le divorce pour un marié. Si le rêveur est un homme malade, cela augure pour lui de la mort, dans la mesure où son linceul, tout comme le morceau d'étoffe de l'ihrâm sera dépourvu de couture. Si quelqu'un se voit en état de sacralisation avec son épouse, cela signale leur divorce et indique qu'elle va devenir “muharrma” pour lui.

Etat de souillure (Janâba)
Se voir en état de souillure, en rêve, signifie entreprendre un voyage pour une chose qui n'a pas d'équivalent. Celui qui se voit en train de se laver des souillures de la Janâba, cela veut dire qu'il va régler une affaire. La vision du lavage des souillures purifie les péchés et dissipe les soucis.

E

Eternuement ('Atas)
La vision d'un éternuement évoque la clarification d'une question sur laquelle il y avait une équivoque. Celui qui se voit en train d'éternuer, en rêve, cela veut dire qu'il va arriver à la certitude au sujet d'une affaire équivoque. Elle évoque aussi la mort du malade ou la survenance de soucis et de malheurs qui impliquent un embarras.

Etincelles (Charar)
Leur vision symbolise des propos désobligeants. Celui qui voit, en rêve, des étincelles s'envoler vers lui, entendra des propos désobligeants de la part d'un homme puissant.

Etirement (Tamatti)
L'étirement dans le rêve, signifie la lassitude devant une situation donnée ou une paresse dans un travail. Celui qui voit, en rêve, un homme s'étirer comme quelqu'un qui s'est rassasié d'un bon repas, cela indique qu'il sera un tyran inique et orgueilleux dans son comportement. La vision de l'étirement évoque aussi l'orgueil, l'ostentation et le peu de religion, en vertu de la parole du Très Haut : ﴾ ***Il n'a pas cru ; il n'a pas prié ; bien au contraire, il a crié au mensonge ; il s'est détourné, puis il est reparti vers les siens en marchant fièrement.*** ﴿ (S75, V28-33)

Etourneau (Zarzoûr)
Sa vision évoque un homme faible, ascète et patient, dont la nourriture est licite. Celui qui se voit en train de manger de la chair d'un étourneau ou de le déplumer, obtiendra un bien. Sa

vision évoque aussi l'avilissement et la vie de dénuement ainsi que le jeu et les distractions.

Etre dans l'expectative (Tarabbus)
Sa vision symbolise la science pour les spécialistes dans l'effort d'interprétation (Idjtihâd). Elle peut symboliser aussi la corruption de la religion.

Etre épargné par une guerre (El-Amâne Min Harb)
Se voir épargné dans une guerre, en rêve, signifie être à l'abri de la peur. Il signifie aussi la guidée après l'égarement, surtout si l'homme était craintif dans son éveil. La sécurité peut indiquer la peur et vice versa.

Etre précipité face contre terre (Kabw 'Alâ Al-Wadjh)
Sa vision signifie l'égarement du chemin de la guidée, en vertu de la parole du Très Haut : ﴾ ***Et ceux qui viendront avec la mauvaise action seront jetés au Feu, la face en avant...*** ﴿ (S27, V90)

Etrier (Riqâb)
Sa vision, sans la selle, évoque un garçon, alors que sa vision, avec la selle, indique un enfant utile et avantageux. On dit aussi qu'il symbolise l'organe sexuel de la femme.

Etui (Zharf)
Sa vision évoque l'arrivée au but ainsi que le vase contenant de l'argent ou un ouvrage de science.

Etui (Ghilâf)
Sa vision évoque un époux ou une femme dépourvus de relations sexuelles. Elle évoque aussi un enfant benêt et sans mouvement.

Euphrate (Fourât)
Celui qui se voit en train de boire de l'eau de l'Euphrate, obtiendra bénédiction et avantages d'Allah (qu'Il soit glorifié).

Cette vision prouve aussi la multiplication de ses prières, son adoration et son contentement.

Evangile (Indjîl)
Lorsque quelqu'un parmi les musulmans se voit avec un Evangile dans la main, cela veut dire qu'il va se consacrer à l'adoration et à l'ascétisme et qu'il va opter pour les voyages, les mortifications, l'isolement et la retraite. S'il est un roi, il vaincra ses ennemis. Sa vision peut signifier aussi le mensonge, la fausseté et la calomnie à l'encontre des femmes vertueuses.

E

Eveil (Intibâh El-Insân)
L'éveil de l'homme dans son sommeil représente le mouvement du corps, sa détermination, le repentir, le gain, le bénéfice et le retour du voyage.

Eventail (Mirwaha)
Sa vision évoque tout ce qui inspire le soulagement face à l'affliction et à la gêne. Elle évoque aussi le salut face aux malheurs et la richesse après la pauvreté.

Evêque (Matrâne)
Celui qui se voit, en rêve, sous les traits d'un évêque à qui les gens se soumettent, cela veut dire qu'il est un homme d'influence qui appellera les gens à une hérésie et qu'ils le suivront en fonction de leur soumission à lui dans le rêve. Quant à celui qui est appelé évêque, en rêve, mais qui abhorre cela, il sera accusé d'une hérésie ou d'un mensonge, alors qu'il est innocent de cela.

Exaltation (Tasbîh)
Celui qui se voit en rêve, en train de dire: “Louange à Allah”, ses soucis se dissiperont au moment où il ne s'y attendra pas. Exalter la grandeur d'Allah, en rêve, signifie aussi que l'auteur de la vision est un homme croyant. Celui qui se voit en train de faire une prière prescrite, puis de louer, de glorifier ou

d'exalter Allah, cela veut dire que ses dettes seront acquittées, sa conscience sera libérée, qu'il sera fidèle à ses vœux et à ses engagements et qu'il remplira les conditions convenues.

Excréments (Ghâït)

La vision d'excréments évoque des ressources obtenues suite à une injustice. On dit aussi qu'elle évoque une délivrance. Celui qui se voit en train de dégager des excréments, verra son souci disparaître. S'il est un homme riche, cela veut dire qu'il va purifier son argent par la Zakât.

Celui qui se voit en train de dégager des excréments alors que les gens le regardent, qu'il prenne garde à un scandale qui va lui survenir ou à des paroles dures.

Exécuteur (Qaççâç)

Sa vision évoque une longévité, en vertu de la parole du Très Haut: ﴾ ***Il y a, pour vous, une vie dans le talion.*** ﴿ (S2, V179)

Elle évoque aussi l'imposition de ce qui purifie l'homme de ses péchés comme la prière, la Zakât ou le jeûne.

Exil (Naft Min El-Ardh)

Sa vision évoque un emprisonnement. Celui qui se voit exilé, en rêve, sera emprisonné. La vision d'un exil est une attestation de la preuve de celui qui a ordonné l'exil.

Exorcisme (Ruqya)

La vision d'un exorcisme conforme au Coran et à la sunna évoque une protection contre les souffrances physiques de même que le rejet des malheurs et des tristesses. La vision d'un exorcisme non conforme au Coran et à la sunna, évoque le mensonge et l'ostentation.

Exorciste (Râqi)

La vision d'un exorciste, symbolise un homme qui fait les bons offices entre les gens et les soulage de leurs soucis en apaisant leurs cœurs, ceci dans le cas où il évoque le nom d'Allah. Dans le cas contraire, c'est un homme qui profère des mensonges.

Expédition en mer (Ghazw Fîl Bahr)
La vision d'une expédition en mer, évoque la pauvreté, l'incapacité et le fait de tomber dans des choses périlleuses.

E

Expert en monnaies (Naqqâd)
Sa vision évoque la guidée et l'abandon des gens mauvais. S'il est un homme de religion et de science, il choisira pour lui la plus excellente des sciences et la plus noble dans la religion. S'il est un homme mondain, il choisira pour lui les biens les plus nobles de ce bas monde et les plus savoureux.

Expiation (Kaffâra)
Sa vision évoque le rattrapage des obligations non accomplies, comme le jeûne, le pèlerinage, l'affranchissement, l'aumône ou l'argent dû. Elle peut évoquer aussi un endettement.

Expulsion (Ikhrâdj)
L'expulsion de l'homme de sa demeure lui annonce son salut face aux malheurs. On rapporte qu'un homme est allé voir un spécialiste en oniromancie et lui a dit : J'ai rêvé que mes voisins m'expulsaient de chez moi. Le spécialiste lui répondit : As-tu un ennemi ? Il a répondu: Oui. Il lui a ajouté: En es-tu affligé ? Il a répondu: Oui. Il lui a répondu alors: C'est la bonne nouvelle qu'Allah te préservera du mal de tout ennemi et éloignera de toi toute affliction, en vertu de Sa parole: ﴾ ***Chassez de votre cité la famille de Loth : voilà des gens qui affectent la pureté. Nous l'avons sauvé, lui et sa famille.*** ﴿ (S27, V56-57)

Extinction du feu (Tafy Ennâr)
Celui qui se voit en train d'éteindre un feu, dans un rêve, cela veut dire qu'il va étouffer une discorde ou mettre fin à une innovation ou à une guerre. S'il voit qu'il est en train d'éteindre un feu éteint, cela peut évoquer l'incitation au mal de son auteur.

F

F

Fabricant d'arcs (Charâïdjî)
Sa vision évoque les maux, les querelles, la guerre, la division de la société, la confusion entre le licite et l'illicite, l'usure et le règlement des affaires.

Fabricant d'arcs (Qawwâs)
La vision d'un fabricant d'arcs évoque la longévité, la pauvreté extrême et la victoire sur les ennemis. On dit aussi qu'elle évoque un homme qui incite les gens à sortir dans des expéditions.

Fabricant d'encre (Habbâr)
Sa vision symbolise la distinction, le haut rang, l'élévation de la valeur, la satisfaction des requêtes, la science et le raffinement.

Fabricant de balances (Mawâzinî)
Sa vision évoque l'équité et la sincérité et indique la science et les sujets intéressants.

Fabricant de bassines (Tasoûti)
Sa vision évoque un entremetteur de femmes et leur prospecteur. Il en est ainsi pour celui qui fabrique de grands plats et des cruches.

Fabricant de boucliers (Jawchî)
Sa vision symbolise un homme qui appelle les gens à la bonne coexistence et à la bonne compagnie.

Fabricant de briques (Lâben)
Sa vision évoque un homme qui amasse de l'argent. Celui qui se voit, en rêve, en train de façonner des briques, de les sécher et de les assembler, amassera de l'argent. S'il se voit marcher sur les briques, alors qu'elles sont encore moites, cela veut dire qu'il sera atteint par une adversité et une affliction.

F

Fabricant de cages (Qaffâç)
Sa vision évoque un maçon, un tailleur, un mariage et une progéniture. Elle peut évoquer aussi l'éducateur, le geôlier ou le tisserand.

Fabricant de chaussures (Hadhâ Enni'âl)
Sa vision symbolise un marchand d'esclaves qui embellit les affaires des femmes.

Fabricant de coiffes (Qalânisî)
Sa vision évoque un homme possédant un commandement en fonction des gens qu'il coiffe, car la coiffe de l'homme est son chef.

Fabricant de corbeilles (Sellâl)
Sa vision évoque le tisserand, le tailleur, le maçon, l'architecte ou, peut être encore, le fossoyeur.

Fabricant de cottes de mailles (Zerrâd)
Sa vision évoque un maître qui appelle au bien. Elle évoque aussi la facilitation des choses compliquées, l'assistance dans la recherche d'un but ainsi que le mariage pour le célibataire.

Fabricant de flèches (Nebbâl)
Sa vision évoque les ruses, les intrigues et l'escroquerie en raison des biens et de la personne. Elle évoque aussi un homme ascète et dévot.

Fabricant de longes en cuir (Sawrî)
Sa vision évoque les déplacements ainsi que le règlement des affaires. Elle peut évoquer aussi le fripier.

Fabricant de mocassins (Sarâmizi)
Sa vision évoque un homme qui fait de la location ou un navigateur. Elle évoque aussi celui qui conclue les contrats de mariage ou un homme juste.

Fabricant de mortier d'argile (Tayyân)
Sa vision évoque un homme qui cache les scandales des gens. Se voir en train de faire un travail dans l'argile, annonce au rêveur qu'il va faire une bonne action.

F

Fabricant de sabots (Qabâqibî)
Sa vision symbolise l'ascétisme, le repentir ainsi que la purification. Elle évoque aussi, pour le célibataire, le mariage avec les femmes mauvaises et querelleuses.

Fabricant de sacs en toile (Jawâliqî)
Sa vision évoque un homme qui incite les gens à faire des voyages. On dit aussi qu'elle évoque un homme qui sert de confident aux gens.

Facilité (Yousr)
Sa vision est l'inverse de la difficulté. Elle évoque la piété, en vertu de la parole du Très Haut : ﴿ ***Allah facilite les choses pour celui qui Le craint.*** ﴾ (S65, V4)

Faiblesse (Du'f)
Sa vision évoque une force. Celui qui voit qu'il est faible, acquerra une force. On dit aussi que pour celui qui se voit faible en rêve, cela indique une faiblesse de sa religion ou une négligence de sa part dans ce qu'Allah lui a imposé comme obligations.

Faillite (Taflîs)
La faillite, en rêve, signifie une imperfection dans la religion de l'auteur de la vision ou dans son bas monde. Si l'auteur de la vision est malade, la vision de la faillite présage de sa mort prochaine et de la disparition de ses biens.

F

Faim (Jaw')

La vision de la faim symbolise la compagnie de celui dont on ne tire aucun bien. Elle symbolise aussi la maigreur et l'ascétisme ainsi que le jeûne, de même qu'elle évoque la cherté des prix, la disette et la pauvreté. Elle peut indiquer également le scrupule, les évocations d'Allah et les remerciements. Celui qui se voit affamé, en rêve, cela veut dire qu'il va obtenir un bien, alors que celui qui se voit souffrir d'une faim qui se prolonge, cela signifie qu'il va obtenir des faveurs après sa pauvreté.

Faire prisonniers des polythéistes dans une bataille (Saby El-Mouchrikîne Fîl Harb)

Se voir en train de faire prisonniers des polythéistes, dans une bataille, en rêve, évoque le dévoilement des secrets et la connaissance des informations. Elle peut évoquer aussi un malheur, des maladies ou un courroux.

Famille de l'homme ('Iyyâl El-Insân)

La vision de la famille, en rêve, signifie la richesse, en vertu de Sa parole : ﴾ ***Si vous craignez la pénurie, Allah vous enrichira bientôt par Sa grâce.*** ﴿ (S9, V28)

Famine (Madjâ'a)

Sa vision par les gens du pouvoir évoque leur avilissement des administrés et la convoitise de leurs biens, alors que chez les savants, elle évoque leur égarement dans la science.

Farci (Mahchoû)

Voir un poisson, un poulet ou autre, farci, évoque des biens acquis ou des profits commerciaux épargnés. Pour un célibataire, sa vision évoque un mariage et, pour le malade, une guérison.

Fâtima (qu'Allah l'agréé)

La vision de la fille du Prophète ﷺ évoque la perte des époux, des pères, des mères ainsi que l'embarras.

Faucille des moissonneurs (Mandjel El-Hassâdine)
Sa vision évoque les ressources et l'information crédible. Elle évoque aussi le fauchage de la vie.

Faucon (El-Bâz)
Le faucon symbolise un roi, et son égorgement signifie la mort d'un roi. Celui qui se voit en train de manger de sa chair, obtiendra une place privilégiée auprès d'un sultan.

Faucon (Çaqr)
Sa vision évoque deux choses : la première, un sultan noble, injuste et puissant ; la deuxième, un fils distingué. Elle peut évoquer aussi la puissance, le pouvoir, le triomphe sur les ennemis, la concrétisation des vœux et l'embellissement par les enfants et les épouses.

Faucon pèlerin (Châhin)
Sa vision symbolise un souverain oppresseur qui ne tient aucun engagement.

Faux pas ('Outhoûr Erridjl)
Celui qui se voit trébucher, en rêve, cela indique que des dettes vont l'accabler. Si du sang sort de sa blessure, cela figure une calamité qui va l'atteindre.

Faux pas (Zalal)
La vision d'un écart de langage peut signifier un faux pas et vice versa. Elle évoque aussi l'omission de l'étudiant.

Femme (Mar-a)
La vision d'une femme évoque une année fertile et bénéfique ainsi que le repos. Elle peut évoquer aussi la tirelire, le magasin, le coffre et toute chose où l'homme met ses effets. Elle évoque aussi la terre qui enfouit, dans la mesure où l'homme revient à elle de la même façon qu'il en est sorti. Elle évoque aussi la prison et l'associé, dans la mesure où elle partage avec l'homme le plaisir et les biens.

Femme hommasse (Tachbîh El-Mar-a Bi Erridjâl)
Lorsqu'une femme voit, en rêve, qu'elle porte des vêtements d'homme, qu'elle se comporte comme lui ou qu'elle utilise ses montures, cela veut dire que sa situation va s'améliorer si cela a une proportion favorable. Si les vêtements qu'elle voit sont repoussants, cela veut dire qu'elle connaîtra des soucis et une crainte. Si elle voit qu'elle s'est transformée en homme, ce sera un bon signe pour son époux.

Femmes (Nisâ)
Leur vision symbolise la parure de ce bas monde. Celui qui voit des femmes venir vers lui, en rêve, cela signifie que ce bas monde lui ouvre les bras. L'inverse est vrai.

Fenêtre (Tâqa)
La vision d'une fenêtre large évoque les bonnes manières de la femme, alors que la vision d'une fenêtre exiguë évoque ses mauvaises manières. Sa vision évoque aussi l'écoute des informations.

Fenil (Mi'laf)
Sa vision évoque la puissance.

Fenouil (Chibth)
Sa vision indique une chose qui aura lieu à l'avenir.

Fer (Hadîd)
La vision du fer symbolise l'argent, la force et la puissance. Celui qui se voit en train de manger du fer, cela veut dire qu'il triomphera là où il se trouvera. Celui qui se voit en train de le prendre dans sa main et de le regarder, cela représente pour lui la puissance après la faiblesse. Quant à celui qui se voit posséder du fer, en rêve, cela veut dire qu'il obtiendra des biens avec difficulté, vu la difficulté qu'il y a à faire extraire le fer de ses mines.

Ferblantier (Samkarî)
Sa vision évoque l'éducateur, le vernisseur et le peintre. Elle peut évoquer aussi le menteur aussi bien dans les paroles que dans les actes.

Ferme (Daï'a)
Sa vision évoque des biens et des ressources, dans la mesure où la ville est approvisionnée grâce aux fermes. Elle peut évoquer aussi la dilapidation d'une vie dans les négligences et l'insouciance.

F

Fermeture (Ghalq)
Se voir en train de fermer une porte neuve, annonce pour l'auteur du rêve son mariage avec une femme vertueuse, s'il est célibataire ; s'il est marié, il quittera sa femme.

Férule (Miqra'a)
Sa vision évoque la navigation et la vitupération.

Fête du sacrifice ('Aïd El-Adhâ)
Sa vision évoque le bonheur et la délivrance. Celui qui voit, en rêve, qu'il a perdu quelque chose, un jour de fête, cette chose lui reviendra. Sa vision évoque aussi une largesse dans les ressources de la vie ainsi que les dépenses nombreuses.

Feu (Nâr)
La vision d'un feu évoque le sultan, en vertu de son essence et de son pouvoir sur les autres éléments et en vertu de son utilité et de son tort. Elle peut évoquer aussi le feu de la Géhenne et le châtiment d'Allah, comme elle peut évoquer les péchés, les erreurs et ce qui est interdit. Elle peut symboliser aussi la guidée et l'Islam, la science et le Coran, car c'est avec le feu qu'on arrive à se guider dans les ténèbres, comme a dit Moïse عليه السلام : ﴿ ***Ou ce feu me fera-t-il trouver une direction ?*** ﴾ (S20, V10). La vision du feu évoque également les ressources, les profits et la richesse.

Elle peut évoquer aussi ses adorateurs de même que la lumière et l'obscurité.

F

Feuilles d'arbre (Waraq Echadjr)
Leur vision évoque des vêtements, à l'exception des feuilles de vigne, qui évoquent une tristesse. Celui qui se voit en train de manger les feuilles d'un exemplaire du Coran, obtiendra un bienfait.

Feuillet (Çahîfa)
Sa vision annonce une bonne nouvelle pour celui qui se voit le posséder.
Celui qui voit une femme lui donner un feuillet, dans un rêve, cela signifie qu'il doit s'attendre à une chose qui constitue pour lui un salut.

Fève (Bâqilla)
La vision d'une fève tendre, en rêve, signifie un souci, alors que celle d'une fève dure signifie des biens florissants avec de la joie et de la prospérité. Celui qui voit ses cheveux devenir des fèves, cela veut dire que ses biens vont diminuer et qu'il sera appauvri. La fève verte signifie les ressources, les vêtements et la pureté.

Fi (Ouf)
C'est un mot qui traduit une irritation. Pour celui qui se voit, en rêve, en train de l'exprimer, cela signale qu'il est désobéissant à ses parents, en vertu de la parole du Très Haut : ﴾ ***Ne leur dit pas : Fi de vous ! et ne les vexe pas.*** ﴿

Fibre de palmier (Lîf)
Elle évoque des effets vestimentaires pour l'homme ou pour la femme. Elle peut évoquer aussi des biens lourds.

Fierté (Fakhr)
Sa vision évoque les biens, la largesse des ressources, la force et l'éloquence.

Figues (Tîne)
La vision de figues symbolise des biens abondants. Quant à la vision du figuier, elle évoque un homme riche, aux biens considérables, qui est utile aux gens. La vision d'un figuier évoque aussi un refuge pour les ennemis de l'Islam, car c'est un arbre qui sert de refuge pour les serpents. Se voir en train de manger des figues, signifie avoir une nombreuse descendance.

F

Figuier d'Egypte (Jamîz)
Sa vision symbolise des biens licites et abondants. Celui qui se voit en train de manger de ses fruits, obtiendra des ressources prospères. La vision du figuier d'Egypte symbolise aussi un homme utile et ferme dans les actes de bienfaisance, fort et très riche. Elle symbolise aussi une femme noble et riche et, probablement aussi, la faiblesse du cœur et de la vue.

Filage (Ghazl)
Si une femme se voit en rêve, en train de filer avec empressement, cela veut dire qu'un absent va lui revenir. Si elle le fait doucement, cela veut dire qu'elle va voyager ou que son époux va voyager. Celui qui se voit en train de défaire, ce qu'il a filé, cela veut dire qu'il va violer les engagements et les traités.

Filet (Chabka)
Sa vision symbolise la ruse, la tromperie, des ressources, une science, la concrétisation d'un souhait et la victoire sur les ennemis, pour celui qui se voit en train de le tenir à la main.

Fileur (Ghazzâl)
La vision d'un fileur de coton ou autre évoque un voyageur, car le filage évoque les voyages. Pour celui qui se voit transformé en fileur, cela évoque son passage d'une situation à une autre.

Filtre (Miçfât)
La vision d'un filtre évoque un serviteur à l'aspect agréable.

Filtre (Râwouq)
Sa vision symbolise un homme sincère qui dit la vérité. Elle évoque aussi la pureté de la religion et de la science, ou bien la flûte et le chant et la fréquentation des lieux d'hérésie et de corruption.

Fiole (Jawna)
Sa vision indique un trésorier. Il peut être un homme ou une femme qui préserve les secrets des gens, qui garde leurs dépôts et leur apporte le bien.

Flacon (Qâroura)
Sa vision symbolise une fille ou un garçon. On dit aussi qu'elle symbolise une femme, en vertu de la parole du Prophète ﷺ au sujet des femmes : *« Prenez soin des flacons de verre. »* Rapporté par El-Bukhâri.
Sa vision évoque aussi une femme qui ne garde pas un secret ou un homme calomniateur. Elle peut signifier aussi la maladie.

Flacon de khôl (Maqhala)
Sa vision évoque la préservation des secrets et les biens égarés. Elle évoque aussi une femme qui œuvre dans la bienfaisance.

Flanc (Minqab)
Sa vision évoque le compagnon de l'homme, son associé, son ouvrier ou celui qui s'occupe de ses affaires. Elle évoque aussi les ressources, le bien et le fait d'œuvrer au profit d'un malade.

Flatterie (Tamalluq)
Flatter quelqu'un dans un rêve, pour obtenir des biens de ce bas monde, dénote de quelque chose de blâmable. S'il voit qu'il le flatte pour obtenir une science ou un travail parmi les

causes de bienfaisance qui peuvent l'aider dans sa tâche, cela veut dire qu'il obtiendra un honneur et que sa religiosité est authentique.

Flèche d'arc (Sahm El-Qaws)
Sa vision évoque un messager et une correspondance. Elle peut évoquer aussi la force et le triomphe sur les ennemis. Se voir en rêve, avec une flèche dans la main, vaudra au rêveur d'obtenir pouvoir, puissance et biens.

Fleurs (Zahr)
Leur vision symbolise un délice et un bienfait. Celui qui voit, en rêve, une couronne de fleurs sur sa tête, se mariera et obtiendra un délice dans cette vie. Celui qui voit des fleurs, en dehors de leur saison, éprouvera un souci.

Fleuve de l'Amou-Daria (Djaïhoûn)
Il s'agit du grand fleuve bien connu. Celui qui se voit, en rêve, en train de s'y baigner, cela veut dire qu'Allah lui fera don d'un immense royaume ou qu'il entrera en contact avec un grand roi. S'il est soucieux, il en sera soulagé, s'il est endetté, ses dettes lui seront payées, s'il est prisonnier, il sera libéré, s'il est pauvre, il sera enrichi et, s'il est un savant, sa science augmentera. Sa vision peut évoquer aussi un pays non arabe.

Flûte (Mizmâr)
Sa vision évoque les distractions, les jeux, les mouvements et la provocation de troubles. Elle peut évoquer aussi les réjouissances et les joies. Celui qui se voit en rêve, avec une flûte, s'il fait partie des gens de la psalmodie du Coran, obtiendra une grande maîtrise de cet art, en vertu de la parole du Prophète ﷺ à l'adresse d'Abû Moussa Al-Ach'arî : « *Tu as reçu une flûte semblable aux flûtes de David.* » Rapporté par Al-Bukhâri.

Foie (Kabid)
Sa vision évoque les enfants et la vie. La vision d'un foie sortant de l'estomac évoque l'apparition d'un trésor caché. Se voir en train de manger le foie d'un homme connu, signifie mettre la main sur ses biens. Quant à la douleur du foie, elle indique un tort fait à des enfants, en vertu de la parole du Prophète qui dit : *« Nos enfants sont nos foies. »* Rapporté par Al-'Adjloûni dans Kechf Al-Khafâ (1/307).

F

Voir son foie déchiré, en rêve, signifie perdre son enfant, alors que le fait de le voir blessé signifie être sous l'influence de la passion et de l'amour.

Folie (Junûn)
La vision de la folie symbolise la richesse et la puissance, si celle-ci n'est pas due à une cause accidentelle. Elle symbolise aussi la conquête des plaisirs et des joies de ce bas monde avec les personnes de son entourage. S'il se voit secoué de soubresauts pour une raison ou une autre, dans son rêve, cela veut dire qu'il se nourrit de l'usure (ribâ). La folie symbolise aussi l'entrée au paradis ainsi que l'amour ou les bonnes œuvres.

Fondeur (Sebbâk)
Sa vision évoque un gaspilleur d'argent ainsi que celui qui ne garde pas les secrets et ne tient pas parole.

Force (Qouwwa)
Sa vision évoque la faiblesse, en vertu de la parole du Très Haut : ﴿ ***Après vous avoir donné la force, Il vous réduit à la faiblesse.*** ﴾ (S30, V54)
Sa vision après la faiblesse, indique la longue maladie de son auteur et son aggravation. Mais il y a à espérer pour lui le rétablissement et la longévité.

Foreur (Haffâr)
La vision d'un foreur symbolise un homme de ruse et de manigance, déterminé dans sa ruse, haineux, trompeur et qui

cache son animosité. Sa vision symbolise aussi la prison et la préservation des choses laides. Celui qui se voit en train de creuser dans la terre, cela veut dire qu'il s'occupe de choses futiles, sans aucune utilité.

Forgeron (Haddâd)

Sa vision symbolise l'Ange de la mort, alors que le fer évoque sa rigueur et sa force, en vertu de la parole du Très Haut: ﴾ ***Nous avons fait descendre le fer, dans lequel il y a une dureté redoutable et des avantages pour les gens.*** ﴿ (S57, V25)

Sa vision symbolise aussi un roi redoutable en fonction de sa force et de son habileté dans le travail. Sa vision évoque aussi l'homme mauvais qui œuvre selon les œuvres des gens du feu, car le Prophète ﷺ a comparé l'homme mauvais au forgeron qui, s'il ne te brûle pas avec son feu, te salit avec ses scories.

Forgeur de cuivre jaune (Çaffâr)

Sa vision indique un homme mondain qui préfère le mal au bien. On dit aussi qu'elle figure un homme trompeur et traître.

Formule à répéter au milieu et à la fin des prières (Tachahhud)

Celui qui se voit, en rêve, comme s'il est assis, en train de faire le tachahhud, cela veut dire que ses soucis se dissiperont et que ses affaires seront prises en charge.

Formule d'exorcisme (Haykal)

La vision de formules d'exorcisme et d'amulettes évoque la sécurité devant la peur et la victoire sur les ennemis. Elle évoque aussi les enfants, les épouses, les avantages et la prudence dans les relations profanes ou celles relatives à la religion.

Formule débutant les sourates du Coran (Basmala)

Celui qui voit en rêve la Basmala écrite avec une belle écriture cela signifie pour lui la science, la guidée et les ressources grâce à sa bénédiction. Elle signifie aussi les enfants et les enfants des enfants de par l'attachement de ses lettres les unes avec les autres. Elle indique aussi la guidée après l'égarement. Si c'est un mort qui écrit cette Basmala dans le rêve, cela veut dire qu'il se trouve dans la miséricorde d'Allah. Si ses lettres sont écrites en or, elle signifie les ressources, l'obéissance et la pureté du cœur, de même qu'une grande renommée et une bonne destinée.

Formule qui inaugure l'entrée en état de sacralisation, Ihrâm, dans le pèlerinage et qui consiste à répéter "Je suis à Toi Seigneur..." (Talbiyya)

Se voir, en rêve, en train de répéter la Talbiyya, évoque le dépôt d'une requête ou la revendication de la loi du Talion auprès des hommes de décision et par la suite obtenir gain de cause. Celui qui se voit en train de faire la Talbiyya veut dire qu'il est un homme de confiance et de religiosité, respectant les dépôts des gens.

Fornication (Zinâ)

Celui qui se voit, en rêve, en train de commettre la fornication, signale qu'il va commettre une trahison. On dit aussi que cela indique son prochain départ pour le pèlerinage. On dit aussi que celui qui se voit, en rêve, en train de forniquer avec l'épouse d'un homme connu, demandera de l'argent à cet homme. La vision de la fornication signifie aussi le vol, car le fornicateur se cache comme le voleur.

Forteresse (Hiçn)

La vision d'une forteresse signifie l'immunité dans la religion pour celui qui s'y voit. Elle signifie aussi la sincérité de l'auteur de la vision, car on dit que la sincérité est une forteresse. Elle symbolise aussi le Coran et la science ainsi que tout ce avec quoi on se réfugie contre les ruses du Diable et de ses suppôts. Celui qui se voit, en rêve, dans une forteresse, aura un pouvoir s'il est digne de cela, se mariera s'il est célibataire ou bien aura un enfant, il se convertira s'il est un incroyant ou alors il se repentira à Allah de ses péchés. La vision d'une forteresse signifie aussi l'Islam. Aussi, celui qui se voit dans une forteresse, obtiendra une ferveur religieuse et une vertu.

Fou de l'échiquier (l'Eléphant) (Fîl Ech-chatrandj)
Sa vision évoque le jeu, les distractions, la maladie chronique qui empêche les mouvements et la passivité.

F

Foudre (Ça'ïqa)
Sa vision évoque un châtiment lorsqu'elle tombe dans un lieu. Elle indique aussi les maladies et les frissonnements pour celui qui se voit brûlé par elle. Elle est par ailleurs une mise en garde pour celui qui commet des péchés.

Fouet (Sawt)
Le fouet, vu dans un rêve, symbolise le règlement des affaires, la concrétisation d'un vœu et la soumission d'un ennemi. Sa vision évoque aussi le pouvoir. La vision d'un fouet tombant du ciel indique un châtiment et une abomination.

Fouille (Nabch)
Sa vision évoque l'application des ordres et des injonctions pour ceux qui les donnent.

Four (Fourn)
La vision d'un four connu, évoque le lieu qui sert de moyen de subsistance à son propriétaire, son gain et son profit, comme son magasin et autre. La vision d'un four inconnu, figure, quant à elle, la demeure du sultan ou du juge. Sa vision évoque aussi le bureau où on éduque les enfants ainsi que la prison, de même qu'elle représente les profits, les ressources et la guérison des maladies.

Four à pain (Tannoûr Ennâr)
Si quelqu'un voit en rêve, qu'il construit un four à pain, et qu'il est digne d'assumer un pouvoir, il obtiendra un pouvoir et une

responsabilité importante et sera épargné par son ennemi s'il a un ennemi. Celui qui voit qu'il possède un four à pain mais sans braise, cela veut dire qu'il va épouser une femme mauvaise.

Four à pain (Qamîn)
Sa vision évoque les soucis, les afflictions et les soupçons. Elle peut évoquer aussi la Géhenne et ses habitants, la prison et ses prisonniers ou le bain et ses baigneurs.

F

Fourmis (Naml)
La vision d'un grand nombre de fourmis évoque des soldats. Leur vision sur un lit, évoque des enfants. On dit aussi qu'elle symbolise l'âme de l'auteur de la vision. Voir des fourmis sortir de leur fourmilière indique des soucis. Les voir marcher sur un malade, annonce la mort de ce dernier. Voir des fourmis entrer chez lui avec de la nourriture, est annonciateur de grands biens qui vont lui parvenir. L'inverse est vrai.

Fournier (Farrân)
Sa vision évoque celui qui connaît les affaires des gens. Elle évoque aussi l'éducateur, le geôlier ou le propriétaire d'un bain. Pour un célibataire, elle évoque un mariage et, pour l'homme marié, des enfants.

Fourrure (Farw)
Sa vision en hiver signifie un bien et une richesse, alors qu'en été, elle signifie une richesse accompagnée de chagrin. On dit que sa vision évoque la prééminence.

Foyer à combustion (Atoûn El-Kâs)
Il figure le vice-roi ou vice gouverneur à qui on apporte les biens et qui en dispose dans son royaume. D'une manière générale, la vision d'un foyer à combustion est une bonne chose et une source de joie. Celui qui se voit en train de construire un foyer à combustion aura un poste de responsabilité et un pouvoir. Et s'il ne cherche pas

l'embellissement à travers cela, il attirera les gens avec une chose d'une grande importance.

Francs (Frandj)
Leur vision évoque une fuite et une délivrance.

Frapper la tête (Se) (Radkh)
Se voir en train de se frapper la tête contre une pierre, en rêve, signifie s'endormir sans accomplir la prière de la nuit.

F

Frère (El-Akh)
La vision du frère, ainsi que celle du grand-père, de l'oncle paternel, de l'oncle maternel, et de tous ceux qui ont une part dans l'héritage, indique une association commerciale et des assistants. Il se peut aussi que chacun d'eux représente l'autre.

Fripier (Saqtî)
Sa vision évoque un homme doué dans la connaissance des fables et des légendes.

Frisson (Qach'arîra)
Sa vision évoque la crainte d'Allah (qu'Il soit exalté).

Frissonnement (Ir'âd)
Lorsque quelqu'un rêve qu'il a des frissons dans son sommeil, cela signifie qu'il est malade, qu'il a des soucis ou qu'il est âgé ou bien cela annonce sa guérison et le recouvrement de ses forces.

Frissonnement (Ra'cha)
Voir ses membres frissonner, en rêve, évoque une gêne et une pauvreté. Voir sa tête trembler, signifier obtenir une faveur de son chef. Voir ses deux pieds trembler, signale une gêne au niveau des ressources.

Froid (Bard)
Le froid dans un rêve, symbolise la pauvreté. Celui qui voit qu'il ressent du froid à l'ombre, et qui s'assied au soleil, sa

pauvreté disparaîtra. De même, s'il voit qu'il ressent du froid au soleil, et qu'il se réfugie à l'ombre, cela veut dire qu'il se soulagera d'un souci. La vision du froid en été, indique les avantages, les ressources et les vêtements de luxe.

Fromage (Jubn)

La vision du fromage symbolise un bien obtenu avec facilité. Sa vision représente aussi un contrat de mariage pour un célibataire, un enfant pour la femme enceinte, le gain acquis et la longévité. Pour le combattant, le fromage évoque la peur et la lâcheté devant la rencontre de l'ennemi. Elle représente également l'avilissement et le mépris.

Fromage blanc (Aqit)

La vision du fromage blanc en rêve, indique des biens précieux et agréables.

Fronde (Miqlâ')

Lorsqu'elle est introduite, en rêve, chez un malade, cela annonce son transfert de sa place. Sa vision évoque aussi la destitution d'un dirigeant. Lorsque la fronde n'est pas utilisée pour jeter des pierres, elle évoque le repentir et l'abandon des péchés.

Front (Jabha)

La vision du front représente la dignité de l'homme et sa distinction. Voir un défaut sur son front, signifie une diminution dans la vie et dans la dignité, alors qu'y voir une proéminence dont la taille est disproportionnée, annonce la naissance prochaine d'un enfant qui sera le maître de maison. Le front peut symboliser aussi l'avarice ou la générosité, c'est selon la situation. En effet, la vision d'un front en train de se noircir ou marqué au fer rouge, dénote de l'avarice de la personne, alors qu'un front beau et illuminé, dénote de sa générosité.

Fruit (Thamra)

La vision de fruits mûrs, en leur saison, est le signe de la venue imminente de biens, alors que leur vision, en dehors de leur saison, signifie l'obtention d'un avantage après un certain temps, en fonction de la proximité de la saison de ces fruits ou de son éloignement. La vision de fruits, en dehors de leur saison, évoque aussi l'obtention de ressources, alors que le fait de se voir en train de les manger, signifie la compensation d'un bénéfice raté, la facilitation d'une chose difficile et la concrétisation de ce dont on craint de manquer. Les fruits évoquent de même les épouses, les enfants, les contrats financiers, les boutiques commerciales, les sciences, les biens, les bonnes œuvres, les proches, les réjouissances ou la guérison d'une maladie, pour celui qui se voit en posséder.

F

Fruits (Fâqiha)

Leur vision symbolise le mariage, en vertu de la parole du Très Haut : ﴾ ***La seule occupation des hôtes du paradis sera de se réjouir, en compagnie de leurs épouses.*** ﴿ (S36, 55-56)

La vision de fruits frais évoque des ressources éphémères alors que la vision de fruits secs évoque des ressources nombreuses et durables. Celui qui voit, en rêve, des fruits tomber sur lui, cela veut dire qu'il sera renommé pour sa vertu et sa bienfaisance.

Fuite (Firâr)

La vision d'une fuite évoque le retour vers Allah ainsi que la soumission à Lui, en vertu de Sa parole : ﴾ ***Fuyez auprès d'Allah ! Oui, je suis pour vous de Sa part un avertisseur explicite.*** ﴿ (S51, V50)

Elle évoque aussi un pouvoir, la sécurité, le repentir et la mort.

Fuite du champ de bataille (Tawqlli El-Adbâr Fîl Harb)

La vision d'une fuite du champ de bataille évoque une maladie du postérieur. Elle évoque aussi le retour de l'auteur de la vision vers un comportement maléfique, tout comme elle évoque le péché, l'abomination et le courroux d'Allah.

Fumier (Zibl)
Pour celui qui se voit en train d'en posséder ou d'en manger, il symbolise des biens. Se voir éclaboussé de fumier, évoque une maladie ou une peur. Sa vision est de mauvais augure pour celui dont les actes sont mauvais.

F

Funérailles (Janâza)
Se voir, en rêve, en train de participer à une prière de funérailles, signifie fraterniser avec des gens pour l'amour d'Allah. On dit aussi que la vision de funérailles symbolise un homme hypocrite responsable de la mort de personnes indignes. Se voir porté sur la civière d'un mort, annonce l'obtention de biens considérables. Cela peut signifier aussi avoir un poste à la mesure de sa valeur ou faire un voyage en mer ou sur terre.

Fuseau (Falqat El-Mighzal)
Une femme qui se voit posséder, en rêve, un fuseau de quenouille, se mariera. Si ce fuseau se perd, alors qu'elle est mariée, son époux la quittera ou bien c'est sa fille qui divorcera si celle-ci est mariée. Si elle voit qu'elle a remis le fuseau dans la machine, cela veut dire que son époux va la reprendre.

Fuseau (Mighzal)
Sa vision évoque un messager, celui qui récolte les biens ou la monture qui est utilisée pour les besoins.

G

Gabriel (Jibrîl ﷺ)
Pour celui qui voit Gabriel se réjouir de lui en lui parlant avec des paroles douces et vertueuses ou en lui donnant des conseils et des recommandations cela est de bon augure, et le rêveur connaîtra honneurs, puissance, force et triomphe. S'il est victime d'une injustice, il triomphera, s'il est malade, il guérira, s'il a peur, il sera en sécurité, s'il se trouve dans une affliction, il en sera soulagé et, s'il n'a pas accompli le pèlerinage, il l'accomplira. Celui qui voit qu'il a pris la forme de Gabriel, en rêve, cela atteste qu'il sera très généreux et très bénéfique.

Gage (Rahn)
Celui qui se voit gardé en otage, dans un endroit, signale des péchés de sa part. Celui qui voit que quelque chose est mise en gage chez lui, sera victime d'une injustice et sera lésé dans son droit, avant d'être de nouveau rétabli dans son droit grâce à celui qui a déposé le gage chez lui.
La vision d'un gage signifie aussi les faux pas et le fait de chercher à connaître les scandales.

Gainier ou arbre de Judée (Ourdjouwân)
La vision d'un gainier (appelé aussi arbre de Judée) symbolise la femme chaste et pure. Celui qui le cueille, acceptera le mariage avec une femme riche et belle, qui a une grande famille ct de nombreux prétendants.

Gale (Jarab)
Se voir atteint de la gale, et se gratter, mais sans qu'il n'y ait de sécrétion de liquide, évoque des soucis et une fatigue venant

de proches. S'il y a une sécrétion de liquide, cela veut dire qu'il va obtenir des biens avec peine.
On dit aussi que la vision de la gale touchant les pauvres, signifie une richesse qui est en vue, alors que la vision de la gale touchant les riches, évoque un poste de responsabilité à venir.

Gamelle (Qiç'a)
La vision d'une gamelle évoque une femme ou un serviteur de même que l'endroit où on vit et où arrivent les ressources. On dit aussi que la vision d'une gamelle en bois évoque ce bas monde ou des biens à gagner lors d'un voyage. Celui qui se voit en train de lécher une gamelle ou ses doigts, cela veut dire que ses ressources se sont épuisées et que le terme de sa vie est arrivé.

Garance (Fouwwa)
Sa vision évoque des biens avec une maladie.

Garantie (Damân)
Sa vision indique la conformité à la chose garantie dans la vision. Si la chose garantie dans la vision est un bien, comme une aumône dont il se porte garant pour autrui, le règlement d'une affaire ou l'aide à quelqu'un dans la détresse, cela indique son empressement à faire le bien et à œuvrer en ce sens.

Garde (Hirâsa)
Si quelqu'un voit un autre le garder, cela veut dire qu'il va subir une épreuve, car lorsque le Prophète ﷺ était gardé par ses compagnons, il était éprouvé, mais lorsque Allah le soulagea, il dit à ses compagnons : « *Retournez chez vous, car Allah vient de m'immuniser.* » On dit aussi que celui qui se voit en train de garder autrui sera honoré de la participation au jihâd.

Garde du roi (Hâris El-Malik)
Sa vision symbolise l'apparition des secrets. Elle évoque aussi l'évocation d'Allah et les veillées en prière, comme elle peut signifier aussi le mal et le tumulte.

Gardien (Nâtour)
Sa vision évoque un homme de pouvoir

Gardien de prison (Sedjdjâne)
Sa vision symbolise le fossoyeur.

Gargouillement (Qarqara)
La vision d'un gargouillement dans le ventre évoque une querelle au sein d'une famille ainsi qu'une rivalité entre des proches.

Gargoulette (Barrâda)
Sa vision désigne la femme dirigeante, distinguée et utile, qui possède de nombreux domestiques. Se voir en train de boire de la gargoulette signifie obtenir de l'argent de cette femme.

Gazelle (Ghazâl)
Sa vision évoque des femmes ou des enfants élégants. Celui qui voit, en rêve, qu'on lui offre une gazelle ou qu'il l'achète, obtiendra des ressources, se mariera s'il est célibataire ou aura un enfant. Celui qui se voit attraper une gazelle, obtiendra un héritage et un grand bien.

Gecko (Wazgh)
Sa vision évoque un homme égaré, anonyme, qui commande le blâmable et interdit le convenable. Elle évoque aussi un homme calomniateur, injuste, qui sème la zizanie entre les gens.

Géhenne (Jahannam)
Celui qui voit la Géhenne, en rêve, qu'il prenne garde d'un sultan ou de la colère du Tout Miséricordieux. Celui qui se

G

voit entrer dans la Géhenne, sera désavoué publiquement, pour tout péché dont il ne s'est pas repenti. Par contre, s'il se voit sortir de la Géhenne, c'est qu'il va se repentir de ses péchés. Quant à celui qui se voit entrer puis sortir de la Géhenne, cela signifie qu'il entrera au paradis, si Allah le veut ou qu'il commettra un péché dont il se repentira.

Gelée (Jalîd)
Sa vision, en son temps, signifie la dissipation des soucis et de l'affliction ainsi que la contrainte des ennemis et des envieux. Celui qui voit de la gelée tomber sur lui ou qui se voit tomber dans de la gelée, tombera dans un malheur qui va l'éprouver fortement.

Gelinotte (Qatâ)
Sa vision symbolise une femme belle imbue d'elle-même. Elle évoque aussi la sincérité, l'éloquence, la compagnie et les confidences.

Gendre (Çahr El-Insân)
Sa vision, pour celui qui n'a pas de gendre dans la réalité, indique le triomphe sur les ennemis et la sécurité face à la peur.

Générosité (Jawd)
Se voir généreux, en rêve, signifie, pour un avare, avoir la connaissance et revenir aux bonnes vertus. Cela signifie aussi la guidée et le retour sur le droit chemin après l'égarement. On dit aussi que cela évoque le cheval.

Génies (Jinn, Djinns)
La vision des djinns symbolise, à l'origine, ceux qui trompent les gens dans les affaires de ce bas monde. Celui qui se voit transformé en djinn, en rêve, sa ruse augmentera. Celui qui voit des djinns debout devant sa porte, sa vision peut signifier trois choses : soit une perte, soit un avilissement soit qu'il a fait un vœu qu'il n'a pas réalisé.

Celui qui voit des djinns entrer chez lui, et entreprennent d'y faire quelque chose, cela veut dire que des voleurs vont pénétrer chez lui et lui porter préjudice ou que des ennemis vont l'attaquer chez lui.

Genou (Ruqba)
Sa vision symbolise l'effort de l'homme et sa peine pour gagner sa vie. Sa vision évoque aussi la perfection des génuflexions et des prosternations dans la prière, de même que l'acte de donner et de prendre, pour l'homme, ses mouvements et son immobilité, ses voyages et sa sédentarité ainsi que ce qu'il amasse comme biens. Celui qui voit que son genou s'est agrandi ou que son os s'est solidifié, cela annonce pour lui la délivrance s'il est affligé. Cela peut dénoter aussi de son accomplissement de la prière avec toutes ses règles.

Génuflexion (Roukoû')
Celui qui se voit, en rêve, en position de génuflexion, et en train d'accomplir sa prière à Allah, cela veut dire qu'il va se soumettre à Allah et se détourner de l'orgueil, qu'il va respecter les limites imposées par Allah et Ses obligations, multiplier les prières et obtenir rapidement ce qu'il désire dans sa religion et dans sa vie profane. Lorsqu'une femme se voit en train de s'agenouiller devant Allah, en rêve, cela indique un repentir de sa part et une élévation de l'évocation de sa piété.

Gerbe (Dighth)
Sa vision évoque l'expiation d'un serment non respecté. Elle peut évoquer aussi l'obtention de biens par des moyens réguliers ou irréguliers.

Gerboise (Yarboû')
Sa vision évoque un homme qui jure facilement et qui ment. Elle évoque aussi un piocheur, un pilleur de tombes ou un fouilleur.

Gifle (Latm)
Sa vision évoque un avantage. Si une femme se voit giflée, en rêve, cela annonce pour elle la naissance d'un garçon après en avoir désespéré, en vertu de la parole du Très Haut : ﴾ ***Sa femme s'avança en criant ; elle se frappait le visage et elle disait : Une vieille femme stérile ?*** ﴿ (S51, V29)
Celui qui se voit en train de gifler quelqu'un, en rêve, cela veut dire qu'il va l'exhorter et le mettre en garde contre une négligence.

Gilet (Qourtaq)
La vision du port d'un gilet évoque une délivrance pour son auteur. On dit qu'elle évoque aussi un enfant.

Girafe (Zarâfa)
Sa vision évoque un problème d'argent. Elle peut évoquer aussi une belle femme de même qu'une femme qui reste ferme avec son époux.

Giroflée (Manthoûr)
Sa vision signifie, et ce quelles que soient ses couleurs, un enfant qui meure jeune, une joie qui ne dure pas, un pouvoir éphémère, un commerce qui change ou une femme dont on se sépare.

Glorification (Takbîr)
La vision de la glorification d'Allah indique l'attachement au repentir. Celui qui se voit dire, en rêve : “Allah est grand !”, cela veut dire qu'il triomphera de ses ennemis, verra ce qui fera plaisir à ses yeux, et connaîtra la joie, le bonheur et la dignité.

Glu (Qadhîb Eddibq)
Sa vision évoque la récupération d'une chose pour celui qui l'a égarée de même que la concrétisation d'une chose pour celui qui l'a entreprise.

Gobelet (Qadah)
La vision d'un gobelet plein évoque une femme enceinte. Si l'eau déborde, cela annonce une fausse couche de sa part ; si le gobelet se casse, cela annonce la mort de la femme. Si quelqu'un se voit avec un gobelet dans la main, et que ce gobelet se casse alors que l'eau reste dans sa main, cela veut dire qu'une femme va accoucher d'un enfant et mourir. Si l'eau déborde et le gobelet reste intact, cela veut dire que l'enfant va mourir et que la femme va rester vivante.

G

Gomme (Çamgh)
Sa vision évoque un surplus de biens.

Gorge (Halq)
Celui qui se voit en train de tousser, cela veut dire qu'il va se plaindre d'une personne proche du sultan (le dirigeant politique). S'il voit qu'il tousse jusqu'à s'asphyxier, cela veut dire qu'il va mourir.

Goudron (Qatrân)
La vision du goudron évoque de l'argent obtenu par trahison. Voir ses habits tachés de goudron, veut dire commettre des péchés, en vertu de Sa parole : ﴾ ***Leurs tuniques seront faites de goudron.*** ﴿ (S14, V50)

Gouttière (Mizrâb)
La vision de gouttières évoque des bouches, des cous ou des yeux. Elle évoque aussi des ressources. Celui qui voit les gouttières des gens déborder d'eau de pluie, alors qu'ils se trouvent dans une affliction et un souci, verra leurs ressources augmenter et leurs soucis disparaître.

Gouverneur (Emîr)
Sa vision représente ce qui distingue l'homme et lui apporte soutien et commandement. Elle représente aussi le mariage pour le célibataire, jusqu'à ce qu'il se retrouve dans sa maison

comme un émir. En outre, celui qui se voit investi comme émir, dans un rêve, aura à craindre la prison et l'enchaînement, car l'émir viendra au Jour de la résurrection, les deux mains enchaînées au cou, et seule sa justice avec ses administrés l'en libérera.

Gouverneur (Wâli)
Sa vision évoque les soucis, les afflictions, la consommation de vin, les jeux et les distractions, le vol, la pédérastie, la fornication et autres crimes où sa vision est signalée. Sa vision évoque aussi l'alliance avec les gens et l'amour pour eux.

G

Grâce ('Afw)
Celui qui voit, en rêve, qu'il a fait grâce à un fautif, cela veut dire qu'il fera une chose qu'Allah lui pardonnera, en vertu de Sa parole : ﴾ ***Ils oublieront et ils pardonneront. N'aimez-vous pas qu'Allah vous pardonne ?*** ﴿ (S24, V22)
La vision d'une grâce accordée à quelqu'un alors qu'on a le pouvoir de se venger de lui, évoque la crainte d'Allah et la piété révérencielle à Son égard.

Grain de grenade (Habb Errummân)
Sa vision symbolise des ressources acquises facilement sans aucune fatigue.

Graine (Buzr)
Toute graine dispersée sur la terre symbolise un enfant qui doit être attribué à cette nature. Les graines et les condiments qui servent de médicaments représentent des livres dispensant l'ascétisme et le scrupule. Sa vision signifie aussi une bonne descendance.

Graisse (Chahm)
La vision d'une graisse appartenant à des animaux dont la chair est licite, désigne des ressources durables et des vêtements de valeur. Quant à la vision d'une graisse

appartenant à des animaux dont la chair n'est pas permise, elle symbolise des biens illicites, la fornication ou l'apostasie.

Grammairien (Nahwî)
Celui qui se voit en tant que grammairien, en rêve, s'il est de ceux qui profèrent des paroles fausses, il fera preuve de sincérité et sera connu comme tel ; s'il est un incroyant, il se convertira à l'Islam ; s'il est un pécheur, il se repentira.

G

Grand prêtre (Râs El-Djaloût)
Celui qui se voit, en rêve, en tant que grand prêtre, cela veut dire qu'il est un homme rusé qui appelle les gens à la tromperie, à la ruse et à la fraude. Celui qui se voit appelé par cette appellation tout en désapprouvant cela, cela veut dire qu'il va être accusé à tort d'une tromperie, d'une fraude, d'un malheur ou d'un complot.

Grande cruche d'eau (Zîr El-Mâ)
Sa vision symbolise le maître de maison, de même qu'elle signifie son magasin et son lieu de stockage. Elle évoque aussi son épouse enceinte.

Grande écuelle (Çahfa)
La vision d'une grande écuelle symbolise les ressources de l'homme. Celui qui se voit, en rêve, en train de suspendre une écuelle au mur, cela veut dire que ses ressources se sont épuisées et que le terme de sa vie est arrivé.

Grande écuelle (Jafna)
Sa vision symbolise une femme ou un serviteur, et peut être des biens.

Grande mosquée du pays (Jâmi' El-Balad)
La vision de la grande mosquée du pays symbolise le roi qui est chargé des affaires des gens ; elle représente aussi le phare de l'Islam, le juge qui tranche entre le licite et l'illicite ainsi que le marché vers lequel affluent les gens pour faire des bénéfices et

dont chacun sort avec des bénéfices en fonction de ses capacités et de son travail. Elle évoque aussi ceux à qui l'obéissance est exigée, comme les parents, le professeur, l'éducateur et le savant. Elle symbolise aussi le Coran, la mer, en vertu de la multitude des gens qui y entrent ainsi que le Hammâm (Bain public) de par sa vocation de lieu de purification.

Grande serviette (Foûta)
Sa vision évoque un serviteur et, peut être, le pèlerinage et la 'Omra.

G

Grande tente en poils de chameau (Fustât)
Celui qui se voit établir une grande tente au-dessus de gens, obtiendra un pouvoir, et sa situation s'en trouvera renforcée. Sa vision évoque un pouvoir. Si la tente est pliée, son pouvoir disparaîtra et sa vie arrivera à son terme.

Grands sacs en toile (Jawâliq)
Leur vision symbolise le gardien des secrets. Si quelque chose apparaît de ce sac, cela veut dire que l'un de ces secrets va apparaître et que l'auteur de cette vision fera preuve de trahison. Leur vision signifie aussi les voyages, la préservation des secrets ou bien l'épouse ou l'esclave concubine.

Gratification ('Ilâwa)
Sa vision évoque la transmission des paroles, l'acquittement des devoirs et, peut être, le serviteur de la maison.

Graveur (Naqqâch)
Sa vision évoque la science et la sunna. Elle peut évoquer aussi la tromperie, la ruse et le stratagème. Elle évoque aussi celui qui s'attache à ce monde et à ses illusions et celui qui embellit les choses.

Graveur sur épées (Tabba' Essouyoûf)
Sa vision évoque un homme qui connaît les diverses formes de science et de morale.

Gravillons dans les cours d'eau (Radhrâdh El-Mâ)
Leur vision évoque un souci et une fatigue.

Greffier (Çaqqâq)
Sa vision figure un agresseur rusé.

Grêle (Barad)
Celui qui voit en rêve comme si le ciel faisait tomber de la grêle et de la neige, en dehors de leur saison, sera atteint d'une maladie dont il finira par guérir. S'il voit de la grêle tomber sur son corps, ses biens diminueront. La vision de la grêle dans sa saison évoque la dissipation des soucis et des préoccupations. Celui qui voit de la grêle tomber sur lui, en hiver et en été, sera atteint par la pauvreté, alors que celui qui voit la grêle s'installer dans une contrée, cela représente la miséricorde d'Allah, si elle ne ravage rien. Par contre si elle ravage quelque chose, un châtiment s'abattra sur cette contrée.

G

Grenade (Rummân)
La vision d'une grenade symbolise des gains amassés, lorsque celle-ci est délicieuse. La vision d'une grenade amère signifie, quant à elle, un souci et un malheur. Sa vision évoque aussi la naissance d'un enfant. Celui qui se voit vendre une grenade, cela symbolise son choix de ce bas monde contre l'au-delà. Celui qui se voit manger l'écorce d'une grenade, guérira d'une maladie.

Grenouille (Difda')
Sa vision évoque un homme dévot qui fait des efforts dans l'adoration d'Allah. La vision de nombreuses grenouilles évoque des hommes sorciers et trompeurs. Celui qui se voit attraper, en rêve, une grenouille, fréquentera un homme de bien.

Grincement de porte (Çarîr El-Bâb)
Sa vision indique un méfait provenant des gardes, du portier ou qui aura lieu entre les deux époux. Elle peut évoquer aussi la divulgation d'un secret.

Grossesse (Haml El-Mar-a)
La vision de la grossesse d'une femme symbolise une augmentation des biens
Elle signifie aussi que cette femme est appliquée et consciencieuse dans ses affaires, ce qui lui vaudra une augmentation de ses biens, de la fierté et de beaux éloges. Lorsqu'un homme voit, en rêve, qu'il est en état de grossesse, cela signifie pour lui un grand souci que les gens ignorent et dont il craint la divulgation. Lorsqu'une vieille femme voit qu'elle est enceinte, cela indique une cessation du travail ou une fertilité après une disette. Et lorsqu'une femme célibataire se voit dans cet état, cela veut dire qu'elle va se marier.

Groupe (Jamâ'a)
Celui qui voit, en rêve, un groupe de gens, cela veut dire qu'Allah le prendra en miséricorde dans ce qu'Il l'éprouvera. La vision du groupe symbolise aussi des dettes et des pertes, de même qu'elle évoque des craintes et des malheurs.

Guépard (Fahd)
Sa vision évoque la puissance, la dignité ainsi que la colère et la contestation. Elle évoque aussi un homme hésitant qui ne montre ni animosité ni amitié.

Guêpe (Zunbûr)
Sa vision évoque un homme mauvais. Elle évoque aussi un ennemi combattant, de même qu'elle peut évoquer un maçon, un architecte ou un bandit de grands chemins et un homme aux ressources illicites. Elle peut indiquer aussi l'absorption d'un poison.

Guérisseur de rhumatismes (Qâti' El-Mafâçil)
Sa vision évoque un homme qui divise les gens avec des propos malveillants.

Guerre (Harb)
La vision d'une guerre symbolise des troubles, une sédition, une épidémie ou la peste. Lorsqu'une guerre oppose deux sultans, dans un rêve, cela évoque des troubles ou une épidémie. Si cette guerre oppose un sultan à ses sujets, cela indique une baisse des prix de la nourriture. Mais si cette guerre oppose les sujets entre eux, cela indique le renchérissement de la nourriture.

G

Guetteur (Raççâd)
Sa vision évoque un bandit de grands chemins, la vanité des actions, l'empêchement du voyageur, la fermeté ainsi que l'abstention de commettre des interdits et des transgressions.

Guitare perse (Tanboûr)
Sa vision évoque les actes vains des gens, comme la fornication, le jeu d'échecs et les dés, l'utilisation des djinns et de la magie ainsi que les œuvres vaines. Jouer avec une guitare peut évoquer aussi le prêche de l'homme et ses reproches aux gens.

Gypse (Jibsîn)
Sa vision évoque la permanence de la puissance et de la distinction, la bonne situation des épouses et des enfants, la fermeté dans la religion, la science et les œuvres, les beaux éloges et la guérison des maladies ainsi que le renouvellement des vêtements et des accords solides. Il en est de même pour la chaux.

H

H

Habillement (Labs)
La vision d'habits de rois, d'émirs ou de ministres, symbolise la puissance et la dignité, celle des soldats symbolise la guerre, celle des savants symbolise la science et les bonnes œuvres, celle des soufis symbolise l'ascétisme et le scrupule et, celle, des vendeurs, symbolise le labeur et la peine.

Hachette (Qadoûm)
Sa vision évoque le précepteur qui éduque les gens et remet dans le droit chemin les déviants. Elle évoque aussi les moyens de subsistance, les ressources, les avantages provenant des esclaves, des enfants ou de l'épouse.

Hafsa
Il s'agit de l'épouse du Prophète ﷺ et de la fille de 'Omar Ibn El-Khattâb. Sa vue symbolise ce qui est difficile. L'homme célibataire qui voit les autres épouses du Prophète ﷺ, épousera une femme vertueuse. L'inverse est valable pour la femme. Nous avons vu cela, au demeurant, en parlant des épouses du Prophète ﷺ dans la lettre E.

Haie (Siyyâdj)
Sa vision symbolise la religion. Elle évoque aussi la forteresse du souverain.

Haine (Bughd)
La vision de la haine n'est pas quelque chose de louable, car l'amour est un bienfait d'Allah, alors que la haine est son opposé.

Celui qui voit dans un rêve qu'un homme lui exprime de la haine ou qu'il exprime, lui-même, de la haine pour quelqu'un, cela signifie une preuve défavorable pour tous, car la haine est la cause de l'animosité, et les ennemis ne s'aiment pas et ne s'entraident pas. Celui qui voit en rêve quelqu'un pour qui il éprouve de la haine, dans la réalité, cela signifie la gêne et la mise à l'épreuve par celui dont on n'aime pas la compagnie.

Halte des chameaux (Manâkh El-Ibil)
Sa vision évoque le lieu où se rassemblent les chefs, à l'image des ribât, des mosquées ou les hôtels dans lesquels logent les gens du commerce.

Hameçon (Chaçç)
Sa vision ainsi que celle de tout instrument de chasse évoque une tromperie et une intrigue.

Hanneton (Jua'l)
Sa vision symbolise un homme rancunier et haineux, qui voyage beaucoup, en transportant de l'argent d'un pays à un autre. On dit aussi qu'elle représente un ennemi et un propriétaire de biens illicites.

Harcèlement d'un gibier (Qanç)
Sa vision évoque l'insouciance. Certaines personnes instruites par Allah ('Arifîne) ont dit: Celui qui se voit harceler un gibier, fera preuve d'insouciance. Elle peut évoquer aussi les penchants pour les passions.

Hardiesse (Jasâra)
Sa vision symbolise l'insistance et la détermination. Elle signifie aussi les œuvres avec lesquelles l'homme se rapproche d'Allah ou des gens, en les épargnant de ce qui leur nuit ou de la rencontre avec leurs ennemis. Elle symbolise aussi le courage.

Hâte ('Adjala)
Sa vision évoque le regret et vice versa. Celui qui se voit faisant preuve de hâte, en rêve, cela signale qu'il va regretter ce qu'il va faire. S'il se voit regrettant une chose, cela indique qu'il a fait preuve de hâte en ce sens.

Hâte (Isrâ')
La hâte de l'homme dans le rêve indique sa hâte à faire de bonnes œuvres et la prise d'initiatives adéquates dans leur accomplissement ; Ceci, dans le cas où sa hâte s'achève dans ce qui figure le bien. Par contre, si sa hâte s'achève dans ce qui figure le mal, le rêve signale un reniement de l'Islam ou quelque chose qu'il regrettera par la suite.

Haussement de la voix (Jahr)
Se voir en train de hausser la voix pour dire des choses qu'il ne faut pas divulguer dénote de la publicité faite autour des aumônes données. Cela signifie aussi la distinction dans le rang et la renommée ainsi que l'ascendant.

Haut de la poitrine (Labab)
Sa vision évoque ce qui protège la poitrine comme médicaments ou vêtements.

Herbe (Hachîch)
La vision de l'herbe symbolise la vertu dans la religion et le bien. Celui qui voit de l'herbe pousser sur le creux de sa main, cela veut dire qu'il va voir sa femme avec un autre. S'il voit l'herbe pousser sur le dos de sa main, cela veut dire qu'il va mourir et que l'herbe va pousser sur sa tombe.

Hérisson (Qounfoud)
Sa vision évoque un homme au cœur étroit, peu clément et qui se met facilement en colère. Sa vision évoque aussi la tromperie, la ruse, l'espionnage, la disparition, le mal et la détention d'armes.

Hibou (Boûm)
La vision d'un hibou symbolise un roi tyrannique et oppresseur des gens. Elle évoque aussi un voleur redoutable et craint, de même qu'elle signifie le manque de travail ainsi que la dissipation de la frayeur et de la peur. Elle symbolise également un traître, rusé, qui ne recèle aucun bien.

Homme (Insân)
Celui qui voit en rêve un homme qu'il ne connaît pas à l'état d'éveil et qui ne ressemble à aucune personne de ses connaissances, sa vision peut signifier que c'est sa propre âme qu'Allah lui fait voir. S'il voit que cette âme fait du bien, il se peut que ce soit, lui, l'auteur de ces actes de bien et, s'il voit qu'elle fait du mal, il se peut que ce soit, lui, l'auteur de ces mauvais actes. Si quelqu'un voit un homme qu'il connaît ou qui ressemble à une personne de ses connaissances, cela veut dire qu'il va prendre quelque chose de lui.

H

Homme (Radjoul)
La vision des fils d'Adam symbolise la noblesse. Si quelqu'un voit, en rêve, un homme qu'il connaît, cet homme sera en tant que tel, ou bien son frère ou une personne qui lui ressemble. La vision des juges signifie un jugement, la vision des hommes de pouvoir signifie des craintes, la vision des soldats annonce des voyages, la vision des artisans figure leurs métiers respectifs, la vision des femmes représente la tentation, alors que la vision des pieux signifie l'adoration.

Hôpital psychiatrique (Mâristân)
Sa vision évoque le bain, parce qu'il est le lieu de prédilection des djinns et des démons, du dévoilement de l'intimité et de l'apparition dans des postures incorrectes. Elle peut évoquer aussi les lieux de distractions et de jeux, le tumulte et le bavardage, l'usurpation de biens et l'abandon de la famille. Celui qui voit un défunt, dans un hôpital psychiatrique, cela veut dire qu'il est en enfer, car c'est le lieu des chaînes et des carcans.

Hoquet (Fawâq)

Celui qui se voit en train de hoqueter, en rêve, cela veut dire qu'il va se mettre en colère et proférer des paroles qui ne sont pas dignes de lui. Il sera ensuite victime d'une grave maladie.

Horloge du temps (Sâ'at Ezzamân)

Celui qui voit une heure du temps parmi les heures de la nuit ou du jour, obtiendra de l'argent à la mesure de la durée de cette heure et de son degré. La vue d'une heure où les invocations sont exaucées, comme le moment de la prière du vendredi et les moments d'invocation et d'évocation d'Allah, indiquent la dissipation du mal, l'enrichissement pour le pauvre et la concrétisation d'une promesse.

Hospice (Ribât Essukna)

Sa vision évoque la consécration de sa vie au djihâd dans la voie d'Allah, de même qu'elle évoque l'attachement à l'épouse et à la prière.

Hospitalité (Diyyâfa)

Sa vision évoque un rassemblement autour d'un bien. Si quelqu'un voit, en rêve, qu'il invite des gens à un repas, et qu'ils mangent à satiété, cela veut dire qu'il va être leur chef.

Hôte (Daïf)

Sa vision symbolise la bonne annonce de la naissance d'un enfant mâle. Pour celui qui n'a pas de femme enceinte, cette vision signifie l'obtention d'un bien à la hâte.

Hoûd عليه السلام

Celui qui voit Hoûd عليه السلام, verra ses ennemis lui faire du tort et l'opprimer, avant qu'il n'arrive à triompher d'eux. Il en est de même pour celui qui voit Sâlih عليه السلام. Celui qui voit Hoûd عليه السلام, verra une guidée et un bien et sauvera des gens d'une injustice.

Houe (Midjrafa)
Sa vision évoque pour le célibataire une épouse qui ne garde ni secret ni argent. Elle peut évoquer aussi la disparition du souci, de l'affliction et l'acquittement des dettes.

Housse (Ghâchiyya)
Sa vision évoque la désobéissance et le châtiment, en vertu de la parole du Très Haut: ﴿ ***Sont-ils rassurés que ne leur vienne un châtiment de la part d'Allah, les enveloppant de toute part?*** ﴾ (S3, V161)
Elle évoque aussi un bien, un serviteur ou une femme.

H

Huile d'olive (Zayt)
La vision de l'huile d'olive évoque des ressources, un bien licite et une guérison pour celui qui se voit en train de s'en induire le corps. Celui qui se voit en train de boire de l'huile d'olive, en rêve, cela veut dire qu'il est atteint de magie ou de maladie. Sa vision signifie aussi la bénédiction, la science, la guidée, une lumière cachée et des ressources licites.

Huile de Sésame (Chayredj)
Sa vision évoque la conciliation entre ce bas monde et l'autre de même qu'elle peut indiquer les bonnes œuvres et la science utile.

Humilité de l'homme (Tawâdhu' El-Insân)
La vision de l'humilité envers les gens, signifie la victoire, l'élévation et la distinction, en vertu du hadith qui dit: *« Celui qui s'humilie devant Allah, Allah l'élèvera. »* Rapporté par Moslem d'après Abî Huraïra.

Huppe (Houd)
Sa vision évoque l'effondrement des constructions, comme l'inspire son nom. Elle peut indiquer aussi le messager sincère, proche des rois, l'espion ou le savant qui polémique beaucoup. Elle peut évoquer aussi la délivrance des soucis et du châtiment ou la connaissance d'Allah (qu'Il soit glorifié).

Hyacinthe (Yâqoût)
Sa vision évoque une joie et une distraction. Celui à qui est donné une bague en hyacinthe épousera une belle femme. Celui qui se voit avec une bague en hyacinthe aura une belle pratique de la religion et une bonne renommée.

Hydropisie (Istisqâ)
Se voir atteint de cette maladie bien connue, dans un rêve, signifie l'avilissement et le mépris.

Hyène (Dab')
Sa vision évoque une femme mauvaise, laide, sotte, sorcière et vieille. Celui qui se voit, en rêve, en train de la monter ou de la posséder, cela indique qu'il va se marier avec une femme pareille.

I

Ictère (Yaraqân)
Sa vision évoque une épouse ou un vêtement non convenable.

Idole (Çanam)
Sa vision évoque un homme traître, au beau visage, mais au comportement odieux. Elle évoque aussi une fermeté dans les affaires. Celui qui se voit en train de casser une idole, en rêve, obtiendra un rang distingué et triomphera de ses ennemis.

Illustrateur (Mouçawwir)
Sa vision évoque un menteur et un hérétique. Elle peut évoquer aussi un poète, un flûtiste et un chanteur. Elle peut évoquer également la science, l'architecture, la sagesse, la versification et le fait de composer des vers de poésie galante.

Imam qui dirige la prière (Imâm Es-salât)
L'imâm qui dirige la prière représente le garant digne de confiance. Sa vision peut signifier aussi la crainte, la distinction, la suprématie, l'autorité, le commandement du convenable et l'interdiction du blâmable. Celui qui n'est pas un imâm dans la vie réelle, mais qui se voit en tant qu'imâm, dans un rêve, et qui est digne d'exercer ce pouvoir, obtiendra une autorité honorable et sera obéi.

Immolation d'une bête à la naissance d'un nouveau-né ('Aqîqa)
Sa vision est la bonne nouvelle du retour d'un absent, de la guérison d'un malade ou de la liberté pour un prisonnier. Elle peut indiquer aussi un raffermissement de la foi et une conformité à la sunna.

Imperméable (Mimtar)
Sa vision évoque une bonne renommée, car il est le plus ample des vêtements et il se porte au-dessus des autres vêtements. Pour un commerçant, il évoque une renommée et de beaux éloges.

Imprécation (Li'ân)
La vision d'une imprécation évoque l'éloignement et le bannissement.

Impuissance sexuelle ('Ounna)
La vision d'une impuissance indique que l'auteur de cette vision est préservé des passions de ce bas monde et qu'il renonce à ses plaisirs, sans y avoir une quelconque renommée. Si cette impuissance disparaît dans le rêve, il obtiendra un pouvoir et une renommée.

Incitation (Haddh)
Se voir en rêve, en train d'inciter autrui à nourrir les gens ou à faire le bien est une preuve du repentir pour le pécheur, de même qu'un souci à suivre le Prophète ﷺ.

Incontinence d'urine (Qitâr El-Boûl)
Sa vision signifie le fait pour un débiteur d'obtenir une échéance pour le remboursement de sa dette.

Incroyance (Koufr)
La vision de l'incroyance évoque la richesse, en vertu de la parole du Très Haut : ﴾ ***Bien au contraire ! L'homme est rebelle, dés qu'il se voit dans l'aisance.*** ﴿ (S96, V6-7)
Elle peut évoquer aussi l'injustice, en vertu de Sa parole : ﴾ ***Les incroyants sont les injustes.*** ﴿ (S2, V253)
Elle peut évoquer aussi une maladie qui n'a pas de guérison, en vertu de Sa parole : ﴾ ***Que tu les avertisses ou que tu ne les avertisses pas ; ils ne croient pas.*** ﴿ (S2, V6)
La vision de l'incroyance peut évoquer aussi la discorde dans la religion ou le meurtre.

Incroyant (Kâfir)
La vision de l'incroyance évoque un ennemi. Voir en rêve, un vieillard incroyant, met en garde contre la manifestation d'animosité d'un ancien ennemi. Se voir en train d'adorer quelqu'un d'autre qu'Allah, indique que l'auteur du rêve est préoccupé par une chose vaine qui l'amène à préférer ses passions à la satisfaction de son Seigneur. Celui qui se voit devenir, en rêve, un mage, cela veut dire qu'il a rejeté l'Islam par sa pratique continue des péchés. Se voir devenir juif, met en garde contre la négligence dans les obligations rituelles et annonce que l'auteur du rêve va subir un châtiment avant sa mort ainsi qu'un avilissement. Se voir devenir chrétien, symbolise l'ingratitude face aux bienfaits d'Allah et le fait de Le décrire avec ce dont Il est exempt.

I

Indigestion (Tukhma)
L'indigestion dans un rêve signifie se nourrir au moyen de l'usure (ribâ). Se voir arriver à digérer ce qui lui causait cette gêne, signifie que l'auteur de la vision sait œuvrer pour gérer ses affaires.

Indulgence (Hilm)
Se voir faire preuve d'indulgence, dans un rêve, envers celui qui en est digne, signifie avoir beaucoup de mérites. Par contre, lorsque la personne envers laquelle l'auteur de la vision fait preuve d'indulgence, n'est pas digne de cela, c'est la preuve que ce dernier se chargera de péchés et de fautes ou subira les effets d'une grave maladie.

Iniquité (Zhulm)
La vision d'une iniquité provenant de personnages puissants indique l'imminence d'une extermination et la destruction de cités. La vision d'une iniquité provenant des gens de science et du Coran peut indiquer le pardon d'Allah. On dit aussi que celui qui se voit faisant preuve d'iniquité, en rêve,

s'appauvrira, alors que celui qui se voit en train de reconnaître son iniquité, en rêve, se repentira à Allah.

Inquiétude (Qalaq)
Sa vision évoque un regret pour une chose accomplie ou pour un péché commis et le repentir en ce sens.

Inspecteur des marchés (Mouhtasib)
Sa vision évoque le bien être de la population, en vertu de la fréquentation assidue qu'il a avec elle. Celui qui voit l'inspecteur des marchés, en rêve, dans une belle situation ou dégageant une bonne odeur, cela indique son bon comportement. L'inverse est vrai.

Insulte (Sabb)
La vision d'une insulte évoque l'assassinat. Elle évoque aussi la désobéissance aux parents ainsi que le fait de se détourner d'Allah.

Intendant (Qahramân)
Sa vision évoque un homme avisé et savant. En effet, Joseph ﷺ a exercé cette fonction.

Intendant du cabinet (Hâsib Eddiwân)
Sa vision évoque un homme qui inflige des châtiments et qui porte préjudice aux gens dans ses rapports avec eux en les soumettant à des comptes rigoureux.

Intercession (Chafâ'a)
Sa vision évoque une tromperie. On dit aussi qu'elle indique une puissance et une dignité, car celui qui n'a pas de dignité ne peut intercéder. Celui qui voit le Coran intercéder pour lui, en rêve, tirera profit de la science et obtiendra un rang scientifique sublime.

Interpellation insistante (Mounâdat)
Se voir interpellé en rêve, indique pour l'auteur du rêve qu'il fréquente des gens vils. Celui qui voit qu'il est interpellé d'un endroit éloigné, désobéira à Allah, en vertu de la parole du Très Haut : ﴿ ***Comme si on les appelait d'un lieu très loin.*** ﴾ (S41, V44)

Intestins (Mi'â)
La vision d'intestins sortant de l'intérieur de l'homme évoque l'apparition de ses biens cachés. Cela évoque aussi les fiançailles de sa fille ou une maladie qui atteint un membre de la famille.

Intimité ('Awra)
Sa vision évoque le dévoilement des secrets ainsi que les réjouissances des ennemis.

Iris (Sawsen)
Sa vision évoque de beaux éloges.

Irrigation (Mousâkat)
Sa vision évoque une bienfaisance qui englobe le proche et l'éloigné, le noble et le vil.

Isâac (Ishâq عليه السلام)
Celui qui voit Ishâq عليه السلام, en rêve, aura à subir un préjudice de la part d'un homme puissant ou de l'un de ses proches, avant qu'Allah ne lui envoie Son secours et ne lui donne puissance et honneur. Sa vision peut être rapportée aussi au passage d'un état d'affliction à un état de soulagement, de l'étroitesse à l'ouverture, d'un état de désobéissance à un état d'obéissance et d'un état de rupture (avec des parents) à un état de retrouvailles.

Ismaël عليه السلام
Celui qui voit le prophète Ismaël عليه السلام en rêve, obtiendra les faveurs de la bonne politique et de l'éloquence. Il se peut aussi

qu'il bâtisse une mosquée ou qu'il assure sa direction, en vertu de la parole du Très Haut : ﴿ ***Abraham et Ismaël élevaient les assises de la Maison.*** ﴾ (S2, V127)

Israfîl عليه السلام

Voir l'ange Israfîl عليه السلام, avec un air triste et soufflant dans le Cor, en pensant être le seul à l'avoir entendu, annonce la mort du rêveur. Cette vision signifie aussi le triomphe de la justice après le règne de l'injustice et l'extermination des injustes de cette contrée.

Ivresse (Saqr El-'Aql)

La vision d'une ivresse sans boisson signifie un souci, une peur et une terreur, en vertu de la parole du Très Haut : ﴿ ***Tu verras les hommes ivres alors qu'ils ne le sont pas.*** ﴾ (S22, V2)

Quant à la vision d'une ivresse, à la suite d'une boisson, elle signifie des biens et un pouvoir qu'obtiendra l'auteur de la vision. Elle signifie aussi la sécurité face à la peur, car celui qui est ivre n'a peur de rien.

J

Jacob (Ya'qoûb عليه السلام)
Celui qui voit Jacob عليه السلام sera victime d'une grande affliction de la part de certains de ses enfants, avant qu'Allah ne l'en délivre et ne lui ramène son bien-aimé. Sa vision évoque aussi des ressources, une force, un bienfait apparent ainsi que des épouses et des enfants forts et solidaires.

Jais (Sabadj)
Sa vision évoque de l'argent douteux, et son obtention, en rêve, symbolise un compagnon hypocrite.

Jalousie (Ghayra)
Sa vision symbolise l'avidité. Se voir faisant preuve de jalousie, en rêve, indique son avidité pour les biens de ce bas monde.

Jalousie (Hasad)
La vision de la jalousie signifie la corruption du jaloux et la vertu du jalousé. Elle évoque aussi la pauvreté du jaloux. Elle symbolise également la haine, l'orgueil, la magie et le mal, de même qu'elle symbolise l'augmentation des ressources du jalousé.

Jambière (Lifâha)
Si elle est enroulée, sa vision annonce un voyage. Par contre, si elle n'est pas enroulée, sa vision évoque de l'argent.

Jardin (Bustân)
Le jardin symbolise la femme, car il est arrosé avec de l'eau, il porte des fruits puis il les met au monde. Dans la mesure où

le jardin symbolise la femme, ses arbres et ses fruits symbolisent son clan, ses proches, ses enfants et ses biens. La vision d'un jardin inconnu signifie aussi le saint Coran, car il est pareil à un jardin aux yeux d'un observateur et entre les mains d'un lecteur qui cueille sans cesse les fruits de sa sagesse. Ce qu'il contient aussi comme promesses représente ses fruits sucrés et acides, et il est l'arbre ancien et nouveau. Sa vision signifie aussi la demande de pardon à Allah.

Jardin (Rawdh)
La vision de jardins inconnus qui ne peuvent être décrits que par la verdure de leur végétation, évoque l'Islam en vertu de leur beauté et de leur décor. Elle évoque aussi tout lieu de vertu ou tout lieu où Allah est invoqué, comme le tombeau du Prophète ﷺ.
Leur vision évoque aussi le Coran, tout livre parlant de science ou de sagesse, de même que le paradis et ses jardins. Elle peut évoquer également ce bas monde et ses atours ainsi qu'une épouse riche.

Jardin potager (Mabqalat El-Baql)
Sa vision évoque un homme accablé. Elle évoque aussi un souci et une affliction.

Jardinier (Bustâni)
La vision d'un jardinier évoque un homme qui invite les gens à l'amour des femmes. Sa vision signifie aussi celui qui est chargé des affaires des hospices, des écoles, des mosquées et des églises. Sa vision signifie aussi la joie, le bonheur, les ressources et les avantages.

Jasmin (Yâsmine)
Celui qui voit, en rêve, du jasmin, obtiendra une joie, un bonheur et un bien. La vision du jasmin évoque des savants. Elle évoque aussi la dissipation des soucis, des afflictions, ainsi que le mariage du célibataire.

Javeline (Mizrâq)
Sa vision avec d'autres armes signifie un pouvoir et une force. Sinon, elle évoque un enfant fort et vigoureux, un commerce prospère ou un profit utile. Si un pauvre la voit, en rêve, il s'enrichira, si c'est un riche, il s'enrichira encore plus et, si c'est un sultan, son pouvoir se renforcera et il triomphera de ses ennemis.

Jean-Baptiste (Yahia عليه السلام)
Celui qui voit Yahia عليه السلام en rêve aura un scrupule (par rapport à quoi ?) et sera à l'abri des malheurs. Il n'aura pas de pareil, en vertu de la parole du Très Haut : ﴿ ***Nous ne lui avons donné aucun homonyme dans le passé.*** ﴾ (S19, V7)
Et de Sa parole : ﴿ ***Un chef, un chaste, un prophète parmi les justes.*** ﴾ (S3, V39)
Celui qui le voit obtiendra aussi une excellente vie, un pouvoir et une bonne nouvelle.

Jérusalem (Bayt El-Maqdis)
Celui qui se voit en train de prier, à Jérusalem, en se tournant vers une autre direction que la Qibla, signifie l'annonce d'un pèlerinage à la Mecque. Se voir en train de sortir de la mosquée de Jérusalem, annonce un voyage ou la perte d'un héritage, alors que le fait de se voir en train d'y prier, annonce l'obtention d'un héritage ou l'attachement à une vertu.

Jésus ('Aïssa عليه السلام)
Voir Jésus عليه السلام en rêve, est une vision qui prouve que l'auteur du rêve est un homme béni, à la bienfaisance abondante, aux voyages fréquents, et à qui il sera fait don de la science de la médecine ainsi que d'autres sciences.

Jeu (La'ib)
Sa vision évoque l'aveuglement, l'ironie et le manque de religion.

Jeu d'échecs (Chatrandj)
Sa vision évoque la fréquentation des gens de tous les milieux. Elle indique aussi une guerre, une animosité, des dettes, la connaissance des secrets, la recherche des récits anciens, le passage d'une situation à une autre, une déviation dans le tempérament et des voyages. On dit aussi qu'elle peut évoquer une querelle et un combat.

Jeûne (Çawm)
Les interprétations ont varié à ce sujet. Pour certains, la vision du jeûne du mois de Ramadhân doit être rapportée à la cherté de la vie et à la rareté de la nourriture. Pour d'autres, elle symbolise l'excellence de la religion pour l'auteur du rêve et la disparition des soucis, des malheurs et des maladies ainsi que l'acquittement des dettes. Elle évoque aussi la sécurité face à la peur ou le repentir des péchés. Si l'auteur de la vision est possédé par quelque démon, cela annonce sa guérison, car les démons sont enchaînés durant le Ramadhân.

Jeune femme esclave (Jâriyya)
La vision d'une jeune femme esclave évoque un commerce, pour celui qui voit qu'il la possède, qu'il l'achète ou qu'elle lui est offerte. Celui qui se voit s'approcher d'une esclave pour l'acheter, s'approchera d'un commerce pour le diriger.

Jeune fille (Châbba)
Sa vision constitue une ennemie pour la femme quelle que soit la situation dans laquelle elle la voit. Pour un homme, la vision d'une jeune femme belle évoque un bien, une faveur, une victoire, une joie et un bonheur.

Jeune homme (Châbb)
Sa vision symbolise le dynamisme, la force et la prédominance de l'ignorance. Elle peut évoquer aussi le bienfait et la reconnaissance à Allah (qu'Il soit exalté).

Joaillier (Jawharî)

La vision d'un joaillier symbolise un homme porté sur la dévotion et l'ascétisme. Elle évoque aussi le marchand d'esclaves. Elle indique également le savant qu'on prend comme exemple dans les affaires compliquées, un homme à la ferveur religieuse et aux biens, de même qu'un homme possédant de nombreux serviteurs et des biens considérables.

Job (Ayyoûb عليه السلام)

Celui qui voit Job عليه السلام dans un rêve sera éprouvé dans sa personne, ses biens, son épouse et ses enfants, puis Allah compensera ses pertes et lui multipliera tout, en vertu de Sa parole : ﴿ ***Nous lui avons rendu sa famille et deux fois plus nombreuse.*** ﴾ (S38, V43)

Sa vision symbolise les épreuves, la perte des proches, des biens et des épouses, mais aussi la patience devant toutes ces épreuves.

Jockey (Raqqâb)

Sa vision indique la gestion des choses et l'atteinte d'un but, grâce au sérieux et à l'effort.

Joie (Farah)

La vision d'une joie qui ne satisfait pas Allah évoque un souci et une tristesse, en vertu de la parole du Très Haut : ﴿ ***Ne te réjouis pas ! Allah n'aime pas ceux qui se réjouissent !*** ﴾ (S28, V76) Elle évoque aussi le fait de se distraire de l'adoration d'Allah. On dit aussi que la vision d'une joie signifie un souci dans la réalité.

Joie (Souroûr)

La joie, dans un rêve, signifie les pleurs. Elle peut évoquer aussi la délivrance selon ce que voit l'auteur de la vision. Celui qui voit qu'il est joyeux, en rêve, sera attristé.

Jonas (Yoûnes عليه السلام)

Celui qui voit, en rêve, Jonas عليه السلام, s'empressera dans une affaire, ce qui lui causera une gêne et un emprisonnement, avant qu'il ne soit délivré par Allah. Sa vision signifie que son auteur se met facilement en colère et accorde facilement sa satisfaction, et qu'il y aura, entre lui et des gens trompeurs, une transaction.

Joseph (Yoûcef عليه السلام)

Celui qui voit Joseph عليه السلام sera victime d'une injustice, d'un emprisonnement et d'une tyrannie de la part de ses proches et sera accusé injustement. Sa vision évoque aussi la royauté et le califat. Elle évoque aussi l'attirance des femmes, en raison de sa beauté et de son élégance. Elle peut symboliser aussi la science des visions prémonitoires et de l'onirisme.

Joueur de clarinette (Mouchabbib)

Sa vision évoque les réjouissances ainsi que la dissipation des soucis et des afflictions. Elle peut évoquer le jeu, l'angoisse, les pleurs et les lamentations.

Joueur de dés (Ka'âb)

La vision d'un jeu de dés évoque le fait de s'occuper d'une chose futile. On dit aussi qu'elle est un signe de bien.

Joueur de flûte (Zâmir)

Sa vision évoque un déviant de la voie droite ou des paroles futiles. Sa vision indique aussi celui qui annonce un décès ou un meurtre, un fornicateur ou un entremetteur. Il en est ainsi de la femme qui se voit en train de jouer de la flûte.

Joug (Nîr)

Sa vision est un bon signe pour tout le monde, sauf pour les esclaves, car cela évoque le maintien de leur état de servilité, lorsqu'ils font cette vision. Si un esclave voit un joug brisé, cela est meilleur pour lui que de le voir maintenu. Sa vision peut évoquer aussi un changement de situation ou un voyage.

Jouissance (Mout'a)
Sa vision évoque des actions impliquant le châtiment d'Allah, comme la fornication, l'usure ou la tromperie dans les ventes, en vertu de la parole du Très Haut : ﴿ ***Jouissez pour un temps de cette vie, votre fin sera le feu.*** ﴾ (S14, V30) Elle évoque aussi l'aveuglement pour ses biens et sa personne.

Jour (Nahâr)
Sa vision évoque la délivrance des soucis et des afflictions. Elle évoque aussi l'apparition de l'argument, la découverte de ce qui est caché, la délivrance du prisonnier et le retour de l'absent.

J

Juge (Qâdi)
La vision d'un juge connu, symbolise un médecin. Celui qui se voit investi de la fonction de juge, en rêve, en faisant preuve de justice, alors qu'il est un commerçant, cela signifie qu'il est équitable. S'il est un étalagiste, cela atteste de son intégrité dans la pesée et les mesures.
Celui qui se voit en tant que juge, jugeant entre les gens, sans faire preuve de justice, en outrepassant les droits des gens, s'il assume un pouvoir dans la réalité, il sera destitué ; s'il est en voyage, il sera attaqué par des bandits de grands chemins. Sinon, les bienfaits d'Allah à son égard se changeront en malheurs.

Jugement (Hisâb)
La vision du jugement d'un défunt signifie que celui-ci subit un châtiment. Si un homme se voit en train de se juger lui-même, en rêve, cela signifie son repentir et son retour vers son Seigneur. Celui qui se voit approcher du jugement et être jugé d'une manière facile, cela veut dire qu'il a une femme compatissante et pieuse qui s'occupe de lui. S'il voit qu'il est jugé sévèrement, cela signifie la perte pour lui.

Juif (Yahoûdi)
Sa vision évoque un adversaire, qu'il soit un vieillard ou un jeune, en vertu de la parole du Très Haut: ﴾ ***Tu constateras que les hommes les plus hostiles aux croyants sont les juifs.*** ﴿ (S5, V82) Celui qui se voit lier amitié avec un juif ou traiter avec lui, en rêve, cela veut dire qu'il va avoir affaire à un homme qui renie un droit, qui tergiverse en ce sens ou feint de ne posséder que le peu. On dit aussi que la vision d'un juif évoque une guidée. Elle évoque aussi des ennemis.

Jujube (Nabaq)
Sa vision évoque un homme louable en vertu de la noblesse de son arbre et de la puissance de ses racines. Elle évoque aussi des biens et des ressources. Sa vision indique également une force dans la religion et une vertu.

J

Jujubier ('Unnâb)
Sa vision symbolise un homme noble, utile, réjoui, puissant, ayant un pouvoir et qui reste ferme devant les malheurs. Celui qui se voit en rêve, en train de sucer du jus de jujubier, obtiendra un pouvoir, en vertu de la parole du Très Haut: ﴾ ***C'est Lui qui, pour vous, a dans l'arbre vert placé du feu dont vous utilisez la flamme.*** ﴿ (S36, V80)

Jument (Hidjra)
Sa vision symbolise l'épouse. Si quelqu'un voit, en rêve, qu'il saute d'une jument ou qu'il lui enlève sa bride, il divorcera de son épouse. En outre, celui qui se voit monter une jument sans selle, entreprendra une chose qui ne durera.

Jument poulinière (Ramka)
Sa vision évoque une esclave ou une femme libre et noble. Si un célibataire se voit posséder ou monter une jument poulinière, il épousera une femme noble et bénie. Si la bête est noire, la femme sera riche et noble, et si elle est blanche, elle sera belle.

Jupiter (Mouchtari)
Sa vision évoque le trésorier du roi. Sa vision simultanée avec la lune évoque la vente, l'achat, les ressources et la distinction du rang.

Jurisconsulte (Faqîh)
Sa vision symbolise l'intelligence, l'éveil, la science et l'érudition. Elle évoque aussi celui qui guérit l'intérieur des cœurs avec sa science et son comportement. Si l'auteur de cette vision, est un pécheur, il se repentira à Allah ; s'il est un ignorant, il se guidera et, s'il est un incroyant, il se convertira.

Jus ('Açîr)
La vision du jus ou du pressurage est de bon signe. Celui qui se voit en train de presser du jus, dans un rêve, s'enrichira s'il est pauvre, guérira s'il est malade ou sortira de prison s'il est emprisonné.

Jus de dattes et de raisins non enivrant (Nabîdh Ettamr Oua Ezzabîb Ghayr Al-Mousakkir)
Sa vision évoque le souci et l'affliction. Elle peut évoquer aussi une vie misérable et une disette.

Juste milieu (Qaçd Fîl Oumoûr)
Sa vision signifie une épouse convenable pour le célibataire, un mode de vie, une doctrine ou une école à suivre. Celui qui se voit marcher avec modération, cela indique son humilité devant Allah.

Justice ('Adl)
L'injustice d'un souverain, en rêve, indique la joie des administrés et leur satisfaction pour la sécurité dans laquelle ils se trouvent ainsi que pour la protection dont ils jouissent dans leurs demeures. Le pécheur qui se voit en train de faire preuve de justice, dans le rêve, se repentira à Allah.

K

Kaaba (Temple de la) (Ka'ba)

La vision de la Kaaba symbolise un calife, un émir ou un ministre. Voir un mur de la Kaaba s'écrouler, évoque la mort du calife. La vision de la Kaaba évoque la bonne nouvelle d'un bien ou une mise en garde contre un mal qui menace. Celui qui se voit, en rêve, en train de prier à l'intérieur de la Ka'ba, se rapprochera de certains nobles et dirigeants, et obtiendra sécurité et bien. S'il se voit en train de prendre quelque chose de la Kaaba, cela veut dire qu'il va obtenir quelque chose du calife.

On dit que celui qui se voit entrer, dans la Kaaba, en rêve, y entrera réellement si Allah le veut.

Kawthar

Celui qui se voit, en rêve, en train de boire de l'eau du fleuve Kawthar, qui se trouve au paradis, obtiendra une science, de bonnes œuvres, une certitude et une conformité à la sunna du Prophète ﷺ. Si c'est un incroyant, il se convertira à l'Islam et, s'il est un pécheur, il se repentira ou passera d'une hérésie à une sunna. Se voir en train de boire de l'eau de Kawthar annonce l'obtention d'un pouvoir et celle d'une victoire sur ses ennemis, en vertu de la parole du Très Haut : ﴾ ***Oui, Nous t'avons accordé le Kawthar (l'abondance).*** ﴿ (S108, V1)

L

Labeur (Kadd)
La vision du labeur signifie le repos. Celui qui se voit en train de s'adonner à un labeur profitera d'un repos. Sa vision peut évoquer aussi le fait de tomber dans les interdits.

Labour (Harth)
La vision du labour signifie un mariage. Celui qui se voit en train de labourer une terre, alors qu'il connaît son propriétaire, cela veut dire qu'il va épouser sa femme.

L

Laboureur (Harrâth)
Sa vision évoque un homme qui accomplit la meilleure des œuvres si sa semence pousse, verdit et est récoltée. S'il indique les œuvres (bonnes ou mauvaises) de l'auteur de la vision, il signifie son repentir, mais s'il évoque les choses de ce bas monde, cela indique le bien et la prospérité.

Laideur du visage (Qabh El-Wadjh)
La vision d'un visage laid et lézardé évoque le manque de pudeur de son auteur. Celui qui voit son visage doux et gracieux, cela indique sa pudeur. La laideur du visage symbolise un défaut et vice versa.

Laine (Çawf)
Se voir vêtu de laine, évoque des biens abondants à gagner. Dormir sur de la laine, signifie obtenir de l'argent de la part d'une femme. Voir de la laine brûler, signifie la corruption de la religion et la perte des biens. Voir des savants habillés de laine, évoque l'ascétisme.

Lait (Laban)
Sa vision symbolise la nature innée de l'Islam, en vertu de la parole du Prophète ﷺ qui dit : « *Celui qui se voit en train de boire du lait, en rêve, cela signifie qu'il est dans la nature innée (fitra).* » Elle évoque aussi un bien licite acquis sans fatigue.

Laitier (Labbân)
Sa vision évoque la science, les ressources licites, la guidée et la nature innée.

Lame (Chafra)
Sa vision évoque la langue. Elle évoque aussi les ressources, les moyens de subsistance, la pointe du stylo ainsi qu'un enfant intelligent qui sera envié.

L

Lamentations (Nouwâh)
La vision de lamentations évoque celui qui exhorte les gens. Elle peut évoquer aussi un mariage qui est célébré avec des instruments de musique et des chanteuses. Voir en rêve un endroit d'où proviennent des lamentations, signale que des choses malsaines vont s'y produire, entraînant la dispersion de ses occupants.
On dit aussi que la vision de lamentations évoque une flûte et vice versa.

Lampe (Sirâdj)
Sa vision symbolise le maître de maison. Celui qui se voit en train de prendre une lampe dans sa main obtiendra une science et une distinction. Pour un malade, la vision d'une lampe signifie une épouse. Si cette lampe s'éteint dans le rêve, cela annonce sa mort. Si un dirigeant voit en rêve une lampe ou une bougie luire dans sa main puis s'éteindre, cela annonce sa mise à l'écart. Si l'auteur de la vision est un commerçant, cela annonce sa faillite

Lampe à huile (Qandîl)
La vision d'une lampe à huile évoque un enfant agréable qui possède une distinction, une renommée, une belle voix et une utilité. Les lampes des mosquées évoquent les savants ainsi que les gens de scrupule et du Coran. La vision d'une lampe qui s'éteint ou se casse, évoque la mort d'un malade.

Lance (Rumh)
La vision symbolise une femme, un enfant, un témoignage véridique ou un voyage. Voir dans sa main une lance, est annonciateur de la naissance d'un enfant. Se voir avec une lance à la main, et monté sur une monture, signifie une puissance et une dignité. Un sultan qui voit une lance se casser dans sa main, indique pour lui une faiblesse dans son pouvoir.

Lancier (Rammâh)
Sa vision évoque la guerre, les querelles et les litiges autour des écrits. Elle évoque aussi la diffamation et l'atteinte à l'honneur des gens ainsi que les gains illicites.

Langue (Lisân)
La vision de la langue symbolise la perfection, la beauté, l'argument, le comportement et la renommée de son auteur. Pour celui qui voit que sa langue a été fendue et qu'il ne peut plus parler, cela veut dire qu'il va dire des paroles nuisibles qui vont lui causer du tort. Cela indique aussi qu'il est un menteur. La vision de la langue peut évoquer aussi des biens thésaurisés, la dignité et la science. On dit que celui qui voit sa langue coupée, en rêve, deviendra indulgent. Celui qui voit sa femme lui couper sa langue, cela signifie qu'il va être bienveillant avec elle et la traiter avec douceur. La vision d'une langue coupée, peut signifier aussi le divorce avec son épouse.

Lapement (La'q)
Se voir en train de laper de l'eau ou du lait, en rêve, évoque la parcimonie ou l'obtention de maigres ressources.

Lapidation (Radjm)
Se voir en train de lapider un homme en rêve, signale que l'homme lapidé sera insulté par le rêveur. La vision de la lapidation figure la diffamation, sauf si c'est pour une peine légale, ce qui signifie alors la purification du lapidé de ses péchés.

Lapin (Arnab)
Le lapin symbolise la femme. Celui qui se voit prendre un lapin, célébrera un mariage ; par contre pour celui qui se voit égorger un lapin, cela veut dire qu'il va divorcer de son épouse qui ne lui sied pas. On dit aussi que le lapin symbolise un homme lâche.

Lasso (Wahaq)
Sa vision évoque un homme à qui on demande assistance. Celui qui se voit prendre au lasso un homme, en rêve, cela veut dire qu'il va lui demander son assistance, si le lasso le prend au cou. Si le lasso le prend au milieu du corps, cela veut dire qu'il va le tromper.

Lavage (Ghasl)
Celui qui se voit, en rêve, en train de se laver et de porter des habits neufs, reprendra sa fonction s'il en a été destitué ; s'il est pauvre, il sera enrichi ; s'il est emprisonné, il recouvrira sa liberté ; s'il est malade, il guérira ; s'il est un commerçant et que son commerce a périclité, sa situation s'améliorera ; s'il est réjoui, il accomplira le pèlerinage ; s'il est soucieux, son souci disparaîtra et, s'il est endetté, Allah lui réglera ses dettes. La vision d'un lavage pour se purifier de la souillure ou pour accomplir la prière du vendredi, signifie aussi le repentir d'un péché ou le respect de la piété filiale.

Lavement (Huqna)
Celui qui se voit subir un lavement pour une douleur qu'il ressent dans son corps, cela veut dire qu'il va procéder à une

chose qui lui sera bénéfique dans sa religion. Par contre, s'il se voit subir ce lavement, sans qu'il ne ressente de douleur, cela signifie qu'il va revenir sur une promesse donnée à une personne, sur un vœu fait par lui ou sur une parole proférée par lui. Cela évoque aussi une colère intense dont il sera éprouvé.

Laveur (Ghâsil)
Sa vision évoque un homme qui éduque les ignares ou ceux qui n'acceptent pas les conseils. Elle évoque aussi la dissipation des soucis et des afflictions ainsi que celui qui se prépare au voyage.

Lécher les doigts (Se) (Lahs Al-Açâbi')
Sa vision évoque de maigres ressources provenant de l'essence de la chose léchée en rêve.

Lecteur du Coran (Qâri)
La vision d'un lecteur du Coran sur les tombes évoque les conseils à celui qui ne les accepte pas, un message ainsi que le fait d'ordonner le convenable et d'interdire le blâmable. Le lecteur des grands événements évoque la puissance, la dignité et la belle renommée alors que celle du lecteur des veillées funèbres, évoque celui qui rappelle ses faveurs à autrui ainsi que l'ostentation dans les actes.

Lecteur du Coran (Mouqrî)
Sa vision évoque le commandement du convenable et l'interdiction du blâmable.

Lecteurs du Coran (Qurrâ)
La vision de lecteurs du Coran, réunis dans un lieu, signifie que les hommes de pouvoir, comme les sultans, les commerçants et les savants, vont se réunir dans ce lieu.

Lecture (Qirâa)
Celui qui se voit en rêve en train de lire tout le Coran ou une partie seulement, obtiendra puissance et dignité. S'il est un

pécheur, Allah lui pardonnera ; s'il est pauvre, il s'enrichira ; s'il est endetté, il s'acquittera de ses dettes et, s'il est de ceux qui ont l'habitude de témoigner, il témoignera avec la vérité ou s'acquittera d'un dépôt entreposé chez lui. Celui qui se voit en train de lire, en rêve, un livre, au jour de la résurrection, alors qu'il ne sait pas lire dans la réalité, cela lui annonce son enrichissement après sa pauvreté ainsi que sa sécurisation contre tout ce qu'il craint. Ceci dans le cas où ce qu'il lit est bien. Dans le cas contraire, cela indique les soucis, l'affliction, la mauvaise renommée et les dettes.

Légume (Baql)
La plupart des spécialistes en oniromancie estiment que la vision des légumes annonce les soucis et la tristesse. On rapporte qu'elle symbolise aussi un commerce qui ne dure pas, un pouvoir qui n'est pas ferme ou des enfants et des biens qui ne durent pas. Celui qui se voit en train de manger des légumes cuisinés, obtiendra des biens et des avantages de toutes sortes et connaîtra joie, bonheur et honneurs.

Lentille ('Adas)
Sa vision évoque des biens licites lorsqu'elle pousse. Elle évoque aussi un souci et une ressource modeste.

Lèpre (Bars)
La lèpre symbolise l'obtention d'habits austères. Elle signifie aussi l'argent.

Lèpre (Judhâm)
La vision de la lèpre évoque des biens mal acquis ou un incendie. Celui qui se voit atteint de lèpre, cela veut dire que ses œuvres vont diminuer en raison de son effronterie envers Allah ; cela veut dire aussi qu'il va être accusé de choses dont il est innocent. Celui qui se voit en train de prier, alors qu'il est atteint de lèpre, cela signale qu'il va oublier le Coran qu'il avait appris.

Lettre de change (Suftadja)
Celui qui voit en rêve qu'il remet de l'argent à quelqu'un afin qu'il lui délivre, en contre partie, une lettre de change à faire valoir dans un autre pays, cela veut dire qu'il va emprunter quelque chose d'un homme dont il espère en faire du commerce et des profits.

Lèvre (Chafa)
La vision d'une lèvre symbolise l'ami de l'homme ainsi que son assistant et celui sur lequel il s'appuie. La vision de la lèvre inférieure est de meilleur augure que celle de la lèvre supérieure. On dit aussi que sa vision signifie la parenté de même que la force de l'homme.

Lézard (Dubb)
Sa vision évoque un bédouin assassin. Elle évoque aussi un bédouin arabe qui trompe les gens dans leurs biens. Celui qui le voit, en rêve, doit s'attendre à tomber malade.

Lézard (Hirdhawn)
Sa vision symbolise un homme libre mais de rang inférieur. Elle symbolise aussi l'avidité et l'aspiration profonde à gagner des biens, de même que la différence des gens et de leurs tempéraments.

Libellule (Ya'soûb)
Sa vision évoque un homme utile, béni, puissant, ascète, pieux, et qui ne fait de tort à personne. Celui qui se voit posséder une libellule, obtiendra des biens d'un tel homme. En posséder beaucoup, c'est avoir un pouvoir sur des gens riches.

Licier (Mousaddi)
Sa vision évoque un homme a la situation instable et dont les ressources nécessitent des déplacements, comme le héraut et le caravanier. Elle peut évoquer aussi un homme aux deux visages.

Licite (Halâl)
Se voir obtenir, en rêve, ce qui est licite, indique le repentir pour les grands pécheurs et la conversion de l'incroyant. L'intérêt pour ce qui est illicite indique le contraire de cela.

Lien (Qayd)
La vision d'un lien signifie la fermeté dans la religion. On dit qu'elle évoque aussi la vieillesse et la pauvreté. Pour un voyageur, la vision d'un lien signifie un obstacle à son voyage ; pour un commerçant, elle indique des marchandises qui refusent de se vendre ; pour un affligé, cela indique la permanence de son affliction et, pour le malade, le prolongement de sa maladie.

Lierre (Lablâb)
Sa vision évoque un homme bon.

Lieu de prière en plein air, pour la prière de fêtes et pour la prière funèbre (Mouçalla Al-'Aïd Wal Amouât)
Sa vision évoque des réjouissances et des joies, la dissipation des soucis, la prospérité, la guérison des malades et la sortie de prison. La vision d'un changement de lieu de prière (Mouçalla) évoque le repentir du pervers, la conversion du mécréant, l'arrivée de la pluie, la victoire et l'habileté des enfants.

Lieu de réunion (Machhad)
Sa vision désigne la vue du bien ou du mal, en vertu de la parole du Très Haut : ﴿ ***Malheur à ceux qui n'ont pas cru au rassemblement d'un Jour terrible.*** ﴾ (S19, V37) Elle peut évoquer aussi les mines et les trésors.

Lieu isolé (Qafr)
Sa vision évoque une maison où les repas ne sont pas assaisonnés, en vertu du hadith du Prophète ﷺ qui dit : « *La maison la plus pauvre est celle où il n'y a pas de vinaigre.* »

Rapporté par Ettermidhî et Ibn Mâdja. La vision d'un lieu isolé évoque aussi le souci et l'affliction.

Lime (Mibrad)
Sa vision évoque la langue. Elle évoque aussi la satisfaction d'un besoin et l'éloquence pour un orateur. Elle évoque aussi le mariage pour un célibataire.

Limier (Qaççâç El-Athar)
Sa vision désigne le dévoilement des secrets, la manifestation des choses cachées de même que la science ou l'émulation des savants.

Lin (Kettâne)
Celui qui se voit, en rêve, portant des vêtements de lin, connaîtra une vie honorable et honnête qui lui permettra d'économiser des biens.

L

Linceul (Kafn)
Sa vision signifie le penchant pour la fornication. S'il voit qu'il est enveloppé partiellement d'un linceul, cela veut dire qu'il sera invité à la fornication mais qu'il refusera. Se voir enveloppé d'un linceul, à la manière d'un mort, annonce la mort du rêveur. S'il voit que sa tête et ses pieds sont découverts, cela signifie la corruption de sa religion.

Linguiste (Loughaoui)
Sa vision évoque des propos futiles. Se voir sous ses traits, en rêve, peut évoquer le traducteur, le guide, le connaisseur des chemins, des généalogies et des tribus.

Lion (Al-Asad)
Le lion symbolise un roi victorieux et contraignant, en vertu de l'importance de la menace qu'il représente, de l'intensité de sa témérité et de la force de sa colère. Sa vision figure le guerrier, le voleur, le travailleur malhonnête, l'ennemi à l'affût. Sa vision peut augurer aussi de la mort et de la souffrance, car

celui qui regarde un lion, son visage devient pâle, ses membres tremblent et il perd connaissance.

Lionne (Labwa)
Sa vision évoque une femme mauvaise, abusive et qui aime beaucoup son enfant. Elle évoque aussi la fille d'un roi. Celui qui se voit en train d'avoir des relations sexuelles avec une lionne, se débarrassera d'une grande difficulté, verra sa situation s'améliorer et triomphera de ses ennemis.

Lit (Sarîr)
La vision d'un lit symbolise tout ce qui réjouit l'homme et lui assure la sérénité. Se voir en rêve, sur un lit, annonce pour le rêveur qu'il va récupérer une chose qu'il n'a plus. Si c'est un sultan qui fait ce rêve, cela signale que son pouvoir va s'affaiblir puis se raffermir, en vertu de la parole du Très Haut : ﴾ ***Nous avons placé un corps sur son trône, puis il s'est repenti.*** ﴿ (S38, V34)

Lit à baldaquin (Takht)
La vision d'un lit à baldaquin symbolise l'épouse, la monture ou un poste. S'il est en bois, ce qu'il symbolise est très précieux, mais s'il est en palmes, il ne symbolise pas grand chose. Le lit à baldaquin couvert d'étoffe symbolise la puissance, la dignité, le bien, la bonne parole, les nouveaux vêtements, la bonne compagnie et l'entente, alors que le lit à baldaquin couvert de vêtements symbolise la bonne nouvelle et le bonheur, que connaîtra bientôt l'auteur de cette vision.

Livre (Kitâb)
La vision d'un livre évoque la force. Celui qui voit dans sa main un livre, obtiendra une force, en vertu de la parole du Très Haut : ﴾ ***Ô Jean ! Prends le Livre avec force !*** ﴿ (S18, V12)
La vision d'un livre ouvert, signifie un bien répandu, alors que celle d'un livre fermé, signifie un bien caché.

Voir en rêve, des livres pliés dans sa main, annonce l'imminence de sa mort, en vertu de la parole du Très Haut: ﴾ ***Le Jour où Nous plierons le ciel comme on plie un rouleau sur lequel on écrit.*** ﴿ (S21, V104)
La vision d'un livre sur la gauche de quelqu'un, évoque un regret de sa part pour un acte commis. Quant à la vision d'un livre sur la droite, elle évoque une année prospère.

Location (Idjâra)
Celui qui se voit en rêve en train de faire une location, sera trahi par le locataire qui, une fois qu'il aura acquis ce qu'il convoitait, le laissera dans la faillite et s'en ira. Elle peut représenter aussi la sécurité et l'abri des malheurs, de même qu'elle peut annoncer un mariage.

Longe de cuir (Siyr El-Djild)
Sa vision évoque des ressources, un enfant ou un esclave, comme elle peut évoquer des voyages.

Longue robe d'homme (Bourd)
La vision d'une longue robe d'homme (bourd) faite en coton et dans laquelle il n'y a aucune soie, signifie la conjugaison des biens de ce monde et de l'autre. La meilleure des robes d'homme est celle qui s'appelle El-Hibra. Elle est plus forte dans l'interprétation des rêves que la laine.

Longue veille (Sahr)
Sa vision indique pour son auteur la perte du plus cher parmi ses proches, ses enfants ou ses amis. Celui qui se voit en train de faire de longues veillées sans dormir, doit s'attendre à quitter ses amis.

Loquet de porte (Saqqâtat El-Bâb)
Sa vision symbolise le portier, des chiens ou des serviteurs non Arabes.

Loth عليه السلام

Sa vision évoque les afflictions et les malheurs de la part de son peuple ou de son épouse. Il se peut ensuite que l'auteur de cette vision triomphe de ses ennemis et voit le courroux d'Allah s'abattre sur eux. Si une femme voit Loth, en rêve, cela veut dire qu'elle va se rebeller contre son époux et œuvrer à le corrompre.

Lotus (Sidr)

Sa vision symbolise une femme vertueuse. Elle évoque aussi un homme généreux, noble et distingué. Celui qui voit, en rêve, un lotus, son rang s'élèvera et il aura une science. Celui qui se voit en train de manger du lotus, sera atteint d'une grave maladie.

Lotus de la limite (Sidrat El-Muntaha)

Sa vision indique le fait pour son auteur d'atteindre son but dans tout ce qui lui a été promis.

Louer (Tahmîd)

Les louanges qui sont faites en rêve, symbolisent l'augmentation du bien. Celui qui se voit en train de louer Allah (qu'Il soit glorifié) obtiendra une lumière et une guidée dans sa religion. On dit aussi que celui qui se voit en train de louer Allah sera gratifié de la naissance d'un enfant. La louange dans un rêve signifie aussi un enrichissement pour le pauvre.

Luette (Lahât)

Voir, en rêve, sa luette prendre de l'essor au point de lui boucher la gorge, indique son avidité pour l'argent et sa parcimonie à le dépenser pour sa propre personne. Elle indique aussi l'arrivée du terme de sa vie.

Lumière (Noûr)
Sa vision évoque la guidée de l'égarement. La vision d'une lumière qui succède à des ténèbres, évoque la disparition d'une épreuve ou d'un embarras dans lesquels se trouvaient les gens. S'ils étaient soumis à un joug, celui-ci disparaîtra. Pour un pécheur, la vision d'une lumière évoque le repentir, pour un incroyant, elle évoque la conversion à l'Islam, pour un pauvre, elle évoque l'enrichissement, pour un célibataire, elle évoque le mariage et, pour la femme enceinte, elle évoque la naissance d'un garçon.

Lune (Qamar)
A l'origine, la vision de la lune, évoquait le ministre du roi ou du sultan, alors que les étoiles qui l'entouraient ses soldats, ses demeures ou ses épouses. Elle évoque aussi le savant et le jurisconsulte de même que tout ce qui sert de guide, car la lune sert de guide dans l'obscurité et illumine les ténèbres. Sa vision évoque aussi un roi juste, un grand savant, de même qu'un garçon beau, un roi oppresseur ou un homme menteur. Celui qui voit la lune disparaître, en rêve, cela veut dire que la chose qu'il cherchait à obtenir - qu'elle soit bonne ou mauvaise - s'est déjà accomplie et qu'il est trop tard pour lui. Celui qui regarde vers la lune, dans un rêve, et y voit son visage, mourra. Celui qui voit la lune et le soleil se lever sur lui, cela veut dire que ses parents sont satisfaits de lui. S'ils n'ont pas de lueur, c'est qu'ils sont mécontents de lui.

Lupin (Turmus)
La vision du lupin vert symbolise l'avarice et l'obtention d'un bien avec peine de même qu'il symbolise une science théorique qui n'est pas suivie de pratique. Quant au lupin desséché, il symbolise les soucis et l'affliction. A l'inverse, la vision de la farine de lupin, symbolise un remède alors que le bouilli de lupin évoque l'obtention imminente de biens.

Luth ('Awd)
Sa vision évoque la guérison des maladies ainsi que le retour de l'homme à la situation dans laquelle il se trouvait, quelle soit bonne ou mauvaise. Quant au fait de jouer du luth, il symbolise des paroles mensongères. Celui qui se voit en train de jouer du luth chez lui, sera atteint d'un malheur.

Luth (Barbat)
Le luth, à l'instar de tout ce qui lui ressemble comme instruments de musique, indique le plaisir et la vanité de ce bas monde, de même que des paroles improvisées, car les instruments de musique expriment des paroles, qui ne sont pas à vrai dire des paroles. Cependant, si l'auteur de cette vision est un homme de religion et de scrupule, cela signifie de beaux éloges à son égard.

Luthier ('Awâd)
Sa vision évoque la dissipation des soucis et des malheurs, les joies et les réjouissances.

Lutte (Mouçâra'a)
Sa vision évoque une querelle ou un litige avec quelqu'un.

Luzerne sauvage (Qatt)
Sa vision évoque ce que consomment couramment les montures.

M

Maçon (Bannâ)
La vision d'un maçon travaillant avec des briques crues, évoque un homme œuvrant à réunir les gens autour de choses licites. Quant au maçon qui construit en contre partie d'argent ou qui construit avec du plâtre ou avec tout ce qui est chauffé au feu, sa vision ne présage rien de bon. Pour un célibataire se voir en train de construire annonce qu'il va se marier.

Mage (Madjoûis)
Celui qui se voit devenir un mage, en rêve, cela veut dire qu'il a rejeté les préceptes de l'Islam en commettant des péchés majeurs et en faisant de faux serments qui impliquent le courroux d'Allah. Cela veut dire aussi que la religiosité qu'il manifeste, sert à rechercher les biens de ce bas monde et non la Face d'Allah.

Magicien (Sâhir)
Sa vision évoque un homme séducteur.

Magie (Sihr)
Sa vision évoque une séduction et un égarement. Sa vision figure aussi la mécréance ou la séparation avec l'épouse.

Maigreur (Hazâl)
Sa vision évoque la diminution des biens et la faiblesse de la situation. Elle évoque aussi une déconsidération, une maladie ou une faim.

Main (Yadd)
La vision de la main droite évoque les moyens de subsistance de l'homme, son argent et sa bienfaisance. Pour un gouverneur, une main longue évoque un triomphe ; pour un commerçant, elle représente un profit ; pour un marchand, elle évoque une habileté. On dit aussi que la main droite symbolise les proches parmi les hommes alors que la main gauche représente les femmes parmi eux. Celui qui se voit perdre l'une de ses mains, en rêve, doit s'attendre à perdre l'un de ses proches, par suite d'un décès ou d'une absence.

Maintien des relations (Tawâçul)
Le maintien des relations, en rêve, évoque la préservation des liens de parenté et la poursuite du jeûne. Si quelqu'un voit qu'il maintient des relations avec les savants et les pieux, cela prouve la préservation de sa compassion et le respect de ses engagements. Par contre, s'il voit qu'il maintient des relations avec les maîtres des innovations et les gens de la Dhimma (les sujets non musulmans), cela prouve la corruption de sa religion et de sa vie ici bas ainsi que la perte de son temps dans les jeux et les distractions.

Maîtrise de la colère (Kadhm Al-Ghayd)
Sa vision évoque de beaux éloges, du bien, ainsi que la bienfaisance pour les proches et les étrangers, en vertu de la parole du Très Haut : ﴾ ***Pour ceux qui maîtrisent leur colère ; pour ceux qui pardonnent aux hommes. Allah aime ceux qui font le bien.*** ﴿ (S3, V134)

Majesté (La) (Jalâla)
Si quelqu'un se voit envahi, en rêve, par la majesté, qu'il soit vivant ou mort, cela veut dire qu'il obtiendra un rang majestueux au sein des hommes et qu'il sera élevé par Allah aux degrés les plus sublimes. Cette vision peut évoquer aussi la guidée pour l'incroyant et le repentir pour le pécheur.

Maladie (Maradh)
Sa vision évoque l'hypocrisie, en vertu de la parole du Très Haut : ﴾ ***Leur cœur est malade.*** ﴿ (S2, V10)
Celui qui se voit malade, en rêve, sa religion s'affaiblira et son corps se renforcera durant cette année. La vision d'une maladie fébrile évoque un souci venant du sultan, alors que celle d'une maladie entraînant une déshydratation évoque des dépenses d'argent en dehors des voies de l'obéissance.

Maladie chronique (Zamâna)
Sa vision évoque l'empêchement d'un voyage ainsi que l'acquisition des gains avec la main et le pied. Elle signifie aussi l'incapacité à atteindre le but désiré.

Malaxage (Latt)
Se voir en train de malaxer une chose avec ce qui ne lui correspond pas, évoque des choses équivoques et des biens mélangés.

Mâle de l'autruche (Zhalîm)
Sa vision indique un homme castré ou un bédouin.

Malheur (Balâ)
Le malheur symbolise les joies, le bonheur et le salut après la difficulté.

Malheur (Rizya)
Sa vision indique la mort du malade, la prison, la pauvreté et la cécité.

Manche (Koumm)
La vision d'une manche symbolise de l'argent. La vision d'une manche large ou longue évoque une largesse de biens. La vision d'une manche déchirée évoque la pauvreté et le dénuement.

Mandragore (Loufâh)
Sa vision évoque une maladie ou des dinars. Pour celui qui possède une mandragore, sa femme tombera malade et il obtiendra beaucoup de dinars.

Manger (l'acte de) (Akl El-Insân)
Se voir en rêve en train de manger dans un récipient, indique la continence, alors que le fait de se voir en train de manger d'un récipient interdit, comme ceux faits en or ou en argent, signifie les biens illicites et les dettes à outrance. Manger au milieu des gens représente la tentation ; mâcher la nourriture indique la négligence dans la recherche des moyens de subsistance et dans le travail, alors que le fait d'avaler ce qui, normalement, se mâche, indique l'endettement et le fait de hâter ce qui est irréversible.

Manger à satiété (Chaba')
Sa vision évoque l'ennui. Elle évoque aussi l'obtention des moyens de subsistance et la restitution des biens.

Mangouste (Nims)
Celui qui se voit en train d'affronter une mangouste, en rêve, affrontera un homme fornicateur.

Manne (La) (Mann)
Sa vision évoque des ressources licites. Elle peut évoquer aussi le fait de rappeler à quelqu'un les bienfaits qu'on lui a octroyés. Celui qui se voit en train d'en consommer, obtiendra des biens sans peine.

Manne (La) (Tarandjabîne)
La vision de la manne symbolise l'obtention d'une ressource agréable sans aucune faveur de quiconque, en vertu de la parole du Très Haut : ﴿ ***Nous avons fait descendre la manne et les cailles : Mangez des bonnes choses que Nous vous avons accordées.*** ﴾ (S2, V57)

Manteau (Kisâ)
Sa vision évoque l'obtention d'une tenue vestimentaire. Elle évoque aussi un homme qui a des responsabilités. Celui qui voit, en rêve, une saleté touchant son manteau, cela indique qu'il s'est mal conduit dans sa vie et que sa dignité va en pâtir.

Marbre (Rukhâm)
Sa vision évoque la puissance, la dignité, les biens, les belles épouses et les domestiques. Celui qui se voit posséder quelque chose de cela, dans un rêve, s'enrichira après sa pauvreté, se mariera, achètera des domestiques et des commerces utiles et, peut être, obtiendra une science, de la rhétorique, de la prose et des enfants vertueux, s'il est digne de cela à l'état d'éveil. Sa vision évoque aussi l'obtention d'un poste important selon ses capacités.

Marbrier (Mourakhhim)
Sa vision évoque la puissance, la dignité, l'entente et l'amour.

M

Marchand ambulant (Tawwâf Bayn El-Aziqqa)
Sa vision évoque le bon conseiller qui prodigue le bien et retient ses méfaits.

Marchand d'encre (Madadî)
Sa vision évoque la science et la clarification, de même qu'elle peut évoquer les soucis et les afflictions.

Marchand d'esclaves et maquignon (Nakhhâs)
La vision d'un marchand d'esclaves évoque un homme qui possède des informations. Quant à celle du maquignon, elle évoque un homme qui préfère la compagnie des gens nobles à celle des gens simples.

Marchand d'habits (Bazzâz)
La vision du marchand d'habits symbolise un homme qui prêche la bonne parole aux gens et les guide sur la bonne voie dans ce bas monde et dans l'autre, tant qu'il ne prend pas d'argent. S'il

prend de l'argent à l'auteur de la vision, cela signifie qu'il œuvre dans la bienfaisance par ostentation. Sa vision signifie aussi les ressources et la richesse après la pauvreté, de même qu'elle annonce le mariage pour un célibataire.

Marchand d'herbes (Hachâch)
Sa vision évoque la dissipation des soucis et des malheurs et, probablement, le policier et le percepteur du un dixième.

Marchand de boucliers (Tarrâs)
Sa vision évoque un roi puissant qui incite ses troupes au combat contre les ennemis.

Marchand de bouteilles (Qawârirî)
Sa vision évoque la pureté de la vie, l'obligeance à l'égard des ignares et l'apparition des secrets.

M

Marchand de fourrages ('Allâf)
Sa vision évoque un homme généreux et aux biens considérables, qui est renommé pour ses faveurs. Elle évoque aussi celui qui prend en charge les ressources des voyageurs et des pauvres.

Marchand de keffiehs (Koûfi)
Sa vision évoque la protection contre les malheurs, comme les médicaments utiles contre les maladies.

Marchand de légumes (Bakkâl)
Sa vision symbolise celui qui détient l'autorité ou l'avancement dans les travaux.

Marchand de marmites (Qaddoûri)
Sa vision évoque un homme qui vit longtemps, en vertu de la parole du Très Haut : ﴾ ***Et de solides marmites.*** ﴿ (S34, V13)

Marchand de paille (Tabbân)
Sa vision indique les ressources provenant des voyages.

Marchand de riz (Razzâz)
Sa vision symbolise le dirigeant capable de distinguer le vrai du faux grâce à sa rigueur et à sa connaissance.

Marchand de sable (Rammâl)
Sa vision évoque la tromperie et le vol ainsi que le fait de ramener des esclaves, des avantages et des gains, par des voyages.

Marchand de soie (Harîri)
Sa vision évoque les réjouissances en ce qu'il possède comme couleurs chatoyantes et gaies. Elle symbolise aussi celui qui connaît les choses compliquées, celui qui dissipe les soucis et les malheurs ainsi que celui qui délie les liens.

Marchand de voiles de bateaux (Qillâ')
Sa vision évoque les voyages et la disposition des choses pour chercher des ressources ou un mariage.

M

Marche (Machy)
La vision de la marche évoque la recherche des ressources, en vertu de la parole du Très Haut : ﴿ ***Parcourez donc ses grandes étendues ; mangez de ce qu'Allah vous accorde.*** ﴾ (S67, V15) Celui qui se voit marcher, en rêve, en se tenant droit, appliquera les préceptes de l'Islam et obtiendra des biens. La vision d'une marche à reculons évoque le fait de revenir sur une chose déjà décidée.

Marché (Soûq)
La vision d'un marché symbolise une mosquée et vice versa, dans la mesure où, les deux, servent de lieux où l'on gagne et où l'on perd. Sa vision évoque aussi ce bas monde de même qu'une crise et des troubles en raison des gens qui s'y réunissent. Sa vision représente aussi des gains et des ressources.

Marcher au trot (Ramal)
Il s'agit de la marche accélérée utilisée dans les tournées rituelles et dans le va et vient entre Essafâ et El Marwa. Sa vision évoque l'effort accompli pour subvenir aux besoins de sa famille.

Marcher pieds nus (Hafâ)
Se voir marcher, pieds nus, en rêve, symbolise la fatigue. Cette vision dénote aussi de l'excellence de la religion de son auteur et de la dissipation de son souci.

Mare d'eau (Ghadîr El-Mâ)
Se voir entrer dans une mare, en rêve, c'est s'engager dans une trahison et une intrigue.

Mariage (Zawâdj)
La vision d'un mariage signifie une protection venant d'Allah. Elle évoque aussi l'emprisonnement, la religion, un souci, un malheur ou l'entrée dans une garantie ou la recherche de postes importants. Celui qui se voit, en rêve, en train d'épouser une femme connue, œuvrera pour obtenir ce dont il est capable de faire. Par contre, le mariage avec une femme inconnue ou le mariage avec une femme qui reste invisible dans le rêve annonce l'approche de la dernière heure de l'auteur de la vision.

Mariée ('Aroûs)
La vision d'une mariée parée pour la circonstance évoque une vie prospère.

Marjolaine (Marzandjouch)
Sa vision évoque la bonne santé du corps. Sa plantation évoque un fils intelligent et sain de corps. Sa vision évoque aussi le mariage avec une femme dont la compagnie dure longtemps.

Marmite (Burma)
La vision d'une marmite indique l'épouse, alors que son couvercle et ses anneaux indiquent ses biens et ses bagages,

ses proches et ses enfants, dans le cas où cette marmite est faite de cuivre. Si elle est faite en céramique, elle peut indiquer la femme pauvre. Elle désigne aussi la concrétisation de projets et la dissimulation de secrets.

Marmite (Qidr)
La vision d'une marmite symbolise la valeur d'une maison. Elle évoque aussi un savant assis sur sa chaise ainsi qu'un homme qui manifeste ses bienfaits à tout le monde en général et à ses voisins en particulier.

Mars (Marrîkh)
Sa vision évoque les méfaits, les soucis, les craintes et les crimes.

Marteau (Mitraqa)
Sa vision symbolise le chef de la police. Celui qui se voit avec un marteau dans la main, obtiendra un grand bienfait.

Martre (Soumoûr)
Sa vision évoque un homme injuste et voleur qui se cache dans les lieux désertiques. Ses biens ne peuvent profiter qu'après sa mort.

Martyr (Chahîd)
Celui qui voit un martyr vivant, en rêve, cela veut dire qu'il va se rapprocher d'Allah (qu'Il soit exalté).

Masseur de bain (Balân)
Sa vision symbolise pour le malade celui qui fait la toilette funéraire. Sa vision évoque aussi la fin des soucis et des peines, l'acquittement des dettes, le repentir du pécheur et la conversion de l'incroyant.

Matin (Ṣubh)
Sa vision évoque l'exécution d'une promesse.

Mauvaise haleine (Bakhr)
Celui qui voit de la mauvaise haleine sortir de sa bouche, cela signale qu'il parle pour se vanter et pour faire son propre éloge, ce qui risque de l'entraîner dans des situations fâcheuses. Et s'il voit la mauvaise haleine sortir d'un autre que lui, cela signifie qu'il va entendre des paroles méchantes de sa part.

Maux de tête (Ṣidâ')
La vision de maux de tête évoque un péché dont il faut se repentir.

Mèche de cheveux (Tourra)
Sa vision évoque des biens, un avantage, une puissance et une force en fonction de sa beauté et de son excellence. On dit que celui qui se voit avec une mèche de cheveux, en rêve, cela veut dire qu'il va épouser une femme belle en fonction de la beauté de sa mèche de cheveux et de sa perfection.

M

Mèche de lampe (Fatîla)
Celui qui voit, en rêve, une mèche de lampe s'éteindre, cela veut dire qu'un malade va mourir en ce lieu ou qu'une nouvelle du décès d'un absent va lui parvenir.

Mecque (La) (Makka)
La vision de la Mecque symbolise un imam. La vision d'une entrée à la Mecque signifie, pour le pêcheur, un repentir, pour l'incroyant, une conversion et, pour le célibataire, un mariage. Elle évoque aussi la sécurité face à la peur. Celui qui se voit partir à la Mecque pour accomplir le pèlerinage, obtiendra la faveur de le faire réellement.

Médaillon (Qalâda)
Pour une femme enceinte, la vision d'un médaillon évoque la naissance d'un enfant mâle, dans le cas où ce qui compose ce médaillon est masculin. S'il est féminin, ce sera une fille. Pour une femme célibataire, la vision d'un médaillon évoque un

époux. Pour un homme, porter, en rêve, un médaillon en argent et en perles signifie l'obtention d'un pouvoir, des biens et une réjouissance. S'il est en fer, il signifie un pouvoir important.

Médecin (Tabîb)
La vision d'un médecin évoque un savant érudit dans la religion ainsi qu'un réformateur, un juge et un prêcheur dont les prêches sont doux et touchants. Elle évoque aussi un éducateur, un maître ou un tanneur préparant les peaux de même que celui qui pose les ventouses en ce qu'il y a comme remède dans la pose de ventouses. Celui qui voit, en rêve, qu'un juge ou un savant a rendu visite à un médecin, cela veut dire que son attention va se multiplier et son utilité grandir.

Médisance (Ghaïba)
La vision d'une médisance se retournera toujours contre son auteur. Celui qui se voit médire d'une personne, en rêve, verra sa médisance se retourner contre lui dans la réalité.

Méhariste (Hidjjân)
Sa vision évoque les informations étonnantes et leur connaissance ou celui qui utilise les djinns pour ses besoins.

Mélodie d'une flûte (Zamr)
Sa vision annonce une bonne nouvelle. Elle peut évoquer aussi un décès pour celui qui l'entend dans un rêve. On dit que celui qui se voit tenant une flûte du genre Ney, et mettant ses doigts sur ses trous, apprendra le Coran et en connaîtra la signification en le récitant.

Melon (Le) (Battîkh)
La vision du melon signifie la maladie. On dit aussi qu'elle signifie un homme fragile et souvent exposé aux maladies. On dit aussi que celui qui se voit en rêve tendre la main vers le ciel et prendre un melon, demandera un pouvoir et l'obtiendra rapidement.

Melon syrien (Feqqoûs)
Sa vision évoque des ressources agréables.

Mélopée (Fâkhita)
Sa vision évoque une femme farouche, à la religion faible, dominatrice et menteuse. Elle évoque aussi une femme digne et au beau physique.

Mémécyle des teinturiers (Wars)
Sa vision évoque des joies ainsi qu'un renouvellement des ressources. Elle peut évoquer aussi des informations heureuses ou un homme étranger.

Menace venant d'autrui (Tahaddud)
Celui qui se voit menacé, dans un rêve, par quelqu'un qui veut le soumettre, cela veut dire qu'il va triompher de lui et qu'il n'aura rien à craindre. La vision d'une menace dans un rêve, signifie la fin d'un litige avec un adversaire. Si cette menace vient de quelqu'un d'inconnu, cela veut dire qu'il s'agit du Diable, surtout s'il le menace de faire la prière, de réciter le Coran, de s'acquitter de la Zakât et autres. Elle peut signifier aussi que son auteur sera éprouvé par l'amour.

Mémorisation (Hafdh)
La mémorisation d'une évocation d'Allah, d'une formule de louange, d'un chant à la gloire du Prophète ﷺ ou de poèmes chantant les louanges d'Allah, en rêve, signifie la guidée après l'égarement, les ressources après le dénuement, la dissipation des soucis et des malheurs, la puissance et les enfants après en avoir désespéré et le salut après la contrainte.

Mensonge (Kadhib)
Sa vision évoque le faux témoignage, la diffamation et l'insuccès, en vertu de la parole du Très Haut : ﴿ ***Ceux qui inventent le mensonge contre Allah ne seront jamais heureux.*** ﴾ (S16, V116)

La vision d'un mensonge signifie que l'auteur de la vision n'a pas de raison, surtout s'il se voit en train de mentir au sujet d'Allah, en vertu de la parole du Très Haut : ﴿ ***Ils profèrent des mensonges contre Allah, mais la plupart d'entre eux ne raisonnent pas.*** ﴾ (S5, V103)

Menthe (Na'nâ')
Sa vision ainsi que celle de tout légume vert évoque un souci, dans la mesure où ils ne contiennent pas de matière grasse et ne durent pas.

Menuisier (Nedjjâr)
Sa vision évoque un éducateur de gens qui les aide dans les affaires de leur vie. Elle peut évoquer aussi la dissuasion des hypocrites et leur imposition de ce qui est obligatoire.

Mépris (Tahâwoun)
Celui qui se voit en rêve en train de mépriser un croyant, dans sa religion, cela veut dire qu'il va perdre confiance et désespérer d'un homme sur qui il comptait beaucoup, et qu'il sera l'objet d'un avilissement.

Mer (Bahr)
La mer symbolise tous ceux qui ont un pouvoir sur les gens, comme les rois, les sultans, les gouverneurs, les savants, les maîtres et les époux, en vertu de sa force, de l'importance de son danger et du fait qu'elle donne et qu'elle enlève. La vision de la mer représente aussi ce bas monde et ses vicissitudes, dans la mesure où elle honore certains et les enrichit et en appauvrit d'autres et les tue.

Mercure ('Atârid)
Sa vision évoque les hommes de pouvoir et les ministres. Elle évoque aussi le passage d'un lieu à un autre. Elle figure également les soucis, les afflictions et la guerre de même que le policier.

Mercure (Zibaq)
La vision du mercure évoque le non respect des rendez-vous, la trahison, l'hypocrisie et le suivi des passions.

Mère de l'homme (Oum El-Insân)
Si un malade voit, en rêve, que sa mère l'enfante, cela signifie sa mort prochaine, car le mort est enroulé dans des draps comme le nouveau-né. S'il est sain mais pauvre, cela veut dire que sa situation s'améliorera, car le petit est à la charge des autres, mais s'il est riche, cela veut dire que sa situation matérielle se dégradera, car le petit est dans une situation d'étroitesse.

Merle (Chouhroûr)
Sa vision évoque un enfant intelligent et éloquent.

Message (Risâla)
La vision d'un message envoyé par l'auteur de la vision, ou bien porté par lui-même ou reçu par lui, indique l'obtention d'un poste éminent de responsabilité et une parole influente. Ceci, dans le cas où ce message arrive à son destinataire en rêve. Quant à l'arrivée d'un message annonçant la bonne nouvelle à l'auteur de la vision, cela évoque la délivrance après la crainte, l'obtention de biens, d'enfants ou d'une épouse.

Mesure (Çâ')
Sa vision évoque un souci, une perte, une accusation, un mal ou une année harassante.

Mesure (Kayl)
Sa vision évoque une guidée, une science, une épouse, une ressource, un souci, une affliction et une disette, en vertu du récit de Joseph عليه السلام avec ses frères.

Mesure (Mudd)
Sa vision évoque une purification. Il en est ainsi pour le Sâ,

car le Prophète ﷺ faisait ses ablutions avec un mudd et se lavait le corps avec un sâ'.

Mesure (Mikyâl)
Celui qui se voit offrir, en rêve, une mesure, obtiendra une sagesse. Quant à celui qui voit les gens diminuer la mesure, cela veut dire que le juge va dévier de la voie droite.

Mesureur (Kayyâl)
Sa vision évoque un dirigeant juste, s'il ne fraude pas dans sa mesure. Elle évoque aussi un juge.

Métal précieux (Tibr)
La vision d'un métal précieux, comme l'or ou l'argent, symbolise une science utile, un compagnon sincère, une épouse convenable ou des enfants vertueux. Ceci est valable pour l'élixir pur aussi.

M

Métier à tisser (Nawl)
La vision d'un métier à tisser, sur pieds, évoque des mouvements et des voyages, alors que celui qui est renversé évoque l'inactivité, car les femmes tissent tout en étant debout. Sa vision évoque aussi une assistance à celui qui est dans le besoin de même qu'un poste majestueux.

Mets à base de pain et de sauce (Tharîd)
La vision d'un Tharîd gras symbolise un pouvoir bénéfique et une vie aisée. S'il n'est pas gras, cela symbolise un pouvoir sans utilité. A l'origine, le Tharîd symbolisait la vie de l'homme. Celui qui se voit en train de manger un tharîd dans un plat qu'il tient dans sa main, les années de sa vie s'écouleront en fonction de ce qu'il aura mangé et il lui restera autant d'années à vivre que ce qu'il restera dans le plat de tharîd. S'il voit qu'il a devant lui un plat de tharîd gras, sans pouvoir le manger, cela indique qu'il amassera des biens que d'autres dépenseront.

Mettre sa confiance en Allah (Tawakkul 'Alâ Allah)
Se voir en rêve en train de mettre sa confiance en Allah et prononcer la formule du Tawakkul évoque la concrétisation d'un but et la fin d'un souci. Se voir en train de mettre sa confiance en Allah signifie aussi la foi en Allah et la bonne pensée de Lui. Ceci signifie aussi le repentir du prévaricateur et la conversion de l'incroyant.

Mettre sous la protection d'Allah (se) (Isti'âda)
Celui qui se voit, dans un rêve, se mettre souvent sous la protection d'Allah contre le Diable, obtiendra une science utile, une guidée, une sécurité contre ses ennemis et une suffisance vis-à-vis du licite et de l'illicite ; S'il est malade, il guérira de sa maladie, surtout s'il est la victime d'une possession démoniaque. Cela peut signifier aussi qu'il obtiendra des richesses licites et des enfants, en vertu de la parole du Très Haut : ***J'ai dis : Implorez le pardon de votre Seigneur.*** (S71, V10)

M

Meule (Rahâ)
Sa vision évoque le moyen de subsistance de son auteur et son commerce ainsi que de tous ceux qui vivent avec lui. Elle peut évoquer aussi des voyages de par ses tournoiements, de même qu'une épidémie ou une guerre. Elle peut évoquer également la richesse de ceux qui la possèdent après leur pauvreté, l'épouse pour le célibataire ou l'époux pour la célibataire. Celui qui achète, en rêve, une meule, se mariera s'il est célibataire ou mariera sa fille ou son fils, ou bien voyagera s'il fait partie de ceux qui font des voyages.

Meule à aiguiser (Misann)
Sa vision évoque la guidée vers la voie de la rectitude. Elle peut évoquer aussi le savant qu'on prend comme exemple ou le soufflet qui purifie le fer de ses scories.

Meunier (Tahhân)
Sa vision évoque un homme qui incite les gens à gagner leur vie. Sa vision évoque aussi les malheurs, les querelles, le

change, l'usure ainsi que le chargé de l'autorité qui règle les problèmes complexes.

Michel (Mickâïl عليه السلام)

Celui qui voit l'ange Mikaïl عليه السلام en rêve, obtiendra ce à quoi il aspire dans les deux mondes, s'il est un homme pieux. S'il ne fait pas partie des pieux, qu'il prenne garde à cette vision. Sa vision évoque aussi la prospérité, les ressources, la répartition des bénédictions, le développement des cultures et l'abondance des pluies.

Miel ('Asal)

Pour les gens de religion, la vision du miel évoque la saveur de la foi, la psalmodie du Coran et les œuvres de bien. Pour ceux qui courent après ce bas monde, sa vision évoque l'obtention d'un butin sans fatigue. Sa vision symbolise en fait le Coran, car Allah a décrit Sa parole comme une guérison. Sa vision annonce aussi des biens considérables et licites.

Milan (Hid'a)

Sa vision symbolise la guerre et les batailles. Elle symbolise aussi un roi à la renommé insignifiante, vigoureux, simple et tyrannique. Celui qui se voit posséder un milan, obtiendra un pouvoir et des biens. On dit aussi qu'elle symbolise les voleurs, les brigands de grands chemins, les traîtres qui cachent le bien à leurs compagnons.

Minâ

Celui qui se voit à Minâ, obtiendra la sécurité face à tout ce qu'il craint et atteindra tout ce à quoi il aspire en ce bas monde et dans l'autre.

Minaret (Çawma'a)

Sa vision symbolise le sultan ainsi que le chef qui a une grande renommée en science et en adoration. Sa vision évoque aussi la retraite spirituelle, le bon comportement, l'isolement, l'abandon des plaisirs, le divorce avec les épouses et la séparation avec les amis. Elle peut évoquer aussi les maladies et l'abandon des plaisirs de la nourriture et des boissons.

Minaret de la mosquée (Manâra)
Sa vision évoque un homme qui rassemble les gens autour du bien. La vision d'une démolition de ce minaret, évoque la mort de cet homme, de la disparition de son évocation et de la dispersion des fidèles de cette mosquée.

Mines (Ma'âdine)
La vision des mines de la terre évoque les trésors, les biens thésaurisés, la science cachée et les ressources entreposées, car ce sont les richesses d'Allah dans Sa terre qu'Il a mises à la disposition de Ses serviteurs pour leurs intérêts dans la religion et dans la vie profane.

Ministre (Wazîr)
Sa vision symbolise la puissance, le pouvoir, l'exécution des ordres ou la satisfaction des besoins chez les gens du pouvoir, comme les juges ou les scribes.
Celui qui se voit devenir ministre, en rêve, cela veut dire qu'il va avoir un pouvoir sur ceux qui sont au-dessous de lui et obtenir une puissance et une dignité.

Mirage (Sarâb)
Sa vision symbolise l'hypocrisie et l'incroyance ou le penchant vers ce bas monde et ses atours. Elle peut évoquer aussi l'espoir et le souhait pour ce qui est inaccessible. Elle peut indiquer aussi une information sans fondement.

Mise à l'écart ('Azl)
La vision d'une destitution d'un poste évoque le divorce ou le passage d'une fonction à une autre. La vision du coït interrompu ('Azl) avec son épouse indique le gaspillage de l'argent et la privation de la famille. On dit aussi qu'une mise à l'écart signifie aussi une investiture.

Miséricorde (Rahma)

Celui qui se voit en train de faire preuve de miséricorde envers un être faible, en rêve, cela veut dire que sa religiosité va se fortifier et se renforcer, en vertu de la parole du Prophète ﷺ : *« Celui qui ne respecte pas une personne âgée et ne fait pas miséricorde à un petit, n'est pas des nôtres. »* Rapporté par Ettermidhî (1920) et Ahmed (6694). Si quelqu'un se voit faire l'objet d'une miséricorde, cela lui annonce qu'Allah lui pardonnera ses péchés.

Moelle (Moukhh)

Sa vision évoque des réserves enfouies et des choses héritées. Si quelqu'un voit de la moelle dans ses os, cela indique des biens thésaurisés par lui. S'il est malade, ses forces lui reviendront et il guérira de sa maladie.

Moelle de palmier (Jumâr)

Sa vision symbolise des biens hérités. Elle évoque aussi une dispersion ou un capital licite, une facilitation d'une chose difficile ou encore la jeunesse, son animation et sa transformation ainsi que l'enfant nouvellement né ou le prématuré.

Mohammed ﷺ

La vision de Mohammed, le Messager d'Allah ﷺ est une bénédiction et une bonne nouvelle pour son auteur. Si celui qui le voit est endetté, ses dettes seront réglées, s'il est malade, il en sera guéri, s'il est dans un combat, il en sortira vainqueur, s'il le voit, la mine réjouie, il fera le pèlerinage. Si le Prophète ﷺ est vu, dans une région souffrant de sécheresse, cette région connaîtra la fertilité ; si cette région souffre d'injustices, la justice s'y installera ; si elle éprouve la peur, la sécurité s'y installera. Ceci, dans le cas où il est vu dans son véritable état. S'il est vu avec une mauvaise mine, maigre ou dépourvu de certains organes, ou bien portant des vêtements usés, cela indique la faiblesse de la religion dans cette région et l'apparition des hérésies. Sa vision évoque aussi l'excellence du sort de son auteur dans sa religion et sa vie ici-bas. Si une femme voit le Prophète ﷺ, elle atteindra un rang élevé et éminent, une bonne renommée, une chasteté et une intégrité.

Moine (Râhib)
Celui qui se voit en rêve, sous les traits d'un moine, cela signale qu'il est le partisan extrémiste d'une innovation. On dit aussi que celui qui se voit en moine, dans un rêve, fera l'objet de beaux éloges, mais qu'il vivra une situation difficile et que ses ressources seront très limitées. Sa vision évoque aussi un homme trompeur, intriguant et innovateur.

Mois (Chahr)
La vision pendant le mois de Muharram est toujours véridique et ne souffre d'aucune erreur. La vision des mois du calendrier lunaire évoque tour à tour le repentir du péché, la dignité et la considération, la naissance d'un enfant vertueux, la dissipation des soucis et des malheurs et la bénédiction. Elle peut indiquer aussi, selon les mois qui sont vus, la disparition des savants et la destitution des dirigeants.

Moïse (Moussa عليه السلام)
Celui qui voit en rêve, Moïse et Aaron (sur eux le salut) ou l'un d'eux, aura le dessus sur un tyran puissant. S'il les voit, alors qu'il va combattre, il obtiendra la victoire. La vision de Moïse évoque aussi la force des partisans de la vérité et la défaite des partisans de l'injustice. Elle évoque aussi les épreuves de l'enfance, la séparation avec la famille et les proches, l'adoption par des étrangers, la fréquentation des rois et des puissants, la satisfaction de la promesse et l'alliance, par le mariage, avec les vertueux.

Molaires de l'homme (Dars El-Insân)
La vision des molaires de l'homme ou de ses dents évoque les membres éloignés de la famille de l'auteur de la vision ou ceux avec lesquels il s'embellit. Les molaires qui se trouvent du

côté supérieur, symbolisent les hommes, alors que celles qui se trouvent en bas, du côté de la barbe, symbolisent les femmes. Celui qui voit, en rêve, que ses dents lui font mal, entendra des propos déplaisants de la part d'un de ses proches.

Monnayeur (Darrâb Eddarâhim Oua Eddanânir)
Sa vision symbolise un homme calomniateur, médisant et colportant des propos entre les gens. On dit aussi qu'elle évoque un homme brave et courtois dans ses propos, s'il ne prend rien en contre partie.

Montagne (Jabal)
Sa vision désigne un roi ou un sultan cruel et oppresseur ou un homme puissant à la mesure de la montagne, de sa longueur, de sa puissance et de sa hauteur. Elle figure aussi le savant et le dévot, les postes élevés, les lieux saints et les moyens de transports confortables. Celui qui se voit monté sur une montagne, adossé à elle ou assis à son ombre, cela veut dire qu'il va se rapprocher d'un homme puissant, soit un sultan soit un savant dévot.

M

Montée au ciel (Çou'oûd Essamâ)
Celui qui se voit monter en rêve, sur une montagne, cela indique pour lui une tristesse ou un voyage à entreprendre. Par contre s'il se voit monter au ciel, jusqu'à en atteindre les étoiles, il obtiendra noblesse et pouvoir.

Monter sur quelque chose (Le fait de) (Ruqûb)
Celui qui se voit monter, en rêve, sur une monture, cela veut dire qu'il va être entraîné dans une passion très forte. Le fait de se voir monter sur des montures symbolise, en général, la puissance et le pouvoir. Celui qui se voit en train de monter sur un cheval, sans savoir le faire, sera emporté par une passion.

Montreur de singes (Qirrâd)
Sa vision évoque la connaissance des curiosités et des distractions, de même que le chargé des distractions évoque le montreur de singes.

Moquette (Tanfasa)
Sa vision évoque ce bas monde.

Mors (Lidjâm)
La vision d'un mors évoque le jeûne, car le jeûne est un mors contre les péchés. Celui qui se voit avec un mors sur la bouche, s'abstiendra de faire des péchés.

Morsure ('Addh)
Sa vision symbolise une tromperie. On dit aussi que sa vision évoque un excès d'amour pour celui qui est mordu.
Celui qui se voit, en rêve, en train de mordre ses doigts, subira des remords. On dit aussi qu'il sera un injuste en vertu de la parole du Très Haut : ﴿ ***Le jour où l'injuste se mordra les mains.*** ﴾ (S25, V27)

Mort (Mawt)
M
Sa vision évoque un remords suite à une chose grave. Celui qui voit qu'il est décédé puis revit de nouveau, commettra un péché puis se repentira, en vertu de la parole du Très Haut : ﴿ ***Notre Seigneur ! Tu nous as fait mourir deux fois et deux fois Tu nous as fait revivre.*** ﴾ (S40, V11)
Se voir mourir sans être malade et sans être dans la position d'un mourant, annonce la longévité pour l'auteur du rêve. Celui qui voit, en rêve, qu'il ne meure pas, doit s'attendre à sa mort prochaine. Pour un célibataire, la vision de sa mort annonce son mariage, alors que pour un homme marié, elle annonce son divorce.
La vision de la mort peut annoncer aussi le fait de s'isoler des êtres à travers le renoncement à ce bas monde.

Mortier et pilon (Hawn Oua Miqbadha)
Leur vision évoque un homme et une femme qui ne peuvent se passer l'un de l'autre, et qui font un travail difficile, que personne, en dehors d'eux, n'est capable de faire.

Morve (Moukhât)
Celui qui se voit en train de sécréter de la morve, cela veut dire qu'il va s'acquitter de sa dette, échapper à un malheur ou récompenser des gens pour une chose accomplie. On dit aussi que le fait de sécréter de la morve annonce la naissance d'un enfant.

Mosquée (Masdjid)
La vision d'une mosquée évoque l'au-delà de même que la vision d'un dépotoir évoque la vie d'ici-bas. Elle évoque aussi les lieux où l'on obtient des profits, des avantages, des récompenses et des aides, comme le conseil du juge, les cercles d'évocation, les ribât, les fêtes religieuses, le champ de bataille ou le marché. La mosquée constitue, en effet, le marché de l'au-delà. L'entrée dans la mosquée sacrée de la Mecque, en rêve, évoque pour le fiancé un mariage avec une femme noble. Elle évoque aussi la sécurité devant la peur et le respect des promesses.

Mouchoir (Mindîl)
Sa vision évoque un esclave, une épouse ou un enfant, surtout s'il est brodé. Il indique alors les significations les plus douces et des faveurs considérables.

Moule (Qalib)
Sa vision doit être interprétée selon les formes y afférentes. C'est ainsi que les moules de fonderie faits de plomb ou d'étain évoquent des avantages et des gains pour ceux qui travaillent dans ces métiers. Il en va de même pour les moules de gâteaux.

Moulin (Tâhoun)
La vision d'un moulin symbolise la maison de la science dans laquelle la vérité est distinguée de l'erreur. Elle évoque aussi la demeure du juge, en raison des va et vient, de la balance et de la mesure, de la justice et de l'équité, qui la caractérisent. Elle évoque aussi les ressources et les profits en ce que le

moulin contient comme Zakât prélevée sur les produits qui sont broyés.

Moustache (Chârib)
Sa vision évoque l'argent. La vision de longues moustaches évoque des soucis et des malheurs. Elle peut signifier aussi que l'auteur de la vision est de ceux qui boivent des boissons illicites.

Moustiquaire (Killa)
Sa vision évoque l'épouse. Elle peut évoquer aussi une suffocation.

Moustique (Ba'oûdh)
La vision de moustiques symbolise des ennemis sanguinaires et qui défigurent les corps. Elle symbolise aussi le confident ou la sacralisation.

M

Moustique (Nâmous)
Celui qui le voit, en rêve, obtiendra de l'argent, et ce en raison du sang qui s'en dégage.

Mouton (Dân)
Voir en rêve, un mouton dépouillé, dans sa maison, signifie la mort prochaine d'une personne. Celui qui se voit, en rêve, en train de manger de la viande de mouton, cela veut dire qu'il va obtenir de grands biens.

Mouzdalifa
Celui qui se voit, en rêve, à Mouzdalifa, fera l'objet de beaux éloges ou bien honorera ses dettes ou ses promesses.

Muezzin (Mouaddhin)
Sa vision évoque celui qui appelle au bien, un courtier, un préposé aux contrats de mariage, le messager d'un roi ou son chambellan. Sa vision évoque aussi une information à transmettre.

Mulet (Baghl)
La vision du mulet symbolise un homme qui n'a aucune noblesse, soit qu'il est issu de l'adultère soit que son père est un esclave. Elle évoque aussi un homme fort et ferme, qui fait partie des voyageurs ou des gens des travaux pénibles. Celui qui se voit en train de monter un mulet, accomplira un voyage, car le mulet fait partie des bêtes de voyage. Quant à la vision d'une mule avec sa bride, elle évoque une femme belle et éduquée mais de basse condition, ou alors une femme stérile ou qui ne garde pas d'enfants.

Multiplicité (Kathrat Al-'Adad)
Celui qui voit, en rêve, une foule nombreuse ou une détresse, cela signifie que ses soldats seront nombreux, que son pouvoir et son rang se renforceront et que son nom s'élèvera ; S'il est un commerçant, le nombre de ses clients augmentera et, s'il est un prêcheur, le nombre de ceux qui le suivront s'élèvera.

M

Mur (Hâïṭ)
La vision d'un mur symbolise un homme. Elle représente aussi un homme puissant, porté sur la religiosité, riche et respecté, en fonction des proportions du mur, sa largeur, son ouvrage, son élévation et les ouvrages autour. La vision de murs debout mais nécessitant une restauration, évoque un savant ou un chef qui a perdu le pouvoir. La vision d'hommes essayant de restaurer ces murs, signifie que ce chef a des partisans qui essayent de restaurer son pouvoir.
La vision d'une fuite d'eau dans un mur, signifie un souci provenant d'un frère ou d'un gendre.

Mur d'enceinte d'une ville (Soûr El-Madîna)
Sa vision symbolise le pouvoir et le dirigeant de cette ville. La vision d'un mur d'enceinte inconnu symbolise l'Islam, le Coran et la science.

Mûre (Tût)
Se voir en train de manger des mûres, dans un rêve, signifie être dans la bonne voie de la religion et dans la certitude. Cela signifie aussi l'obtention de biens considérables pour l'auteur de la vision.

Mûrier (Firçâd)
La vision de son arbre évoque un homme noble, aux biens abondants et aux enfants nombreux. Celui qui se voit en train de manger, en rêve, des fruits du mûrier, cela veut dire qu'il obtiendra des biens à partir d'un large gain.

Musc (Misk)
Sa vision évoque une aumône donnée en cachette ou une grossesse. S'il est vu avec un défunt, sa vision peut indiquer qu'il est au paradis. Pour les grands commerçants, sa vision indique un commerce prospère, de même qu'elle évoque une vie agréable et le meilleur parfum pour celui qui le sent en rêve.

Musc (Sorte de) (Zabâd)
Sa vision évoque des biens précieux et avantageux ou un jardin qui donne des fruits ou bien une science importante héritée des savants.

Musette (Jirâb)
La vision de la musette symbolise le préservateur des secrets. On dit aussi que sa vision évoque le trésorier et l'intendant des biens. Elle symbolise aussi les voyages ainsi qu'un enfant porté par un homme sur ses épaules.

Musique (Tarab)
La vision de la musique évoque une invitation aux malheurs et aux tristesses. Elle peut évoquer aussi l'arrivée de nouvelles fondées ou sans fondement, la guérison des maladies, l'incitation aux péchés, la consommation de boissons

alcoolisées et la fornication. En outre, elle peut indiquer l'amour d'Allah et l'orientation vers Lui.

Mutilation du nez (Jad' El-Anf)
La vision d'une mutilation du nez signifie la mort de l'auteur de la vision. Lorsqu'un commerçant voit que son nez est mutilé, cela veut dire qu'il va subir des pertes dans son commerce.

Mygale (Rutaylâ)
Sa vision symbolise une femme corrompue et malfaisante. Elle évoque aussi un ennemi à l'aspect vil mais implacable.

Myrrhe (Çabr)
Sa vision évoque le malheur, la tristesse, la séparation et la vie malheureuse pour celui qui se voit en train de le humer ou de le manger.

Myrte (As)
Il symbolise un homme fidèle à ses engagements. Celui ou celle qui se voit, en rêve, avec, sur la tête une couronne de myrte, cela indique que son mariage durera. Il en sera ainsi s'il se voit en train de humer un bouquet de myrte. Pour celui qui en voit dans sa maison, cela signifie un bien et des richesses durables.

Myrte (Rayhâne)
La vision des plantes aromatiques coupées de leurs racines signifie, pour tous les interprètes de rêves, une préoccupation et une tristesse. Si elles sont plantées à leur place, leur vision évoque un repos, un époux ou un enfant. La vision d'un myrte évoque un enfant lorsqu'il pousse dans le jardin. S'il est regroupé dans un bouquet, il évoque une femme. Lorsqu'il est coupé de sa racine, il évoque un malheur.

N

Nage (Sibâha)
Celui qui se voit en train de nager, en rêve, alors qu'il est déjà un savant, atteindra avec sa science, ce à quoi il aspire. S'il se voit en train de nager sur terre, cela veut dire qu'il sera emprisonné et qu'il demeurera en prison en fonction de sa facilité ou de sa difficulté à nager et en fonction de sa force.

Nageur habile ('Awwâm)
Sa vision symbolise un homme qui affronte les dangers avec sa personne et ses biens, au service du sultan, en n'en tirant que peu d'avantages.

Naphte (Naft)
Sa vision évoque des biens illicites. On dit aussi qu'elle évoque une femme corrompue. Celui qui voit du naphte jeté sur lui, en rêve, cela veut dire qu'un tort va le toucher de la part du sultan.

Nappe (Sufra)
La vision d'une nappe évoque un grand voyage à travers lequel on obtient des biens considérables. On dit aussi qu'elle symbolise la contraction et la dilatation par Allah.

Narcisse (Nardjess)
Sa vision évoque de l'or et de l'argent. Elle évoque aussi la longévité, l'inclination du corps et la canitie. Voir sur sa tête un diadème de narcisse, en rêve, signifie épouser une belle femme. Il en est de même pour la femme qui se voit ainsi.

Natte (Hasîr)
Dans un rêve, la natte symbolise le serviteur ainsi que l'assemblée du juge ou du sultan. Celui qui se voit assis sur une natte, cela veut dire qu'il va accomplir une chose qu'il regrettera et qui lui causera des remords. Quant à celui qui se voit enroulé dans une natte, il va connaître une gêne ou souffrir d'une rétention d'urine.

Nattier (Husrî)
Sa vision évoque le tisseur, le marbrier, le dalleur, le notaire qui établit les contrats de mariage, mais aussi le dessinateur, l'architecte ou le tapissier.

Navet (Lift)
Sa vision évoque de grandes ressources. Elle évoque aussi une femme campagnarde.

Navigateur (Mellâh Essafîna)
Sa vision évoque un geôlier. On dit qu'elle évoque aussi le conseiller du roi, son ministre, son chef des armées et son intermédiaire avec les sujets.

Nawroûz
Elle est, pour les mages, ce qu'est la fête de l'Aïd pour les musulmans. Sa vision évoque une joie passée à laquelle va revenir son auteur, de même qu'un bien perdu qui va lui revenir.

Nécessaire de toilette pour femme (Saqat)
Sa vision symbolise une femme qui garde les secrets des gens.

Négation (Juhûd)
La négation est de deux formes : une négation de vérité et une négation du mensonge. Celui qui voit en rêve qu'il nie un mensonge, cela indique qu'il ordonne le convenable et interdit le blâmable, par contre celui qui se voit en train de nier une vérité, cela veut dire qu'il est un incroyant, en vertu de la

parole du Très Haut: ﴾ ***Seuls les incrédules nient Nos signes.*** ﴿ (S29, V47)

Négligence (Sehw)
La vision d'une négligence signifie des malheurs et des soucis ainsi que le fait de mettre une chose en dehors de sa place.

Négociant en marchandises (Jallâb El-Amti'a)
La vision du négociant en marchandises évoque un homme attaché à ce bas monde, trompeur et préoccupé uniquement par l'amas de gains.

Neige (Thaldj)
La vision de la neige, de même que celle de la glace ou du froid, symbolisent les événements, les maladies, la variole et la pleurésie ainsi que le châtiment et les contraintes. Elle évoque aussi les pierres et le feu, elle détruit les cultures, les arbres et les fruits et elle porte préjudice au pauvre. Voir la neige tomber et se répandre sur toute la terre, évoque l'abondance et la prospérité. Voir la neige tomber, en son temps, signifie la disparition des soucis, des malheurs ainsi que la soumission des ennemis et des envieux. La voir tomber, en dehors de son époque, évoque les maladies du froid et l'hémiplégie.

Nénuphar (Laynoufâr)
Sa vision évoque de l'argent licite qui est amassé dans les règles et dépensé dans les règles. Elle évoque aussi la tristesse et les maladies ainsi que l'homme versatile. Celui qui se voit détenir un nénuphar, cela prouve sa versatilité, sa maladie ou sa ténacité et son affliction.

Nerf ('Açab)
Sa vision évoque la pierre angulaire de la situation de l'homme. Celui qui ressent de la douleur dans son nerf, en rêve, connaîtra un souci et une tristesse. Si son nerf se rompt, il tombera dans la confusion.

Nez (Anf)
Le nez signifie la beauté pour l'homme, de même qu'il signifie pour lui sa famille. Celui qui se voit comme s'il n'avait pas de nez, cela veut dire qu'il n'a aucun lien de parenté, et s'il voit qu'il a deux nez, cela signale qu'il aura des divergences avec les membres de sa famille.

Niche de la mosquée orientée vers la Qibla (Mihrâb)
Sa vision indique, à l'origine, l'imam dirigeant. Celui qui se voit en train de prier, dans le Mihrâb, cela annonce pour lui une bonne nouvelle. Si c'est une femme qui a cette vision, elle accouchera d'un enfant. Sa vision peut indiquer aussi des ressources licites et une femme vertueuse, en vertu de la parole du Très Haut : ﴿ ***A chaque fois que Zacharie allait la voir, dans le Temple, il trouvait auprès d'elle la nourriture nécessaire.*** ﴾ (S3, V37)
La vision d'un Mihrâb déviée de la direction de la Qibla, dégageant une mauvaise odeur ou contenant un cadavre, évoque l'incroyance de l'auteur de la vision, son hérésie ou son hypocrisie.

Nid ('Ach-ch)
Sa vision évoque l'épouse ainsi que la limite devant laquelle s'arrête l'homme. Pour une femme enceinte, la vision d'un nid signifie un accouchement.

Nigelle (Habba Sawdâ)
Sa vision évoque la bonne santé et un corps sain.

Nîl (Le)
Celui qui voit, en rêve, le fleuve du Nîl, obtiendra un pouvoir et une force. Celui qui se voit en train de boire de son eau, obtiendra de l'or en fonction de ce qu'il a bu.

Noces ('Urs)
La vision d'une noce célébrée avec des instruments de musique et des chanteuses, annonce la mort d'une personne

dans l'endroit où est célébrée cette noce. Si quelqu'un voit, en rêve, qu'il célèbre une noce, sans voir la mariée, cela annonce sa mort prochaine.

Noé (Noûh ﷺ)

Celui qui voit Noé ﷺ, en rêve, obtiendra la longévité et les épreuves se multiplieront de la part de ses ennemis, avant qu'il ne connaisse la victoire et ne rende grâce à Allah, en vertu de Sa parole : ﴿ ***Il fut un serviteur reconnaissant.*** ﴾ (S17, V3)
On dit aussi que celui qui voit Noé ﷺ deviendra un savant qui fait des efforts dans l'adoration d'Allah, qui est compatissant, qui possède de nombreux ennemis, mais arrivera à triompher d'eux.

Noisetier (Jilwâz)

Sa vision symbolise un homme parfait et robuste, alors que son fruit symbolise de l'argent.

N

Noisette (Bunduq)

Sa vision dans un rêve évoque un homme étranger, généreux, aisé, pondéré et qui agit pour réconcilier les gens. On dit aussi qu'elle évoque un bien obtenu avec peine. Celui qui se voit en train d'en manger, obtiendra des biens mais avec peine.

Nom (Ism)

Lorsque le nom d'un homme change au cours d'un rêve, pour un autre nom, c'est de bon augure. Ainsi, S'ad deviendra Sa'âda (bonheur) et Sâlem deviendra (Salâma) sécurité. Si le nom change pour un autre qui caractérise un défaut, comme la cécité ou la claudication, l'auteur du rêve sera éprouvé par l'un de ces défauts. Celui qui se voit appelé par un autre nom que le sien, et que ce nom est affreux, un défaut ou une maladie honteuse apparaîtra sur lui. Par contre, être appelé par un nom agréable, vaudra au rêveur honneur, noblesse et puissance en fonction des caractéristiques de ce nom.

Nombril (Surra)
La vision du nombril symbolise l'épouse de l'auteur de la vision ou sa dignité. Sa vision évoque aussi la mère de l'auteur de la vision, son père ou les ressources avec lesquelles il vit. Si quelqu'un voit, en rêve, son nombril atteint d'un mal, cela veut dire qu'un malheur va atteindre son père, sa mère, son enfant ou ses biens.

Non Arabes ('Adjm)
Leur vision évoque les choses pénibles. Celui qui se voit devenir, en rêve, un non arabe, obtiendra avilissement et mépris.

Noria (Nâ'oura)
Sa vision évoque un serviteur qui garde les biens des gens dans le secret. On dit aussi que les norias et les roues hydrauliques évoquent l'activité commerciale et financière ainsi que le changement de situation dans les voyages.

Nourriture (Ta'âm)
La vision de toute nourriture de couleur jaune indique une maladie, pour celui qui la mange, sauf si elle est accompagnée de viande de volaille. La vision d'une nourriture faite avec de la viande blanche est de bon augure. La vision d'un repas de fête évoque une bonne nouvelle, alors que celle d'un repas de deuil annonce des malheurs et des soucis.

Nouveau-né (Walad)
Pour celui qui voit plusieurs enfants lui naître, cela évoque des soucis, car l'éducation des enfants ne peut se faire qu'en éprouvant des soucis. On dit aussi que celui qui voit un enfant lui naître, obtiendra plus de biens dans ce bas monde et connaîtra des soucis.

Noyade (Gharaq)
La vision d'une noyade indique la survenance d'un grand malheur et la manifestation d'une hérésie. Mourir par noyade,

en rêve, c'est mourir dans l'incroyance. Si l'incroyant se voit en train de se noyer, en rêve, cela veut dire qu'il va croire, en vertu de la parole du Très Haut : ﴿ ***Jusqu'à ce que Pharaon, sur le point d'être englouti, dit : Oui, je crois !*** ﴾ (S10, V90)

Noyau (Nawât)
Sa vision évoque une pellicule, un fil et un tégument. Celui qui se voit avec un noyau, en rêve, alors qu'il se trouve en jugement avec quelqu'un, son argument se manifestera et l'emportera sur celui de son adversaire, en vertu de la parole du Très Haut : ﴿ ***Ils ne seront pas lésés d'une pellicule de datte.*** ﴾ (S4, V124) Sa vision évoque aussi une longévité.

Noyer (Jawz)
Sa vision symbolise des biens cachés. Entendre le bruit du craquement d'une noix indique une dispute et des cris. La vision du noyer évoque aussi les hommes vertueux, les chefs et les frères ; elle évoque la bonne santé du corps et les longs voyages. Si l'auteur de la vision est une femme, cela indique pour elle une longévité. Sa vision signifie aussi le dépassement des choses difficiles.

Nuage (Sahâb)
Sa vision symbolise l'Islam qui assure aux gens la bonne vie en ce bas monde et le salut dans l'au-delà. Sa vision évoque aussi la science, la jurisprudence, la sagesse et la rhétorique. Sa vision évoque aussi la dissipation des soucis, des malheurs et des craintes, de même que l'apparition des prodiges, car c'est cela qui apparaît aux saints awliyya lors de la prière des rogations (demande de la pluie).

Nudité ('Arâ)
Sa vision symbolise la pureté du tréfonds de l'âme. Celui qui se voit nu, en rêve, sans remarquer sa nudité ni éprouver de la honte pour cela, cela veut dire qu'il va s'engager dans une affaire avec zèle et y trouver de la fatigue. S'il se voit nu, tout

en éprouvant de la honte et en cherchant à se couvrir, sans y parvenir, il doit s'attendre à perdre ses biens et à s'appauvrir. La vision d'une nudité peut évoquer aussi le divorce ou la mort.

Nuée (Ghamâm)

Sa vision évoque la victoire des croyants et la mort des malades, en vertu de Sa parole : ﴿ ***Qu'attendent-ils, sinon qu'Allah vienne à eux avec les anges, dans l'ombre des nuées ?*** ﴾ (S2, V210) Celui qui se voit monté en rêve, sur une nuée et un nuage, verra son rang et sa dignité s'élever. Il voyagera ou épousera une femme distinguée s'il est célibataire.

Nuit (Layl)

La vision de la nuit indique le désœuvrement. Pour celui qui voit que le temps est composé de la nuit seulement sans le jour, cela veut dire que ses moyens de ressources vont s'arrêter. Elle évoque aussi le changement du temps et l'apparition d'événements. Elle peut évoquer aussi le voilement des choses et la discrétion ainsi que la sécurité devant la peur. Pour celui qui s'apprête à partir en voyage, sa vision indique une injustice qui va l'atteindre.

Celui qui se voit, en rêve, en pleine nuit, dans un état d'insouciance, cela indique pour lui la disparition des bienfaits ainsi que la survenance d'événements nuisibles.

Nuque (Qafâ)

La vision de la nuque d'une personne évoque les beaux éloges à son égard, le fait d'aller vers les gens ou de s'en détourner, la puissance, l'avilissement ou les dettes.

O

Obésité (Semn El-Djism)
La vision d'une obésité et d'une force dans le corps évoque la force de la religion et de la foi. Celui qui voit son corps obèse, dans un rêve, verra ses biens augmenter.

Objet trouvé (Laqta)
Sa vision évoque des objets précieux et pas du tout chers ou un enfant béni.

Obscurité (Zhall)
Sa vision, en été, signifie un bien être, un avantage et un personnage important qui vous protège. En hiver elle indique le souci, le malheur ou le fait de se tourner vers une hérésie ainsi que vers ses partisans. Sa vision évoque aussi le sultan, car il est l'ombre d'Allah sur terre, comme il est dit dans un hadith. Celui qui se voit trouvant refuge à l'ombre, pour se protéger du soleil, cela veut dire qu'il va se débarrasser d'un souci et obtenir de l'argent.

Obscurité (Zhalma)
Sa vision symbolise un égarement et une perplexité. Celui qui se voit, en rêve, en train de sortir de l'obscurité vers la lumière, se convertira à l'Islam s'il est un incroyant, se repentira s'il est un pécheur, ou sortira de l'obscurité de la prison s'il est emprisonné.
Sa vision indique aussi l'injustice. Celui qui se voit entrer, en rêve, dans l'obscurité, cela signale qu'il est un injuste.

Occupation (Chughl)
Celui qui se voit occupé, en rêve, cela signifie qu'il va épouser une jeune vierge et la déflorer, en vertu de la parole du Très Haut : ﴾ ***La seule occupation des gens du paradis sera de se réjouir.*** ﴿ (S36, V55) Sa vision évoque aussi le renouvellement des ressources, les épouses, les enfants ainsi que l'adoration.

Oculiste (Kahhâl)
Sa vision évoque un homme qui réforme la religion et grâce à qui Allah guide des gens de l'égarement et réunit entre les êtres chers. Sa vision évoque aussi celui qui enseigne la science et la clairvoyance dans les conséquences ainsi que le bon jugement des choses, de même que le pêcheur de perles et le plongeur, le constructeur de puits et le réparateur de fontaines d'eau.

Odeur forte des aisselles (Çounân)
Son odeur, dans un rêve, indique des maux de tête ou des saignements, ainsi que des informations mesquines ou une divulgation de secrets. Elle indique aussi le repos après la fatigue et l'acquittement des dettes.

Oeil de l'homme (L') 'Aïn El-Insân
La vision de l'œil de l'homme symbolise sa religion ainsi que la clairvoyance avec laquelle il distingue la guidée de l'égarement. S'il voit, dans son corps, beaucoup de yeux, cela indique l'augmentation de sa piété et de sa religion. S'il voit que son ventre s'est ouvert et qu'il y a beaucoup de yeux à l'intérieur, cela veut dire qu'il est un apostat, en vertu de la parole du Très Haut : ﴾ ***Allah n'a pas placé deux cœurs dans la poitrine de l'homme.*** ﴿ (S23, V4) Voir son œil crevé, en rêve, signifie la longévité.

Œsophage (Mariy)
Sa vision évoque la bonne santé ou la maladie.

O

Œuf (Baydh)
Celui qui voit sa poule pondre des œufs, dans un rêve, verra la naissance d'un enfant chez lui. La vision d'un œuf dur symbolise des biens prospères. Si quelqu'un se voit en train de manger un œuf cru, cela veut dire qu'il se nourrit de bien mal acquis ou qu'il pratique la fornication. Par contre, se voir en train de manger la coque d'un œuf signifie que l'auteur de cette vision est un pilleur de tombes. La vision d'un œuf symbolise aussi l'or et l'argent, les femmes, les épouses et les esclaves.

Œufs de poux (Çibân El-Qiml)
Leur vision évoque des personnes malfaisantes. Celui qui voit, en rêve, des œufs de poux, sans pouvoir s'en débarrasser, doit s'attendre à ce que son épouse soit ennuyée par des gens malfaisants sans qu'il ne puisse les en empêcher.

Offense (Baghy)
L'offense symbolise ce bas monde et la bonne fortune. Si celui à qui la bonne fortune sourit est digne d'exercer le pouvoir, il l'exercera, mais sa fin sera malheureuse. Ceci dans le cas où c'est lui qui offense. Par contre, s'il est offensé, ce sera la preuve qu'Allah le fera triompher.

Offensive dans la guerre (L') (Zahf Fîl Harb)
Sa vision évoque la tristesse ainsi que la sincérité dans la recherche de la science et des ressources. Elle évoque aussi la préparation pour le pèlerinage.

Offrande (Qurbân)
Sa vision évoque les bonnes œuvres avec lesquelles on se rapproche d'Allah. Elle évoque aussi l'animosité ou les querelles venant des proches, de même qu'une invasion ou un profit provenant de la chasse.

Offrandes rituelles (El-Oudhiyya)
La vision des offrandes rituelles est annonciatrice du salut face à tous les soucis et de l'apparition de la bénédiction, en vertu

de la parole du Très Haut : ﴾ ***Nous lui avons annoncé une bonne nouvelle : la naissance d'Isaac, un prophète parmi les justes. Nous avons béni Abraham et Isaac.*** ﴿ (S37, V112)
Si c'est une femme enceinte qui fait cette vision, elle mettra au monde un enfant vertueux. Si quelqu'un se voit en train de distribuer la viande de son offrande aux gens, il se débarrassera de ses soucis et obtiendra puissance et noblesse. D'autres spécialistes ont dit que si un malade se voit en train de faire une offrande rituelle, sa vision lui annonce sa mort prochaine. D'autres, ont interprété cela comme symbole de sa guérison.

Oies (Iwazz)
La vision des oies symbolise des femmes grosses, renommées et riches. Celui qui se voit, en rêve, en train de garder un troupeau d'oies, fréquentera des gens distingués et tirera avantage de leur fréquentation.
Se voir possédant des œufs d'oies vaudra au rêveur beaucoup d'argent.

O

Oignon (Baçal)
La vision de l'oignon est un mauvais présage pour celui qui se voit en train d'en manger. Etre malade et se voir en train de manger de l'oignon, dans un rêve, annonce la mort du rêveur. Voir un oignon mais ne pas en manger est d'un bon présage pour l'auteur du rêve. Se voir en train de peler un oignon, sans en manger, signifie faire des flatteries à un homme.

Oindre son corps (Tamrîkh)
Oindre son corps, en rêve, symbolise les beaux éloges et une excellente renommée auprès des gens. Oindre son corps avec une pommade à l'odeur agréable symbolise de beaux éloges, alors que le fait de oindre son corps avec une odeur symbolise une mauvaise réputation.

Oiseau (Tayr)
Sa vision évoque la puissance, le pouvoir et la beauté. Pour un commerçant, elle signifie un profit. Les gros oiseaux symbolisent les rois, les chefs d'Etats, les tyrans, les savants ainsi que les gens riches et aisés. Un oiseau inconnu annonce une mise en garde et une exhortation. Sa vision évoque aussi des ressources. On dit que les oiseaux noirs figurent les péchés alors que les oiseaux blancs indiquent les bonnes actions.

Oiseau grue (Kourkî)
Sa vision évoque un homme étranger et nécessiteux, aux moyens insignifiants. Celui qui se voit posséder une grue, en rêve, s'alliera à travers le mariage à des gens de mauvaise moralité. On dit aussi que celui qui voit une grue, voyagera loin. S'il est en voyage, cela veut dire qu'il reviendra vers sa famille, sain et sauf. Voir grues voltiger au-dessus d'un pays, annonce qu'un grand froid sévira sur ce pays. Sa vision est de bon augure pour les voyageurs.

Oiseaux qui ne chassent pas (Bughât Ettîr)
Ce terme désigne les oiseaux inférieurs qui ne sont pas portés sur la chasse. Leur vision dans un rêve évoque un peuple sans mérites et sans utilité. La vision de l'oiseau qui revient vers ses maîtres symbolise les amusements, les distractions, les demeures élevées, les réjouissances, et la victoire sur les ennemis, pour ceux qui se voient le posséder dans le rêve. La vision des oiseaux prédominants signifie, elle, le mal, l'adversité et les contraintes.

Oiselier (Touyoûri)
Sa vision évoque le vendeur d'esclaves, comme elle peut évoquer le rassemblement dans les réjouissances et les afflictions.

Olive (Zeytoûn)
Sa vision symbolise un bien et une jouissance. L'olivier symbolise un homme béni et utile pour ses proches. Elle

représente aussi une femme noble ou l'enfant d'un dirigeant. Celui qui se voit, en rêve, en train de presser de l'huile d'un olivier, obtiendra une bénédiction et un bienfait.

'Omar Ibn El-Khettâb (qu'Allah l'agréé)
Celui qui voit, en rêve, 'Omar Ibn El-Khettâb (qu'Allah l'agréé), obtiendra la force dans la religion, la justice dans les paroles et le bon comportement avec les administrés.

Ombre du soir (Fiyy)
Sa vision évoque un gain obtenu rapidement et qui est éphémère. Le Très Haut a dit : ﴿ ***Ce qu'Allah a octroyé à Son messager comme butin pris sur les habitants des cités appartient à Allah et à Son prophète.*** ﴾ (S59, V7)

Omelette ('Udjja)
Sa vision évoque la puissance, les réjouissances, les joies, les ressources et le mariage pour celui qui est célibataire.

Ongle (Zhofr)
La vision d'ongles évoque le triomphe sur les ennemis. Elle évoque aussi la faiblesse de la capacité ainsi que la corruption de la religion et des affaires de ce bas monde. La vision d'ongles longs, indique un souci, alors que celle d'ongles coupés, indique l'attachement à la sunna ou le fait d'emprunter de l'argent. Voir tous ses ongles cassés, en rêve, annonce la mort de l'auteur de la vision.

Oniromancien (Mou'abbir Al-Manamât)
Sa vision évoque le juge, le jurisconsulte, le médecin et tous ceux chez qui l'homme peut connaître la joie ou la tristesse. Elle évoque aussi la mosquée, le lecteur du Coran ou celui qui pèse les marchandises.

Oppression (L') (Jabârut)
Si quelqu'un voit dans un rêve qu'il fait preuve d'oppression ou qu'il prend les caractéristiques d'un oppresseur ou qu'il les voit

dans un autre, cela dénote des penchants de l'âme vers ce qui implique l'entrée en enfer, comme l'incroyance ou ce qui va dans ce sens.

Oppression (Jawr)

La vision de gens opprimant d'autres signifie qu'un sultan oppresseur va les soumettre sous son joug. L'oppression symbolise aussi la guidée et vice versa.

Ordures (Zabbâla)

Leur vision est de bon augure pour les pauvres, car elles sont rassemblées à partir de choses multiples et de restes. Elle est, par contre, de mauvais augure pour les riches. Elle peut indiquer aussi la grossesse de l'épouse, de l'esclave ou l'abondance des biens.

Ordures (Kounâsa)

Leur vision est un bon signe pour ceux qui accomplissent des travaux sales et vils. Pour les pauvres, sa vision évoque l'enrichissement et l'abondance de biens. Pour les riches, sa vision évoque la prééminence et l'ennoblissement.

Oreille (L') (Oudhn)

L'oreille symbolise pour l'homme son épouse ou sa fille. Celui qui voit en rêve qu'il a trois oreilles, cela signifie qu'il a une épouse et deux filles. Celui qui se voit avec quatre oreilles, cela veut dire deux choses : soit qu'il a quatre épouses soit qu'il a quatre filles qui n'ont plus de mère. S'il voit que son oreille s'est décollée, cela indique qu'il divorcera de son épouse ou que celle-ci mourra. S'il voit qu'il a une seule oreille, il perdra l'un de ses proches. S'il voit qu'il a la moitié d'une oreille, cela présage de la perte de son épouse et lui annonce qu'il épousera une autre femme. S'il voit qu'il a une bague suspendue à son oreille, cela signifie qu'il va donner sa fille en mariage et qu'elle lui donnera un petit-fils. La vision de l'oreille figure aussi, pour certains spécialistes en oniromancie, les enfants, les biens et les distinctions et, quelques fois même, la science, l'intelligence et la religion.

Oreiller (Mikhadda)
Sa vision évoque un époux et un bien préservé ainsi qu'un repos.

Orge (Cha'ïr)
Sa vision symbolise de l'argent et une bonne santé pour celui qui le voit en rêve. On dit aussi qu'il évoque un enfant qui vivra une vie brève, car il servait de nourriture à Jésus ﷺ. Elle évoque aussi un bien agréable qui viendra rapidement et sans peine.

Orgueil (Takabbur)
Celui qui se voit en rêve, faire preuve d'orgueil, en raison de sa position sociale et de son obtention des biens de ce bas monde, comprendra que le terme de sa vie est proche. L'orgueil signifie aussi des ressources ainsi que l'obtention d'un poste élevé, mais dont la fin sera mauvaise.

O

Orgueil (Kibr)
Celui qui se voit faisant preuve d'orgueil en raison de sa possession des biens de ce bas monde et de sa réussite matérielle, cela veut dire que le terme de sa vie est arrivé, en vertu de la parole du Très Haut : ﴿ ***Jusqu'à ce que la terre se soit parée et embellie et que ses habitants aient cru posséder quelque pouvoir sur elle, Notre ordre lui vint de nuit ou de jour.*** ﴾ (S10, V24)

Orthopédiste (Moudjabbir)
Sa vision évoque les soucis et les afflictions. Elle évoque aussi tous ceux qui assurent le bien dans la religion et le bas monde, à l'image du juge, du sultan, du jurisconsulte, etc. Elle évoque aussi le cordonnier et le tailleur.

Os ('Adham El-Hayawân)
La vision d'os évoque de l'argent provenant de celui à qui sont attribués ces os ou des vêtements pour celui qui les voit, en vertu de la parole du Très Haut : ﴿ ***Nous avons revêtu les os de chair.*** ﴾ (S23, V14). Leur vision évoque aussi la découverte de secrets et la connaissance des choses cachées.

Ostentation (Riyyâ)
Sa vision symbolise l'utilisation d'un moyen illicite à l'état d'éveil.

Outarde (L') (Hubâri)
Sa vision évoque un homme généreux, aisé, libéral et dépensier.

Outrage (Chatm)
Sa vision est un avilissement pour celui qui est outragé et une puissance pour celui qui outrage, sauf si c'est quelqu'un de basse condition qui outrage quelqu'un de haute dignité. Auquel cas, un malheur atteindra celui qui outrage de la part de sa victime.

Outre (Qarba)
Lá vision d'une outre évoque un voyage. Elle peut évoquer aussi une femme qui devient enceinte puis fait une fausse couche. Elle désigne aussi la pauvreté et la richesse de même que le fait de se trouver dans des situations difficiles. Celui qui voit, en rêve, une outre d'eau suspendue dans sa maison, cela veut dire que son épouse va être enceinte.

Outre (Zuqq)
Sa vision évoque un homme vil. Prendre une outre de miel, en rêve, c'est obtenir une faveur d'un homme vil. Il en est de même du beurre.

Outre à beurre (Nihy)
Sa vision évoque un homme savant et ascète.

Outre d'eau (Râwiyya)
Sa vision symbolise le rapporteur de hadiths. Elle peut évoquer aussi les ressources ou un voyage. Si elle est neuve, elle symbolise une vie difficile, mais si elle est usée, elle évoque la guerre et le combat.

Outre (Petite) Rakwa
Sa vision évoque l'ascétisme, l'adoration, l'enfant, le serviteur, le voyage, ainsi que le compagnon qui vient en aide pour les affaires de ce bas monde et de l'autre.

Ouverture des verrous (Fath El-Aqfâl)
Celui qui se voit ouvrant des verrous, en rêve, cela veut dire qu'il va se marier, s'il est célibataire. S'il est emprisonné, il s'en sortira grâce à l'invocation d'Allah. Le Très Haut a dit : ﴿ ***Si vous cherchiez le succès, vous l'avez obtenu.*** ﴾ (S8, V19)
S'il se trouve dans la pauvreté et dans le dénuement, il lui sera ouvert de ce bas monde ce qui lui sera utile à travers une épouse, une association ou un voyage.

Ouvrage relié (Moudjallid)
Pour celui qui voit des ouvrages reliés parmi les ouvrages de science ou de jurisprudence, cela indique la rectitude de son comportement. S'il voit les ouvrages reliés des juristes, il obtiendra un bienfait.

'Ozaïr (Uzayr عليه السلام)
Celui qui le voit en rêve, obtiendra une place éminente par sa science, son écriture et sa sagesse.

P

Paille (Tibn)

La vision de la paille symbolise des biens considérables et abondants pour celui qui se voit la tenir dans sa main ou l'introduire dans sa maison. On dit aussi qu'elle symbolise des biens obtenus avec peine. Celui qui voit de la paille dans sa maison, obtiendra des biens licites ou des ressources pour lui.

Pain à pâte fine (Raqâq El-Khubz)

Sa vision symbolise des ressources considérables. Celui qui se voit en train de manger du pain à pâte fine, cela lui annonce que ses ressources vont augmenter.

Palais (Qaçr)

Pour un homme dépravé, la vision d'un palais évoque une prison, une gêne et une diminution des biens. Pour un homme digne, elle évoque une distinction, une élévation et l'acquittement de ses dettes. La vision d'un palais symbolise aussi un homme religieux et scrupuleux. Celui qui se voit entrer, en rêve, dans un palais, cela veut dire qu'il obtiendra un grand pouvoir, que sa pratique de la religion deviendra excellente et qu'il parviendra à obtenir de grands biens, en vertu de la parole du Très Haut : ﴾ ***Béni soit Celui qui, s'il le veut, te donnera mieux que cela ; des jardins dans lesquels coulent les ruisseaux et où Il placera pour toi des palais.*** ﴿ (S25, V10)

Palais dur de la bouche (Nat')

Sa vision évoque un serviteur au service d'une femme dont il connaît les secrets et qu'il cache aux gens. Il est honorable.

Elle évoque aussi ceux à qui on confie les secrets comme le père et la mère.

Palanquin (Hawdedj)
Sa vision évoque une femme, car c'est le moyen de transport des femmes. Elle évoque aussi la séparation.

Palanquin (Mahmal)
Sa vision évoque une femme campagnarde. Le palanquin du pèlerinage évoque les réjouissances, l'accomplissement du pèlerinage ainsi que les bonnes nouvelles dans le pays où il est transporté.

Palanquin dévoilé (Mihfa)
Sa vision évoque les voyages, le passage d'un lieu à un autre, ainsi qu'une femme a la grande dignité.

Palefrenier (Sâïs Addawâb)
Sa vision évoque un homme possédant une responsabilité, des biens et qui a la faculté de gérer les choses. Sa vision peut évoquer aussi le marchand d'esclaves, celui qui conclut les contrats de mariage et, probablement aussi, un cocu ou un entremetteur.

P

Palmes (Sa'fa)
Sa vision symbolise la pureté. Elle peut évoquer aussi la coiffeuse ou la circoncision.

Palmier (Nakhl)
Sa vision symbolise un homme savant ou un enfant. Elle évoque aussi un homme parmi les Arabes, noble, utile, honorable et savant. On dit aussi que sa vision évoque la longévité et les enfants.

Pan (Chaqqa)
Celui qui se voit, en rêve, en train de plier un pan, de l'acheter ou de se l'offrir, cela veut dire qu'il va accomplir un voyage

lointain, en vertu de la parole du Très Haut: ﴿ ***Mais la distance leur a paru longue.*** ﴾ (S9, V42)

Panier en palmier nain (Zanbîl)
Sa vision symbolise le maître de maison qui œuvre au service des membres de sa maison. Elle peut indiquer aussi l'épouse, le serviteur ou l'enfant.

Pantalons (Sarâwil)
La vision de pantalons symbolise une femme dévote ou une esclave non arabe. Des pantalons neufs désignent une femme vierge.

Panthère (Namr)
Sa vision nécessite une interprétation comparable à celle du lion. Elle évoque un sultan tyrannique ou un ennemi fort qui manifeste son animosité. Celui qui se voit tuer une panthère, en rêve, soumettra un ennemi. Celui qui monte, en rêve, une panthère, obtiendra un grand pouvoir, alors que celui qui se voit monté par une panthère, sera victime d'un préjudice de la part d'un sultan.

Paon (Tâous)
La vision d'un paon mâle symbolise un roi non arabe noble, alors que celle d'une paonne symbolise une femme non arabe, belle, élégante et riche.
Celui qui se voit posséder, en rêve, une paonne, obtiendra des biens et des enfants. La vision d'un paon évoque aussi les bijoux, les parures, la couronne, les belles épouses et les beaux enfants. Se voir en train de manger de la viande de paon, en rêve, indique pour l'auteur du rêve que son épouse va mourir et qu'il héritera de ses biens.

Papetier (Kâghidî)
Sa vision évoque un homme qui assiste les gens qui utilisent les ruses.

Papetier (Warrâq)
Sa vision évoque un homme qui enseigne aux gens la ruse, car l'écriture est une ruse.

Papillons nocturnes (Farâch)
Leur vision évoque un homme faible et qui parle beaucoup. Elle évoque aussi l'ignorance et l'inexpérience au service des rois et de leur politique. Elle peut évoquer aussi l'amour ainsi que le fait d'exposer sa vie à la perte.

Paradis (Janna)
Se voir entrer au paradis, annonce pour le rêveur la faveur d'y entrer avec honneur, joie et fervente adoration. On dit aussi que celui qui se voit entrer au paradis atteindra ce à quoi il aspire après avoir supporté une grande fatigue, car le paradis est entouré de désagréments. L'entrée au paradis signifie aussi obtenir la satisfaction et la quiétude dans les deux mondes. Quant à celui qui se voit jouir de la félicité du paradis, il obtiendra la sincérité et la perfection de la religion. Si celui qui voit le paradis, en rêve, vit dans la peur, il connaîtra la sécurité, s'il a des soucis, ils se dissiperont et, s'il est célibataire, il se mariera.

P

Paralysie de la main (Chelel El-Yadd)
Celui qui voit sa main paralysée, en rêve, commettra un grave péché. Si sa main droite se paralyse, en rêve, cela veut dire qu'il va frapper un innocent et opprimer un faible, et si sa main gauche se paralyse, cela indique la mort de son frère et de sa sœur. On dit aussi que pour celui qui voit sa main droite paralysée cela annonce la cessation de ses moyens de subsistance.

Paralysie faciale (Laqwa)
Sa vision signifie une corruption dans la religion. Se voir atteint de paralysie faciale, en rêve, veut dire que l'auteur du rêve a failli à la vertu ou qu'il vient de tomber dans une hérésie et qu'un châtiment l'attend.

Parchemin (Raqq)
Sa vision évoque un serment fait par l'auteur de la vision.

Pardon du péché (Ghufrân Eddhanb)
Pour celui qui mérite le châtiment, sa vision signifie une aumône ou une expiation, en vertu de la parole du Très Haut : ﴾ ***Dis aux incrédules que s'ils cessent, on leur pardonnera ce qui est passé.*** ﴿ (S7, V38)

Parfum (Tîb)
La vision du parfum symbolise, à l'origine, de beaux éloges. On dit aussi que sa vision signifie la mort pour le malade. Lorsqu'une femme voit, en rêve, qu'elle se parfume, cela veut dire qu'elle va accomplir une bonne œuvre. Si elle n'est pas mariée, cela annonce son mariage. Pour un voleur ou un fraudeur, se parfumer, signifie se repentir.

Parfumeur ('Attâr)
Sa vision évoque un homme poli, un savant ou un dévot. On dit aussi qu'elle évoque la science, la guidée ainsi que les beaux éloges.

Pari (Qimâr)
Sa vision évoque l'anarchie et les querelles.

Paroles (Kalâm)
La vision de paroles de défunts ou d'oiseaux, est de bon augure pour son auteur quant à l'obtention d'un grand pouvoir, d'une science ou d'une capacité d'interprétation des textes religieux. Quant à la vision de paroles à travers des langues diverses, elle évoque l'obtention d'un grand pouvoir pour son auteur. La parole d'Allah, en rêve, surtout le Jour de la résurrection, évoque l'élévation de la dignité et le rapprochement avec les gens de pouvoir ainsi que les bonnes actions et le bon comportement. Si l'auteur de la vision fait partie des gens du dépouillement spirituel, cela indique son dépouillement de ce bas monde et sa quête de l'au-delà.

Partage d'un repas (Mouâqala)
Partager un repas avec un défunt, en rêve, indique le payement d'une dette. Le faire avec un absent, annonce une information qui lui parviendra par son intermédiaire. Le faire avec des djinns et des démons, indique le fait de se mettre en porte à faux avec les personnes malfaisantes.

Parure (Zîna)
Sa vision évoque la pauvreté et une situation de dénuement. Celui qui voit, en rêve, ce bas monde venir à lui au point d'avoir tout ce qu'il demande, cela veut dire en fait qu'il va s'appauvrir et périr.

Pas précipité (Hadjâdj Min El-'Adw)
Sa vision évoque le dépouillement de la personne de ses nobles qualités.

Pas pressé (Harwala)
Sa vision, dans n'importe quel endroit, signifie une victoire sur l'ennemi. Quant à la marche modérée, elle signifie l'humilité devant Allah, en vertu de Sa parole : ﴿ ***Sois modeste dans ta démarche !*** ﴾ (S31, V19). La vision d'un pas pressé, signifie aussi la rapidité de la sortie de son auteur de ce bas monde ou la perte de son poste. Elle peut évoquer aussi le pèlerinage.

Passereau ('Ousfoûr)
Sa vision évoque une femme belle et charitable. On dit aussi qu'elle représente un homme plaisantin et dont les gens rient des anecdotes. Se voir en rêve, possédant de nombreux passereaux, annonce la richesse à l'auteur du rêve et aussi qu'il assumera un pouvoir sur des gens d'importance. Celui qui se voit possédant un oisillon aura un fils qui atteindra le rang des hommes puissants.

Passerelle (Qantara)
La vision d'une passerelle inconnue évoque ce bas monde, surtout si elle se trouve entre la ville et le cimetière. Elle

P

évoque aussi un bateau de même qu'elle peut évoquer le sultan, le juge ou le mufti ainsi que toute personne à travers laquelle les gens intercèdent pour le règlement de leurs problèmes. Elle symbolise aussi le Sirât (pont sur la Géhenne). Celui qui se voit traverser une passerelle, en rêve, passera de ce bas monde vers l'au-delà, surtout s'il trouve après sa traversée des personnes décédées ou entre dans une maison inconnue de par sa construction, ses habitants et leur situation.

Passion charnelle (Chahwa)
Pour celui qui se voit en train de satisfaire sa passion charnelle, en rêve, cela indique de sa part des actes propres aux réprouvés de l'enfer.

Pâte ('Adjîn)
La vision de la pâte indique un bien noble qui est utilisé dans un commerce et qui génère des profits considérables et rapides, si elle lève. Si elle ne lève pas, sa vision évoque une corruption, une difficulté financière. Sa vision évoque aussi des choses faciles, un repos proche, et l'attente de la délivrance d'un prisonnier ou d'une femme enceinte.

Pâte (Ma'djoûne)
Sa vision évoque la guérison des maladies ainsi que la nombreuse progéniture.

Patrouille de nuit ('Asas)
Sa vision évoque une mise en garde pour celui qui néglige la prière.

Paume de la main (Kaff Al-Yadd)
Voir la paume de sa main déployée, en rêve, évoque la prospérité de ce bas monde, alors que le fait de la voir crispée, évoque une vie difficile. Voir des poils sur la paume de la main signifie des dettes et une tristesse. La vision de la paume de la main peut évoquer aussi l'exaucement des invocations. On dit

aussi qu'elle évoque six choses : les ressources de la vie, les biens, la prééminence, l'enfant, le courage et l'éloignement des péchés.

Paupière (Jafn)
La vision d'une paupière sans douleur est une chose louable pour tous les gens, surtout pour les femmes. La vision de paupières évoque aussi les frères et les sœurs, les épouses et les enfants, les battants des portes, le coffre fort et l'armoire, le portier, le gardien ainsi que le confident, les dépositaires des dépôts, la maladie et la colère.

Pauvreté (Faqr)
Celui qui se voit pauvre, dans un rêve, obtiendra beaucoup de biens et de nourriture, en vertu de la parole du Très Haut, parlant de Moïse ﷺ : ﴿ ***Mon Seigneur ! J'ai grand besoin du bien que Tu feras descendre sur moi !*** ﴾ (S33, V24)

Se pavaner (Tabakhtur El-Insân)
Lorsque quelqu'un se voit en train de se pavaner, en rêve, cela signifie une erreur dans sa religion, en vertu de la parole du Très Haut : ﴿ ***Et sois modeste dans ta démarche.*** ﴾ Cela signifie aussi l'obtention d'une dignité dans ce bas monde, mais qui disparaîtra de sitôt. Cela veut dire aussi que si l'auteur de cette vision possède des biens, il doit vérifier d'où ils proviennent.

Peau (Jald)
Sa vision symbolise ce qui protège et couvre l'homme, de même qu'un héritage en argent laissé après sa mort ou reçu durant sa vie. Se voir en rêve, en train d'être dépouillé de sa peau, comme on écorche un mouton, annonce la mort du rêveur s'il est malade. S'il est sain de corps, cela signifie son appauvrissement et son exposition à un scandale. Pour celui qui voit son corps devenir un corps de serpent, cela signale qu'il manifestera ce qu'il cache comme animosité.

P

Péché (M'açiyya)
Sa vision, pour celui qui le rejette, évoque un châtiment qui va lui survenir.

Pêcheur de perles (Ghawwâç)
Sa vision symbolise un roi ou ce qui lui est équivalent. Celui qui se voit plonger dans la mer, assumera des charges semblables à celles d'un roi ou d'un sultan. S'il voit qu'il en a retiré une perle, cela veut dire qu'il va épouser une esclave qui lui donnera un enfant excellent, en vertu de Sa parole : ﴾ ***Semblables à des perles cachées.*** ﴿ (S52, V24)
La vision du pêcheur de perles évoque aussi celui qui est à la quête d'une science occulte ainsi que celui qui est à la recherche de richesses en s'exposant au danger.

Pégane (Harmel)
Sa vision signifie des biens avec lesquels on compense des biens corrompus.

Peigne (Machat)
La vision d'un peigne a donné lieu à plusieurs interprétations : pour certains, elle évoque une joie éphémère, car le peigne purifie, nettoie et donne une beauté qui ne dure pas. Pour d'autres, elle évoque la justice, alors que pour d'autres, elle signifie l'acquittement de la Zakat. Elle peut évoquer aussi un homme utile et qui fait oublier les soucis.

Peine légale (Hadd)
Celui qui voit en rêve qu'il sollicite ou dont on exige l'application d'une peine légale, cela signifie pour lui une dette et sa réclamation. Sa vision symbolise aussi le respect de l'auteur de la vision de ses limites et, pour le célibataire, son premier mariage.

Pèlerinage (Hadj)
Celui qui se voit partir, en rêve, en pèlerinage, au moment de l'accomplissement de ce rite, cela veut dire qu'il va l'accomplir

s'il ne l'a pas encore accompli. Cela signifie aussi la guérison pour l'auteur de la vision s'il est malade, le règlement de ses dettes s'il est endetté, la sécurité s'il craint quelque chose, l'aisance, s'il est dans la gêne, le retour sain et sauf, s'il est en voyage, la restitution de son pouvoir, s'il est destitué d'un poste, la guidée, s'il est égaré et, la délivrance, s'il est préoccupé par quelque chose.

Pelle (Mishât)
Sa vision évoque un serviteur et un profit, car elle nettoie la terre et les immondices. Or, tout cela, symbolise des biens. On dit aussi qu'elle évoque la connaissance ainsi qu'une femme patiente devant le labeur et la peine.

Pelletier (Farrâ)
En été, sa vision évoque les soucis et les maladies, alors qu'en hiver, elle évoque le bien être, l'activité et la dissipation des tristesses.

Pelote de filage (Koubbatoun Min Al-Ghazal)
Sa vision évoque l'ouvrier entreprenant, le serviteur ainsi que la longévité.

P

Pendaison (Chanq)
Sa vision évoque une réjouissance des ennemis pour un malheur qui atteint l'auteur de la vision. Elle évoque aussi une renommée et, peut être, une distinction, si sa situation ne change pas dans le rêve.

Pendants d'oreilles (Qurt)
Pour celui qui voit des pendants aux oreilles de son épouse ou d'une esclave, cela évoque un commerce. S'ils sont en or, il apprendra le Coran par cœur. Lorsque c'est une femme célibataire qui voit des pendants à ses oreilles, elle se mariera.

Percement (Naqb)
Sa vision dans la maison, évoque une intrigue. Celui qui se voit en train de percer dans une maison et d'arriver au but

voulu, cela veut dire qu'il va demander la main d'une femme et y arriver avec un stratagème.

Percement des oreilles de l'homme (Tasmîr Adhân El-Insân)
Le percement des oreilles, dans un rêve, signifie l'anxiété, la division, la dispersion ou la diffamation.

Percepteur (Jâbî)
La vision du percepteur indique l'acquittement des dettes, le policier, le messager ou le transmetteur de paroles ainsi que celui qui fait parvenir les dépôts à leurs ayant droits.

Percepteur du un dixième de la récolte ('Ach-châr)
Sa vision évoque un homme qui s'occupe des affaires des autres. Elle évoque aussi les difficultés et les dommages ainsi que les soucis et les malheurs avec lesquels Allah efface les péchés et les erreurs.

Perception (Jibâya)
La perception des biens, dans un rêve, évoque la contrainte dans l'acquittement de la Zakât ou du dixième des récoltes ou bien elle signifie l'annonce d'un événement.

P

Perceur (Naqqâb)
Sa vision signifie une fille qui va vivre longtemps. Elle peut évoquer aussi des dépenses au service de la religion.

Perceur de perles et de pierres précieuses (Thaqqab Al-Loulou Wal-Djawhar)
La vision du perceur de perles et de pierres précieuses évoque la réalisation des bonnes affaires, la facilité dans le règlement des problèmes ainsi que le mariage.

Perdrix (Hidjla)
Sa vision symbolise une femme farouche et jolie. Celui qui voit, en rêve, qu'il l'attrape, cela veut dire qu'il va l'épouser. On dit aussi que la chair de perdrix symbolise des vêtements.

Perdrix (Qabdja)
Sa vision évoque une femme belle mais farouche. Se voir posséder en rêve, une perdrix, c'est épouser une telle femme. Sa chair évoque, elle, des vêtements.

Père (El-Ab)
La vision de l'homme (Al-Insân) dans un rêve signifie l'atteinte d'un but dans la vie. Et les meilleures choses qu'une personne puisse voir dans un rêve sont ses parents, ses ancêtres ou l'un de ses proches. Celui qui voit dans un rêve son père, alors qu'il est dans le besoin, verra sa subsistance lui parvenir de là où il ne s'y attend pas ; s'il a quelqu'un d'absent, il reviendra vers lui, et s'il a une quelconque douleur, il s'en trouvera soulagé. Et pour celui qui voit son père se construire une maison et en élever les fondations, cela signifie qu'il doit continuer les œuvres de son père, qu'elles soient de ce bas monde ou de l'au-delà, et les consolider.

Période de viduité de la femme ('Idda)
Lorsqu'une femme voit, en rêve, qu'elle est en période de viduité, cela veut dire qu'elle a un souci, une affliction, une gêne, une maladie ; cela peut annoncer aussi un divorce impliquant une période de viduité. Par contre, si cette période de viduité est celle qui succède à la mort, cela indique le divorce définitif, la mort de l'époux, de l'enfant ou de la mère.

Perle (Jumân)
Lorsque la vision de cette perle accompagne un bracelet de cheville, cela signifie pour la femme le bienfait de son époux et son soin pour elle. Si la perle est en argent, cela veut dire que l'homme verra son épouse perdre sa santé.

Perle (Luu-lou)
La vision de perles disposées en ordre symbolise le Coran et la science. Celui qui se voit en train de percer des perles ajustées, cela veut dire qu'il va interpréter le Coran d'une façon

P

juste. Celui qui voit qu'il a vendu des perles ou les a avalées, cela veut dire qu'il va oublier le Coran. Celui qui se voit en train de vendre des perles, obtiendra une science qu'il enseignera aux gens. La vision des perles nombreuses évoque aussi des serviteurs ainsi qu'un héritage considérable.

Permanence (Baqâ)
La vision d'une chose permanente signifie la longévité ou encore la multiplication de l'attestation de l'unicité d'Allah pour celui qui évoque Allah et exalte Ses louanges, car c'est ce qui se dit habituellement à la vue de vestiges et de monuments.

Perroquet (Babaghâ)
Le perroquet symbolise un homme maquignon, menteur et injuste. On dit aussi qu'il symbolise un philosophe ou une femme belle et élégante ou encore un enfant beau et éloquent.

Persévérance (Çabr)
Sa vision évoque la dignité et la bonne nouvelle. Elle évoque aussi une mise en garde contre un malheur ainsi que l'excellence de la fin de ce que l'auteur de la vision craignait. Celui qui se voit, en rêve, en train de faire preuve de patience devant un tort, obtiendra une dignité et un salut, et ce en vertu de la parole du Très Haut: ﴾ ***Voilà ceux qui auront pour récompense le paradis parce qu'ils ont été constants.*** ﴿ (S25, V75)

Perte (Dayâ')
Si un savant se voit en train de se perdre, en rêve, au milieu des gens, cela veut dire qu'il va faire profiter les gens de sa science et que sa renommée durera longtemps. La vision d'une perte peut évoquer aussi le manque de mémorisation.

Perte d'un enfant par sa mère (Thakûl)
Voir une mère perdre son enfant, en rêve, ce qui est en principe un signe d'affliction et de tristesse, évoque, au contraire, l'élévation de la dignité, les réjouissances et l'allégresse.

Perte de connaissance (Ghachayân)
Se voir en rêve ayant perdu connaissance, annonce pour l'auteur du rêve la survenue d'une chose qui l'attristera.

Perte de dents (Souqoût El-Isnân)
La vision d'une perte de dents indique pour un homme une longévité. S'il voit que toutes ses dents sont tombées et qu'il les a recueillies dans sa main ou dans son giron, cela veut dire qu'il va vivre longtemps jusqu'à ce que toutes ses dents tombent et que sa progéniture se multipliera. On dit aussi que la perte de dents, en rêve, signifie l'acquittement des dettes pour celui qui est endetté.

Perte des ablutions (Hadath)
Celui qui voit en rêve comme s'il a perdu ses ablutions mineures, cela veut dire que son souci disparaîtra. S'il est riche, cela veut dire qu'il s'acquittera de leur Zakât. Si l'auteur de la vision voit qu'il dégage des selles en grande quantité, et qu'il avait entrepris de faire un voyage, il doit annuler ce voyage, car son voyage sera gâché par des dangers de la route.

Perversion (Foudjoûr)
Sa vision évoque la mécréance, en vertu de la parole du Très Haut qui dit: ﴾ ***Et ils n'engendreraient que des pervers absolument incrédules.*** ﴿ (S71, V27)

Pesée de l'argent (Wazn El-Mâl)
La vision d'une pesée d'argent entre deux partenaires commerciaux, évoque une amende.

Peste (Tâ'oun)
Sa vision évoque la guerre et vice versa. Elle indique aussi la gale ainsi que les séditions en ce qu'ils apportent comme mort et destructions. Elle évoque aussi la tristesse. Celui qui voit en rêve, qu'il est atteint de la peste, connaîtra la tristesse.

Pet (Darât)
Sa vision évoque des propos vils ou un malheur qui va atteindre son auteur. Elle indique aussi la séparation des groupes ainsi qu'une nouvelle effrayante. Elle peut évoquer aussi un mensonge, des propos vulgaires ou des cris provenant de coups.

Petit chameau sevré (Façîl)
Sa vision évoque un enfant noble. Celui qui se voit posséder, en rêve, un petit chameau sevré, sera honoré par la naissance d'un enfant mâle honorable.

Petit garçon (Çabiyy)
Sa vision évoque un ennemi faible qui fait preuve d'un sentiment d'amitié vite suivie d'une animosité. Elle évoque aussi une prospérité, une délivrance et une facilité qui succède à une difficulté. Quant à la vision d'un adolescent, elle annonce une bonne nouvelle.

Petit gobelet (Qa'b)
Sa vision désigne une esclave qui apporte beaucoup de bienfaits.

P

Petit péché (Lamam)
Sa vision signifie le rapprochement des gens malfaisants et le pardon des péchés, en vertu de la parole du Très Haut : ﴾ ***Et à ceux qui ne commettent que des fautes légères.*** ﴿ (S53, V32)

Petit pèlerinage ('Omra)
Sa vision évoque l'arrivée du malade au terme de sa vie. Elle évoque aussi l'augmentation des biens et la longévité.

Petite assiette d'origine perse (Suqradja)
Sa vision évoque une esclave, une domestique, un serviteur, de même qu'elle évoque la fille, parmi les enfants, ou la fille de l'épouse.

Petite fille (Çabiyya)
Sa vision symbolise une abondance de biens, une puissance et une facilité qui succède à une difficulté. La vision du nourrisson évoque un bien qui suscite de beaux éloges.

Petite galette de pain (Qurç El-Khubz)
Sa vision évoque des revenus insignifiants.

Petite pousse de feuille de palmier (Zhifâr El-Khawç)
Sa vision symbolise la concorde, l'amour, l'ascétisme, l'adoration, la science et le scrupule.

Petits pois (Jullabân)
Leur vision évoque des ressources et un établissement dans un endroit après un voyage. Il faut savoir que Jésus عليه السلام a béni cet aliment.

Pétrisseur ('Adj-djân Eddaqîq)
Sa vision évoque les ressources ainsi que l'intérêt pour les affaires des administrés. Elle évoque aussi le sultan aimé des gens.

Pharaon (Fir'awn)
La vision de Pharaon symbolise l'ennemi de la religion. Le voir sous un bel aspect, signifie la mauvaise situation des gens de l'Islam et de leur imam (chef). Le contraire est vrai.

Pharynx (Halqoûm)
Sa vision symbolise le messager, la mort ou la vie.

Phénix ('Anqâ)
Sa vision évoque un homme influent et hérétique. On dit aussi qu'elle symbolise une femme belle. Si quelqu'un voit, en rêve, qu'un phénix a jeté sur lui quelque chose, cela veut dire qu'il obtiendra de la part d'Allah des ressources par le biais d'un souverain. S'il voit qu'il possède un phénix, il épousera une femme belle et distinguée.

Pic (Chiqirâq)
Sa vision symbolise une femme belle et riche.

Pic (Minqâr)
Sa vision évoque pour son auteur son sexe, sa bouche ou son serviteur. Elle évoque aussi la satisfaction des besoins, l'aide et le but.

Pickpocket (Tarrâr)
Sa vision évoque un savant imposteur.

Pie ('Aq'aq)
Sa vision évoque un homme mauvais, auquel on ne fait pas confiance et qui est insociable. Celui qui se voit posséder une pie, en rêve, connaîtra un homme trompeur et pervers.

Pied (Qadam)
Sa vision évoque la parure des biens de l'homme, ses vêtements, ses œuvres de bienfaisance et les choses sur lesquelles il s'appuie dans ses affaires. Elle évoque aussi tout ce qui l'aide dans la vie, comme enfant, mère, monture, moyen de transport, métier ou biens.
La vision de pieds excellents, évoque l'excellence de la religion et de la vie d'ici-bas de son auteur.

Pied (Sâq)
Sa vision évoque l'âge de l'homme et son appui dans la vie. Voir ses pieds en fer, symbolise une longue vie. Par contre s'ils sont en verre, cela veut dire que sa dernière heure est proche. Si une femme voit en rêve, qu'elle découvre ses pieds, cela indique que sa pratique de la religion va s'améliorer.

Pied de l'homme (Ridjl El-Insân)
La vision du pied de l'homme évoque sa vie. Celui qui voit son pied en fer, cela veut dire que sa vie se prolongera et que ses biens dureront. S'il voit que son pied est fait de verre, cela indique sa mort prochaine et la disparition de ses biens. On dit

aussi que les deux pieds symbolisent les deux parents et que le fait de se voir marcher à pied, signifie la fatigue et la peine.

Pied de mouton (Kourâ')
Sa vision évoque les biens d'un orphelin. Celui qui se voit en train de sucer la moelle d'un pied de mouton, fera main basse sur les biens d'un orphelin.

Pieds de mouton ou de bœuf (Aqâri')
Se voir en train de manger des pieds de mouton ou de bœuf, jusqu'à en sucer la moelle, signifie dépenser les biens d'un orphelin. Cela peut indiquer aussi le fait de dépenser l'argent des nobles parmi les gens, car les bœufs et les moutons constituent les biens les plus précieux des hommes.

Piège (Fakkh Essâïd)
Sa vision évoque un homme à la religion corrompue qui complote contre un homme puissant.

Piège de chasse (Charq Essayd)
Sa vision symbolise la tromperie et l'intrigue. Celui qui se voit tomber, en rêve, dans un piège, sera victime d'une intrigue.

Pie-grièche (Çard)
Sa vision évoque un homme aux deux visages, malfaisant, au ton glacial et au langage rude.

Pierre (Hadjar)
La pierre, en général, qu'elle soit par terre ou sur les murs, symbolise un mort. Sa vision peur évoquer aussi les gens aux cœurs endurcis, la négligence, l'ignorance et le chômage. Les sages comparent, d'ailleurs l'ignorant à une pierre. Celui qui se voit transformé en pierre, cela veut dire qu'il va désobéir à son Seigneur et que son cœur va s'endurcir et sa religion se corrompre. La vision des pierres utiles, comme celles qui servent à l'abattage, les pierres utilisées pour les douleurs des yeux et des oreilles et autres symbolisent, quant à elles, les

médecins, les savants distingués, la tranquillité, les ressources de la vie, les avantages et les industries utiles.

Pierre de catapulte (Hadjar El-Mandjanîq)
Sa vision évoque un messager rigoureux. Celui qui se voit lancer des pierres d'un endroit élevé, obtiendra un pouvoir. On dit aussi que celui qui voit que des femmes lui jettent des pierres, cela veut dire qu'elles intriguent contre lui au moyen de la magie.

Pierre Noire (embrasser la) (Istilâm El-hadjr El-Assoud)
Se voir en train d'embrasser la pierre noire, en rêve, signifie faire allégeance aux califes et aux dirigeants politiques. Elle indique aussi le repentir d'un péché suite aux conseils d'un imâm savant, ou le travail au service des gens qui détiennent le pouvoir. Celui qui se voit toucher la pierre noire, prendra comme maître spirituel un imâm parmi les gens du Hidjâz.

Pierre Noire de la Mecque (Hadjar El-Ka'ba El-Assoud)
La pierre noire, vue dans un rêve, symbolise le pèlerinage. Celui qui se voit en train d'enlever la pierre noire pour l'utiliser pour son propre compte, cela veut dire qu'il va se distinguer par l'initiation d'une innovation dans la religion. Celui qui se voit avaler la pierre noire, cela signale qu'il va induire en erreur les gens dans leur religion. Celui qui se voit en train de saluer la pierre noire, va accomplir le pèlerinage.

Pierre sculptée (Hadjar Manhoût)
Celui qui se voit, en rêve, construire une bâtisse en utilisant de la pierre sculptée au lieu de la brique cuite, cela dénote de la puissance, de la prospérité et de l'espoir, ainsi que de la sécurité concernant les épouses vertueuses. Sa vision évoque aussi les catégories de gens dont il est nécessaire d'être familier tels que les savants, les médecins, les interprètes des rêves et les astrologues.

Piétinement (Rafs)
Celui qui voit en rêve, qu'un homme le piétine avec ses pieds, cela veut dire qu'il le blâmera pour sa pauvreté et s'enorgueillira devant lui de sa richesse.

Pieu (Watad)
Sa vision figure un roi ou quelqu'un de semblable. Elle évoque aussi un poste de responsabilité, la fermeté dans les choses, la contrainte dans une investiture, la mise à l'écart ou le voyage. On dit aussi qu'elle évoque de l'argent, de l'amour, des soucis et une tristesse. Celui qui se voit en train de planter un pieu dans un mur ou une terre, se mariera s'il est célibataire et, s'il a une épouse, elle tombera enceinte.

Pieux anciens (Tâbi'îne)
Celui qui voit, en rêve, un des pieux anciens, marcher dans un pays ou dans une contrée, cela veut dire que si les habitants de ce pays ou de cette contrée éprouvent un malheur, une sécheresse ou une crainte, ils en seront préservés et celui qui les gouverne sera remis sur la bonne voie. La vision des sages parmi eux, atteste d'une augmentation de la sagesse, la vision des prêcheurs parmi eux, indique l'augmentation des conquêtes et des réjouissances alors que la vision des saints parmi eux, signifie l'augmentation de la ferveur religieuse.

Pigeon (Hadîl)
Sa vision évoque un homme érudit, noble, éduqué, bienfaisant, aux revenus modestes, mais ayant beaucoup de partisans, et un maître. Quant à son roucoulement, il évoque une science et une jurisprudence.

Pilier (Oustouwâna)
Le pilier, qu'il soit en bois, en argile ou en plâtre, symbolise le maître de maison, le domestique des gens de la maison ou l'intendant qui s'occupe de toutes les tâches.

Pilleur de tombes (Nebbâch)
Sa vision évoque celui qui part à la quête d'une science occulte. S'il ne fait pas partie des chercheurs de cette science, sa vision évoque un entremetteur. Elle évoque aussi un chercheur de choses cachées et secrètes et de trésors. S'il pille la tombe pour déterrer un mort, cela veut dire qu'il cherche une science pour posséder les biens de ce bas monde.

Pilon (Mihrâs)
Sa vision évoque un homme qui œuvre et supporte les peines pour faire des choses que ne peuvent faire d'autres. Elle évoque aussi les querelles, la rigueur et le zèle dans la demande.

Pin (Çanawbar)
Sa vision représente un homme distingué et au rang élevé, mais dont le comportement est mauvais et qui est avare, qui donne asile aux injustes et aux voleurs.

Pincement (Qarç)
La vision d'un pincement évoque une convoitise. Voir dans sa main un morceau de chair arrachée par le pincement, signifie arriver à ses fins. Quant au fait de se voir pincé par un serpent ou un scorpion, cela évoque des biens illicites que l'auteur de la vision obtient et qu'il remboursera par la suite.

Pincette (Milqat)
Sa vision évoque un serviteur qui patiente face au labeur et qui ne parle pas beaucoup. Pour un chômeur, elle évoque un travail.

Pioche (Fâs)
La vision d'une pioche évoque un serviteur ou un esclave. Elle peut évoquer aussi l'épée contre les incroyants, lorsqu'elle est faite en bois. Sa vision évoque aussi l'assistance et les ressources. On dit aussi qu'elle indique un tort et des divisions.

Pioche (Mi'wal)
Sa vision symbolise la rigueur et la résolution à opter pour les choses bienfaisantes.

Pistache (Fustuq)
Sa vision évoque un bien facile, alors que celle de son arbre symbolise un homme généreux. Celui qui se voit en train de manger de la pistache, se nourrira à partir de biens agréables.

Pistachier térébinthe (Habba Khadra)
Sa vision évoque un avantage obtenu d'un homme étranger fort.

Piton de cadenas (Ruza)
Sa vision symbolise une somme d'argent s'élevant à cent ou à mille. Se voir en train de le renouveler ou de le casser, signifie une protection ou une préservation des biens ou de la science.

Pituite (Balgham)
La vision de la pituite évoque des biens amassés mais qui ne se développent pas. Lorsque quelqu'un de malade, se voit en rêve en train de dégager de la pituite, cela annonce le salut et la guérison pour lui.

Plafond (Saqf)
Sa vision symbolise un homme distingué. Si ce plafond est fait de bois, cela signifie qu'il est un homme vaniteux. S'il voit un plafond sur le point de tomber sur lui, cela indique une crainte qu'il va ressentir d'un homme puissant.

Planète (Kawkeb)
La vision des planètes symbolise les nobles parmi les gens. Celui qui voit des planètes réunies dans sa maison en dégageant une lumière, cela veut dire qu'il va connaître une joie et une réjouissance et que des gens nobles vont partager sa joie. Si elles ne dégagent pas de lumière, cela veut dire que les gens nobles se réuniront chez lui en raison d'un malheur

qui va le frapper. Celui qui se voit en train de prendre une planète, dans sa main, aura un enfant noble et grandiose. On dit aussi que celui qui voit, en rêve, que les planètes ont disparu du ciel, s'il est riche, il s'appauvrira et, s'il est pauvre, mourra.

Plantation de concombres (Maqtha-a)
Sa vision évoque des avantages et des ressources successives. Elle peut évoquer aussi la femme qui a une grande progéniture. Celui qui se voit posséder, en rêve, une plantation de concombres, s'il est digne du pouvoir, il obtiendra un pouvoir et triomphera de ses ennemis, s'il est pauvre, il s'enrichira, s'il est célibataire, il se mariera, s'il est un étudiant en quête de science, il acquerra de nombreuses sciences et, s'il est un pécheur, il se repentira à Allah.

Plat à base d'amandes (Zirbâdja)
Sa vision signifie une bénédiction, lorsqu'elle n'est pas accompagnée de safran. Dans le cas contraire, elle évoque une maladie pour celui qui se voit en train d'en manger.

P

Plat à base de blé concassé ou mixture à base de piment (Harîssa)
Sa vision évoque un souci. Se voir en train de préparer une harissa dans un endroit où se trouve un malade, est peut-être annonciateur de la mort de celui-ci.

Plateau (Tabaq)
Sa vision évoque le bien-aimé qui apporte des sucreries et autres nourritures succulentes. Elle peut évoquer aussi des sauterelles ou une rigueur. Si on voit un plateau couvert d'une serviette, sortir de la maison d'un malade, sans savoir ce qu'il contient, cela indique l'âme du malade.

Plâtrier (Jassâs)
Sa vision symbolise un homme hypocrite et qui œuvre à

répandre l'hypocrisie, car le premier à avoir utilisé le plâtre est Pharaon. Sa vision peut évoquer aussi la disparition des soucis, des peines et des malheurs.

Pléiades (Les) (Thurâya)
La vision des Pléiades représente un homme déterminé dans ses décisions et qui fait des prédictions pour l'avenir. Leur chute signifie la mort des troupeaux de bétail et la détérioration des cultures et des fruits.

Pleurésie (Bersâm)
Se voir atteint de pleurésie dans un rêve est un avertissement de la part du Seigneur, et indique que le rêveur s'adonne aux péchés et doit se repentir.

Pleurs (Buqâ)
La vision de pleurs dans un rêve signifie le plaisir des yeux. Mais s'ils sont accompagnés de gémissements, de lamentations et de déchirements des joues, ils ne sont pas loués et présagent d'un malheur et d'une peine. Par contre, la vision de pleurs dus à la crainte d'Allah, à la récitation du Coran ou au regret d'un péché, signifie le salut, le bonheur, la fin des soucis et des peines, de même que la crainte d'Allah.

P

Pliage (Tayy)
Sa vision signifie le pardon, le fait de surmonter sa colère ou la fin des ressources et de la vie.

Plomb (Raçâç)
La vision du plomb évoque le commun des gens. Se voir en train de prendre du plomb signifie gagner des biens par l'intermédiaire de mages. Celui qui se voit en train de fondre du plomb, cela veut dire qu'il va se quereller pour une chose insignifiante et susciter les critiques des gens.

Plombier (Raçâçi)
Sa vision évoque un homme faible et à la santé fragile.

Plongeur (Ghattâs)
Sa vision évoque un espion, des avantages et des ressources.

Pluie (Matar)
Sa vision évoque la miséricorde d'Allah, Sa religion, Son salut et Son assistance. Elle évoque aussi la science, le Coran et la sagesse, car l'eau est la vie des êtres et le bien de la terre. Sa vision évoque aussi des ressources, un bienfait et une miséricorde de même qu'une prospérité.

Plumes (Rîch)
Leur vision symbolise de l'argent ou une distinction.

Poêle (Miqlât)
Sa vision évoque une femme dont les enfants ne survivent pas.

Poète (Châ'ir)
Sa vision symbolise un homme enjôleur qui dit ce qu'il ne fait pas. Elle évoque aussi la fornication, le vin et l'amour de l'argent.

Poids défini (Mithkâl)
Sa vision évoque le commandement du convenable et l'interdiction du blâmable, l'exhortation et les reproches. Elle évoque aussi la guidée, la sincérité et, peut être, le péché.

Poignée d'épée (Naççâb Essayf)
Sa vision évoque ce que rapporte les choses qui sont astreintes à la Zakat, comme les chameaux, les vaches, les moutons, l'or et l'argent.

Poignée de mains (Mouçâfaha)
Sa vision évoque des avantages, une allégeance et une assiduité à faire le bien.

Poignet de la femme (Mi'çam El-Mar-a)
Sa vision évoque son époux ou ce qu'elle y met comme bracelets et autres.

Poils de barbe sur la joue ('Adhâr El-Khadd)
Leur vision évoque le fait de se justifier. Elle évoque aussi une excuse évidente, un surplus de ressources ou le retour d'un absent. Si ces poils embellissent la personne qui les porte, cela indique une bonne nouvelle, et s'ils l'enlaidissent, ils signifient un souci et une affliction.

Poils de chameau (Wabr)
Sa vision évoque des avantages et des ressources, des habits et des biens hérités et non hérités ou bien usurpés. Sa vision évoque aussi des biens licites.

Pointe de flèche (Naçl)
Sa vision évoque des paroles ou des avantages et profits obtenus d'un voyage.

Poire (Idjâs)
Lorsque quelqu'un voit une poire dans sa saison, c'est l'annonce d'un moyen de subsistance qui lui parviendra ou le retour d'une personne absente. Par contre s'il voit ce fruit hors saison, cela lui prédit une maladie si la poire est de couleur jaune, et un souci si elle est de couleur verte. En outre, lorsqu'un malade se voit en train de manger une poire, il guérira de sa maladie.

Poire (Koummathra)
La plupart des interprètes expliquent la vision d'une poire par une maladie. D'autres disent qu'elle évoque des biens pour celui qui se voit en train d'en manger. Sa vision peut évoquer aussi la mort d'un malade et son enterrement.

Poireau (Kourrâth)
Celui qui se voit en train de manger, en rêve, du poireau, possédera des biens illicites par le biais d'une injustice ou d'un vol. Celui qui se voit en train de le manger, cuit, se repentira et abandonnera des biens illicites.

Poison (Samm)
La vision des poisons mortels symbolise la mort. Elle évoque aussi les soucis et l'affliction. Celui qui se voit, en rêve, en train d'absorber du poison, cela annonce que sa vie va se prolonger

Poisson (Samak)
La vision de gros poissons frais symbolise des biens et un butin. Quant à la vision de petits poissons, elle évoque des afflictions. La vision d'un poisson frit, évoque le règlement d'une affaire, la réponse à une invitation ou l'obtention de biens considérables, dans le cas où l'auteur de la vision est un homme pieux. Dans le cas contraire, il doit s'attendre à ce qu'un châtiment s'abatte sur lui.

Poitrine (Çadr)
La vision d'une belle et large poitrine évoque la conversion à l'Islam de l'incroyant. Pour un pécheur, c'est l'indice d'un repentir et l'attachement à l'obéissance. Elle évoque aussi la facilitation de ce qui est difficile. On dit aussi que la vision d'une large poitrine symbolise la générosité alors que son étroitesse figure l'avarice.

Poivre (Bahâr)
Sa vision représente un enfant qui décède en bas âge, une joie qui ne dure pas, un commerce qui périclite rapidement, une femme inconstante ou un poste de responsabilité qui passe aux mains d'un autre. On dit aussi qu'elle représente des dirhams.

Poivron (Filfel)
Sa vision évoque un bien avec lequel on préserve d'autres biens. La vision de nombreux poivrons signifie des biens, s'ils ne sont pas mangés ; si une partie d'entre eux est mangée, cela évoque un souci en vue.

Poix (Qâr)
Sa vision évoque une protection et un abri contre une chose interdite de même que contre la chaleur. Elle évoque aussi de l'argent.

Policier (Churtî)
Sa vision évoque l'ange de la mort. On dit aussi qu'elle annonce une terreur et un souci. Lorsqu'on voit en rêve, un policier accompagné de ses intendants, cela indique une frayeur, une tristesse, un châtiment et un danger en vue.

Polisseur (Çayqal)
Sa vision symbolise un ministre respecté qui ordonne et interdit et qui donne des avantages et porte préjudice, à l'image du sultan. Elle figure aussi le jurisconsulte et le juge ainsi que le médecin. En outre, elle évoque la dissipation du souci et des malheurs, la science après l'ignorance et la fréquentation des vertueux qui lui dévoilent les défauts des gens

Polisseur d'objets en cuivre (Jallâ Açççufr)
Sa vision représente un homme qui embellit les plaisirs de ce bas monde et les attire vers lui. Elle symbolise aussi un homme de vertu et de bon jugement, de même qu'un savant et un prêcheur qui polit les cœurs avec ses prêches.

Polisseur de chatons de bagues et de pierres précieuses (Hakkâk El-Fousoûs Oua El-Djawâhir)
Sa vision symbolise l'éducateur des gens ignorants et rustres et le savant versé dans la science et la sagesse. Elle peut évoquer aussi le mal, les querelles, les tergiversations et les voyages.

Pollen (Laqâh)
Sa vision évoque une maladie ou des dinars. Pour celui qui prend du pollen en rêve, sa femme tombera malade.

Poltron (Jabân)
Sa vision évoque l'aisance et la guérison des maladies. Il n'y a aucun bien, cependant, pour celui qui s'apprête à aller au combat, car il indique la lâcheté lors de la rencontre avec l'ennemi. L'inverse peut être vrai aussi.

Pomme (Tuffâh)
La pomme symbolise la dignité de l'homme. Si l'auteur de la vision est un roi, la vision de la pomme figure son royaume, s'il est un commerçant, elle représente son commerce, et s'il est un agriculteur, elle signifie son agriculture. Si quelqu'un voit, en rêve, qu'il prend une pomme ou qu'il la mange, il obtiendra une dignité en fonction de ce qu'il aura vu dans sa vision. On dit aussi que la vision d'une pomme sucrée symbolise des biens licites alors que celle d'une pomme amère symbolise des biens illicites. La vision d'un pommier signifie que son auteur est un homme croyant proche des gens.

Pommette (Wadjna)
La vision d'une belle pommette évoque l'abondance et la délivrance. La vision de sa laideur évoque, quant à elle, la maladie et le tort. La vision d'une pommette rose et grasse évoque aussi la dignité, le bien être, la bonne situation et l'aisance.

Ponction (Batta El Qurha)
Se voir en rêve faisant l'objet d'une ponction, signifie tendre une oreille indiscrète, ou recevoir la science, de même qu'elle peut signifier la haine et l'extrémisme, le déchiffrage des paroles codées, des écritures compliquées ainsi que la désunion entre les époux.

Pont (Jisr)
Sa vision symbolise la voie droite, de même que la science, la guidée, le jeûne, la prière et tout ce qui permet à l'homme d'échapper au châtiment de l'au-delà et à la peine de ce bas monde. Elle évoque aussi celui qui peut régler les problèmes des gens, comme le portier ou le gardien, comme elle peut évoquer les biens, l'épouse, les enfants et la mère. Celui qui se voit devenir un pont, obtiendra un pouvoir dont tout le monde aura besoin.

Pont sur l'enfer (Çirât)
La vision d'une marche sur le çirât évoque des voyages en mer. Elle évoque aussi la science, le monothéisme et la conformité à la sunna pour celui qui se voit en train de le franchir. Elle indique aussi la voie. Celui qui voit qu'il a dévié du çirât, cela veut dire qu'il a dévié de la voie de la vérité. L'inverse est vrai.

Porte (Bâb)
Les portes ouvertes symbolisent les moyens de subsistance, alors que la porte centrale de la maison représente leur valeur. Si quelqu'un voit en rêve des portes s'ouvrir vers des endroits connus ou inconnus, cela veut dire que les portes de ce bas monde vont s'ouvrir pour lui tant qu'il n'outrepasse pas leur mesure ; s'il la dépasse, cela signifie la ruine de cette maison. En outre, la serrure de laporte représente le gardien, le messager ou l'avertisseur. Celui qui voit en rêve le feu ravager des portes, doit s'attendre à la mort de sa femme, de même que cela peut signifier la mauvaise gestion des affaires de sa vie.

Porte lampe (Misradja)
Sa vision évoque le serviteur de la maison qui s'occupe des affaires de la famille. Elle peut évoquer aussi l'épouse du maître de maison ou les ressources de la vie.

Portefaix ('Atâl)
Sa vision évoque le fait d'assumer les péchés et les erreurs. Elle évoque aussi la guérison pour celui qui est malade.

Porteur d'eau (Saqqâa)
La vision d'un porteur d'eau symbolise un homme religieux et pieux dont n'émane que le bien, tant qu'il ne monnaye pas ses services. Celui qui se voit en train de remplir un bidon d'eau en le portant chez lui, sans avoir l'intention d'en boire, obtiendra des biens qui profiteront à autrui. Quant à celui qui se voit en train de porter de l'eau à quelqu'un en monnayant ses services, cela veut dire qu'il va assumer un péché, alors que

P

celui auquel il apporte de l'eau va obtenir des biens de la part du sultan.

Porteur d'étendard (Çâhib Errâya)
Sa vision évoque le juge, car c'est vers lui que se tournent les yeux.

Pose de ventouses (Hudjâma)
Celui qui se voit poser ou se faire poser, en rêve, des ventouses, cela veut dire qu'il va obtenir un poste de responsabilité, recevoir un registre de conditions ou se marier, car le cou représente la place de la confiance. On dit aussi que la vision d'une pose de ventouses signifie la guérison d'une maladie.

Poseur de ventouses (Hadjjâm)
Sa vision évoque un homme ayant un joug sur les gens, sur leur sang, sur leurs sentiments et leurs peaux, comme le fait le sultan, le savant, le gouverneur, le médecin, le notaire qui établit les contrats et les clauses. Sa vision signifie aussi la dissipation des soucis, des malheurs et des maladies.

Position assise (Qou'oûd)
La vision d'une position assise, signifie l'incapacité et l'échec. Pour la femme, se voir dans une position assise, signifie que son mariage tarde à venir.

Position pendante (Tadalli)
Celui qui se voit dans une position pendante d'une terrasse vers la terre, à l'aide d'une corde, fera preuve de scrupule dans toutes les affaires de sa vie et délaissera la demande de certains de ses besoins, par scrupule. Celui qui se voit tomber d'une terrasse sur le sol, cela veut dire qu'il va désespérer d'un homme en qui il avait mis ses espoirs.

Possession de l'homme par les djinns (Çar' El-Djinn Lîl Insân)
Celui qui voit en rêve, qu'il est possédé par les djinns, cela signale qu'il vit de l'usure ou qu'il pratique la magie.

Postier (Çahîb El-Barîd)
Sa vision évoque un homme qui trahit la confiance des autres.

Pot de beurre (Zabadiyya)
Sa vision symbolise une épouse ou les ressources d'une maison.

Pot de lait ou de miel (Wi'â Ellaban Aw El-'Asal)
Leur vision évoque un homme savant ou un homme très riche.

Potier (Fekkhâri)
Sa vision représente un homme qui fabrique les cruches et les ustensiles. Elle évoque aussi des serviteurs ou des femmes pieuses. Sa vision symbolise aussi le fait de s'enorgueillir de l'origine, des biens ou de la beauté.

Potier (Ghadâyrî)
Sa vision évoque le vendeur d'esclaves ou de bétail. Elle évoque aussi un homme qui détient les biens des gens.

Poulet (Farroûdj)
Sa vision évoque un petit esclave ou l'enfant d'un esclave.

P

Poulie (Baqra)
Sa vision symbolise un homme utile et croyant, qui œuvre au service des gens dans les affaires de ce bas monde et de l'autre. Celui qui se voit tirant de l'eau d'elle pour faire ses ablutions, se fera assister par un homme croyant attaché
à la religion d'Allah, car le câble signifie la religion. S'il fait ses ablutions et les achève avec cette eau, il sera à l'abri de tout souci, affliction ou dette.

Poumon (Ria)
La vision d'un bon poumon évoque la longévité, alors que son altération évoque sa brièveté. Celui qui voit que son poumon s'est noirci, cela évoque sa mort prochaine, car le poumon est l'emplacement de l'âme.

Pousser un soupir de soulagement (Naffasa)
Sa vision indique que son auteur a fait quelque chose qui nécessite un regret.

Poussière (Ghubâr)
Sa vision évoque un voyage. Si la vision de poussière est accompagnée de foudre et de tonnerre, cela indique une sécheresse et une disette. Si elle n'est pas accompagnée de ces deux choses-là, elle signifie l'obtention d'un butin. Celui qui se voit en train de faire tomber de la poussière de ses mains et de ses vêtements, s'appauvrira. On dit aussi qu'elle indique la longévité.

Poussière vue dans le soleil (Habâ)
Sa vision évoque des propos vains, en vertu de la parole du Très Haut: ﴾ ***Nous n'avons trouvé que de la poussière disséminée.*** ﴿ (S25, V23)

Poussins (Farâridj)
Leur vision évoque les enfants des captifs. Elle évoque aussi une affaire qui se concrétisera rapidement et sans peine. Celui qui se voit en train de manger de la chair de poussin, obtiendra des biens d'un grand homme.

P

Poux (Qaml)
La vision de poux évoque une vie prospère. Voir des poux dans des vêtements neufs, signifie renouveler le pouvoir à celui qui était au pouvoir ou des biens dont on espère l'augmentation. On dit aussi que leur vision évoque des soucis et un emprisonnement de même que l'aggravation d'une maladie. Pour celui qui voit un grand pou sortir de son corps et s'en éloigner, cela indique une diminution du terme de sa vie.

Prairies (Maridj)
Leur vision symbolise ce bas monde avec sa parure, ses biens et ses atours. Elle évoque aussi des ressources acquises sans

peine, une épouse qui se contente de peu, une science venant d'Allah ou une aumône courante qui survit à son auteur. Elle évoque également l'Islam.

Praticien de la saignée (Façcâd)
La vision d'un praticien de la saignée opérant en longueur, évoque un homme qui dit des choses agréables et œuvre à la concorde entre les gens. Celle du praticien qui opère, en largeur, évoque un homme qui sème la haine entre les gens et les diffame.

Pratique de bonnes œuvres (Fi'l El-Khayr)
Celui qui se voit en train d'accomplir de bonnes œuvres, en rêve, obtiendra des biens. Celui qui se voit en train de dépenser de l'argent, dans l'obéissance à Allah, obtiendra des biens, en vertu de la parole du Très Haut: ﴾ ***Ce que vous dépensez en aumônes vous sera exactement rendu.*** ﴿ (S2, V272)
S'il ne fait pas de bonnes œuvres, dans la réalité, il ne sera pas victorieux s'il est en guerre et il tombera dans la faillite s'il est un commerçant.

Prêcheur (Wâ'idh)
Sa vision évoque les pleurs, la tristesse et les soucis successifs. Si un prêcheur entre chez un malade, en rêve, ce dernier mourra. Sa vision évoque aussi ce qui rappelle à l'homme ses devoirs envers Allah, comme le Coran, la sunna ou un maître spirituel.

Prendre appui (Tawaqqa)
Se voir, en rêve, appuyé sur unc canne, signifie s'appuyer sur un homme pour le règlement d'unc affaire quelconque.

Préparateur de gypse (Jabbâs)
Sa vision évoque des péchés, des fautes, des malheurs, des peines et un incendie. Elle peut désigner aussi le terme du malade et la reconstruction de ce qui a été démoli.

pris comme exemple pour sa science. Sa vision évoque aussi un homme arrogant qui suit de fausses croyances et qui se préoccupe peu de sa personne.

Preuve (Burhân)

Celui qui se voit en rêve, comme s'il apportait une preuve, cela signifie qu'il est en litige avec quelqu'un et que la preuve est en sa faveur, en vertu de la parole du Très Haut : ﴾ ***Dis : Apportez votre preuve si vous êtes sincères.*** ﴿

Prière (Çalât)

La vision de la prière est une chose louable que ce soit pour la religion ou pour ce bas monde. Elle indique l'obtention d'un poste de responsabilité, un message, l'acquittement de dettes, le respect d'un dépôt ou l'application d'une obligation parmi les obligations d'Allah. La vision de la prière est interprétée selon trois versions : la prière obligatoire, la prière sunna et la prière surérogatoire.

La vision de la prière obligatoire, évoque ce que nous avons dit plus haut, ainsi que le fait que son auteur aura la faveur de partir en pèlerinage et d'éviter les turpitudes, en vertu de la parole du Très Haut : ﴾ ***La prière éloigne l'homme de la turpitude et des actions blâmables.*** ﴿ (S29, V45)

La prière de la sunna, elle, évoque la purification de son auteur et sa persévérance devant les malheurs, en vertu de Sa parole : ﴾ ***Vous avez, dans le Prophète d'Allah, un bel exemple.*** ﴿ (S33, V21)

Elle évoque aussi la compassion envers les créatures d'Allah.

Quant à la vision de la prière surérogatoire, elle évoque la perfection de la virilité et la dissipation des soucis.

Prière du vendredi (Jumu'a)

La vision de la prière du vendredi symbolise la joie, le bonheur, la participation aux fêtes, aux festivals et au pèlerinage. Celui qui voit en rêve qu'il se trouve au jour du vendredi, cela signifie qu'il pense du bien d'une chose alors que ce n'est pas le cas. S'il voit qu'il est en train de faire la prière du vendredi, cela lui annonce qu'il va faire un voyage agréable, à la recherche d'un bienfait en argent ou en ressources matérielles qu'il obtiendra si cette prière s'achève dans son rêve.

Prières de Pair et impair (Chaf' Oua Witr)
Leur vision évoque la bonne fin dans la religion et le bas monde. Elle peut indiquer aussi l'intercession et le testament.

Prime (Ju'âla)
Sa vision évoque l'exposition aux soucis, aux peines et à l'avidité pour ce qui se trouve dans les mains d'autrui. Si quelqu'un se voit en train d'amasser des primes ou de faire ce qui lui rapporte des primes, cela signifie la fidélité aux engagements, la préservation de la tendresse et l'obtention de salaires.

Printemps (Rabi')
Sa vision symbolise des dirhams, de même qu'un enfant dont la vie sera courte, une femme avec laquelle le mariage sera de courte durée, un pouvoir éphémère ou une joie qui se dissipera rapidement.

Prise d'une esclave comme concubine (Tasarry)
Se voir, prendre comme concubine son esclave, en rêve, symbolise les réjouissances et le bonheur. Si l'auteur de cette vision est malade, il en sera guéri. Cette vision signifie aussi l'enrichissement après la pauvreté et la puissance après la faiblesse.

Prison (Habs)
La vision de la prison symbolise l'avilissement et l'affliction. On dit aussi que le fait de se voir emprisonné, en rêve, signifie l'obtention d'un pouvoir, en vertu du récit de Joseph. Se voir emprisonné dans une maison en plâtre, inconnue et isolée, symbolise la mort et l'enterrement dans la tombe. Se voir

entrer en prison, en rêve, n'est louable en aucun cas, car cela évoque la longue maladie et la permanence de l'état d'affliction, pour celui qui s'y voit pénétrer de son plein gré ou contraint par un autre.

Prison (Sidjn)
Sa vision indique ce qu'indique la vision du hammâm (bain maure). Elle évoque la maladie qui empêche de se lever et d'agir. Elle évoque aussi la tombe et, peut être, la géhenne, car elle est la prison des mécréants et des pécheurs. Elle évoque aussi l'épouse malheureuse, le complot des ennemis, des accusations, la proximité des grands, la tombe et la religion ou la pauvreté et le manque de repos.

Proclamer l'unicité d'Allah (Tahlîl)
La proclamation en rêve de l'unicité d'Allah signifie la guidée. Celui qui se voit en train de dire en rêve: “Il n'y a de dieu qu'Allah”, cela veut dire qu'il mourra selon le témoignage de la foi. S'il se trouve dans un malheur, il en sera récompensé et, s'il se trouve dans une affliction, il en sera sauvé et la délivrance lui sera assurée.

P

Procurateur (Waqîl)
Sa vision évoque un homme qui accumule des péchés.

Procuration (Waqâla)
Sa vision évoque des péchés qui s'accumulent sur celui qui est devenu procurateur. Elle évoque aussi la richesse et la maîtrise de ce que possède autrui. Si le procurateur est malade, il guérira et vice versa. S'il aspire à un poste, il l'obtiendra.

Promesse ('Ida)
Promettre quelque chose, en rêve, indique une dette dont sera redevable celui qui reçoit la promesse au profit de celui qui la donne. Honorer cette promesse, en rêve, dénote de la foi et de la bonne certitude de son auteur.

Promesse (Wa'd)
Celui qui se voit en train de faire une belle promesse à quelqu'un, en rêve, cela
veut dire qu'il va l'honorer. Celui qui voit son ennemi lui faire une belle promesse, un mal l'atteindra de sa part ou de la part d'autrui. Celui qui voit son ennemi lui promettre du mal, cela veut dire que du bien va lui parvenir de la part de son ennemi ou de quelqu'un d'autre.

Prophètes (Anbiyyâ)
La vision des prophètes peut signifier deux choses: soit l'annonce d'une bonne nouvelle soit une mise en garde. En outre, cette vision peut être de deux formes: la première est de voir un prophète sous son vrai état et apparence. Cette vision est une preuve de la vertu et de la dignité de son auteur. La deuxième est de le voir l'air changé et le visage renfrogné. Cette vision indique que son auteur se trouve dans une situation difficile et est soumis à une dure épreuve, avant qu'Allah ne l'en délivre.
Se voir en train de tuer un prophète, indique une trahison de la part de l'auteur du rêve au sujet d'un dépôt confié à lui et une violation d'un engagement, en vertu de la parole du Très Haut: ﴾ ***Nous les avons punis parce qu'ils ont rompu leur alliance, parce qu'ils n'ont pas cru aux signes d'Allah, parce qu'ils ont tué injustement des prophètes.*** ﴿ (S4, V155)

Propos futiles (Laghw)
Se voir en train de les écouter, en rêve, est signe de péché et de rejet des conseils, en vertu de la parole du Très Haut: ﴾ ***Quand ils entendent des futilités, ils s'en détournent.*** ﴿ (S28, V55)

Propriétaire d'une douche (Racchâch)
Sa vision évoque les pluies et l'arrosage des terres. Elle indique aussi une bonne situation et la dissipation du sommeil et des malheurs.

P

Prosternation de remerciements (Soudjoûd Echukr)
Sa vision évoque la disparition d'un malheur et le renouvellement des ressources.

Prosternation durant la prière (Soudjoûd Essalât)
La vision d'une prosternation, dans un rêve, indique le triomphe, le repentir d'un péché dans lequel se débat l'auteur de la vision, l'obtention d'un bien, la longévité ainsi que la délivrance des dangers.

Prosternation durant la récitation du Coran (Soudjoûd Ettilâwa)
La vision d'une prosternation durant la récitation du Coran signifie, dans l'ensemble, le repentir, l'attachement aux obligations cultuelles, le commandement du convenable et l'interdiction du blâmable ainsi que le retour vers Allah.

Prostitution (Bighâ)
La vision de la prostitution symbolise un mal qui atteint la bouche et nécessite un remède adéquat sinon elle s'aggrave encore plus. Un des gnostiques a dit: Avec la corruption des communs du peuple, apparaissent les gouverneurs injustes et, avec la corruption de l'élite, apparaissent les charlatans et les imposteurs qui suscitent les tentations dans la religion.

Provisions (Zâd)
Se voir portant des provisions de voyage, en rêve, est révélateur de la piété du rêveur. Pour un pauvre, cela annonce un enrichissement alors que pour un endetté, l'acquittement de ses dettes.

Proxénétisme (Qiwâda)
Celui qui se voit en proxénète sans que n'apparaisse de prostituée, cela veut dire qu'il est un courtier qui expose ses marchandises et vit avec. Le proxénétisme évoque le faux serment.

Pruneau (Qarâciya)
La vision d'un pruneau évoque un avantage facile et rapide, la dissipation de maladies ainsi que des joies et des réjouissances.

Prurit (Charâ)
Sa vision évoque de l'argent rapide obtenu dans la réjouissance et la hâte.

Psaumes de David (Zabûr de Dâwoud عليه السلام)
Leur vision évoque les lamentations et les pleurs, le repentir, la crainte, l'adoration et l'entente des cœurs.

Pubis ('Ana)
Lorsque quelqu'un se voit en train de raser son pubis, en rêve, cela indique la disparition de ses dettes et de ses soucis.

Puce (Barghoût)
Les puces symbolisent les soldats d'Allah, et c'est à travers elles qu'Il a exterminé Nemrod. La vision d'une puce figure un homme vil et méprisable, qui diffame les autres. Celui qui voit une puce le piquer, en rêve, obtiendra de l'argent. Il en est de même des punaises.

P

Puissance ('Izz)
Sa vision évoque l'avilissement. Celui qui se voit puissant, sera avili.

Puits (Bîr)
La vision du puits évoque à la fois les biens, la science, le mariage, un homme à la forte corpulence, une prison, une chaîne ou une ruse. Celui qui se voit tomber dans un puits, cela veut dire que sa position sociale risque d'en pâtir. Sa vision symbolise aussi le père et la mère, l'éducateur, la pauvreté, la ruse, l'insulte, le règlement des problèmes, les voyages, les demandes, l'avarice ou la générosité. Celui qui voit de l'eau jaillir d'un puits, et se répandre dans un lieu, cela signifie qu'il va y avoir des soucis, de la tristesse et des pleurs dans cet endroit.

Puits (Jubb)
La vision d'un puits plein d'eau, et se trouvant dans une maison, représente une femme riche mais soucieuse. Si ce puits est utilisé pour l'arrosage, il symbolise un homme généreux qui dépense beaucoup au service d'Allah. Sa vision peut évoquer aussi les soucis, les malheurs et la prison et, celui, qui se trouve dans l'une de ces situations, ses soucis et ses malheurs se dissiperont et il obtiendra puissance et distinction.

Punaise (Baqq)
La vision d'une punaise, dans un rêve, indique des ennemis faibles ou des soldats qui n'ont aucune fidélité. Elle signifie aussi les soucis et la tristesse, de même qu'un homme calomniateur, malheureux et faible. Celui qui voit comme si des punaises l'attaquaient, verra des gens mauvais s'en prendre à lui, et il en sera triste et affligé.

Pus (Qîh)
La vision du pus évoque des biens qui se développent et permettent à son propriétaire de réussir. On dit aussi que celui qui voit du pus sortir d'une blessure de son corps ou autre, sera victime d'une accusation. On dit aussi que le pus d'un abcès évoque une délivrance.

Pyramides d'Egypte et autres (Ahrâm Misr)
Voir les pyramides d'Egypte dans un rêve, signifie avoir des informations étonnantes sur des communautés disparues. Cette vision signifie aussi les enseignements et la réflexion. Elle indique aussi le mariage du célibataire avec une femme parmi les polythéistes ou les non arabes ou la fréquentation de ceux-ci, comme elle indique l'adoption des croyances des innovateurs ou l'intérêt pour les arts ou les sciences théoriques. Elle peut symboliser également la longévité ainsi que les lieux de plaisir et de distractions, de chants, de danses et d'ivresse.

Q

Question (Souâl)

Sa vision évoque la fermeté dans les affaires. Se voir en rêve en train d'être interrogé, vaudra au rêveur de partir à la quête de la science, sera humble envers Allah et verra son rang s'élever.

Queue grasse du mouton (Alyat Ech-chât)

Sa vision dans un rêve indique un serment et un vœu. Elle signifie aussi le bienfait abondant et la science utile ainsi que le trésor qui contient la science et la descendance. Elle représente aussi les richesses de la femme.

Quille (Çawladjân)

Sa vision figure un enfant turbulent. On dit aussi qu'elle évoque un homme hypocrite et déviant. Se voir en train de jouer avec, en rêve, signifie demander l'assistance d'un homme ayant ces caractéristiques. On dit aussi que le fait de jouer avec une quille, en rêve, annonce une querelle.

Quintal (Qintâr)

Pour un pauvre, cette vision signifie l'enrichissement, en vertu de la parole du Très Haut : ﴿ ***Des quintaux multiples d'or et d'argent...*** ﴾ (S3, V14)

R

Râble (Mihrâb Al-Fourn)
Sa vision évoque une sédition.

Raccommodeur de vieux habits (Mouraqqi' Lîl Qimâch Al-'Atîq)
Sa vision évoque la sollicitude et le dénouement d'une affaire. Elle évoque aussi la pauvreté permanente.

Radis (Foudjl)
Sa vision représente un bédouin. Elle évoque aussi un pèlerinage et des ressources licites. On dit que celui qui se voit, en rêve, tenant un radis dans sa main, accomplira un acte duquel découlera du bien mais auquel succédera un regret.

Raillerie (Sakhriyya)
Sa vision signifie la tromperie dans une affaire. Celui qui se voit faisant l'objet de railleries, dans un rêve, sera victime d'une tromperie.

Raisin ('Inab)
Sa vision évoque de bonnes ressources, abondantes et durables. Elle évoque aussi la bonne compagnie et l'amour. Durant sa saison, sa vision signifie l'abondance de ce bas monde, alors qu'en dehors de sa saison, elle évoque un bien à obtenir d'une manière précoce.

Raisins secs (Zabîb)
Leur vision évoque un bien avantageux, quelle que soit sa variété ou sa couleur.

Râle de genêts (Çafrad)
Sa vision évoque une femme riche, noble, puissante, honorable et belle. Celui qui se voit posséder, en rêve, un râle des genêts, possédera une telle femme.

Rame (Miqdâf)
Sa vision évoque la délivrance face aux dangers ainsi que le compagnon qui assiste dans les choses difficiles.

Rang (Çaff)
Sa vision indique l'union des cœurs dans la rencontre avec l'ennemi. Elle évoque aussi l'astreinte dans les rangs des fidèles pour la prière.

Rang de perles (Nadhm)
Sa vision évoque la science, le fait d'amasser des biens d'une manière légale, l'entente, l'amour d'Allah et Sa crainte révérencielle.

Rasage de la tête (Halq Ech-cha'r)
Celui qui se voit en train de se raser la tête, en rêve, sera tenu de dépenser son argent dans l'obéissance à Allah. Si le rasage se déroule dans la saison estivale, et que l'auteur de la vision a l'habitude de le faire en cette saison, cela évoque un avantage, un repos ou une guérison d'une douleur dans la tête ou dans les yeux. Si ce rasage se déroule en saison hivernale, cela indique des préoccupations, des déceptions, des amendes et des maladies. Le rasage de la tête évoque aussi le respect des dépôts et la quiétude face à la peur.

Rasoir (Moûsa El-Hadîd)
Sa vision évoque un garçon, car il sert à circoncire les garçons. Elle évoque aussi la haine et la langue qui blesse par ses propos.

Rassemblement (Jam')
La vision de choses complémentaires, rassemblées, comme la perle et l'or, l'ambre et l'or ou les pierres précieuses et les

perles, indique que l'auteur de cette vision est bénéfique aux gens par sa science, son comportement ou ses avis.

Rate (Tihâl)
La vision d'une rate malade causant des douleurs, signifie le gaspillage, par l'auteur de la vision, de biens considérables, qui constituaient ses ressources et les ressources de sa famille. Si ces douleurs s'accentuent au point de craindre pour lui, la mort, cela indique la disparition de sa foi, qu'Allah nous en préserve.

Rattachement (Damm)
Pour celui qui se voit réunir de la nourriture bonne et licite, en rêve, cela indique l'obtention de ressources faciles et licites. S'il se voit réunir des habits, cela indique son mariage s'il est célibataire.

Ravaudeur (Raffâ)
Sa vision évoque la vertu, le bon sens, la bonne renommée et la guérison des maladies. On dit aussi que sa vision signifie le repentir d'un péché.

Réchaud (Kânoun)
La vision d'un réchaud évoque, pour la femme, son époux qui affronte les aléas de la vie et supporte les peines du gain et des ressources. La vision d'un réchaud sans feu évoque les soucis et les afflictions, alors que celle d'un réchaud avec feu, évoque la satisfaction des besoins et des ressources.

Récolte (Haçâd)
La vision d'une récolte symbolise la simplification de ce qui est difficile et les ressources rapides. Elle symbolise aussi la récompense et la rétribution qu'obtiendra celui qui procède à la récolte. Si la récolte arrive en dehors de sa saison, cela signifie la mort ou la lutte. Celui qui se voit en train de marcher dans une culture récoltée, marchera dans les rangs des combattants.

Recommandation (Waçiyya)
Sa vision évoque la relation existant entre celui qui recommande et celui à qui est adressée la recommandation. S'il y a une animosité entre eux, celle-ci disparaîtra, et si chacun d'eux se trouve dans un pays, ils se rencontreront.

Réconciliation (Mouçâlaha)
Sa vision évoque l'apparition du bien, en vertu de la parole du Très Haut : ﴾ ***La réconciliation est meilleure.*** ﴿ (S4, V128) La vision d'un appel à la réconciliation évoque l'appel à la vertu et à la guidée. Refuser la réconciliation, en rêve, signifie que l'auteur de la vision n'aime pas le bien. Sa vision évoque aussi la paix.

Reconnaissance envers Allah (Chukr)
La vision d'une reconnaissance envers Allah évoque la délivrance d'un souci. Celui qui se voit, en rêve, en train de faire preuve de reconnaissance envers Allah, sera à l'abri des soucis et obtiendra une force, de l'argent, un bien, une prospérité et une récompense.

Refus (Çadd)
Sa vision symbolise l'incroyance.

Regard de l'homme vers le sexe de la femme (Nadhar El-Insân Ila El-hadj omar)
Celui qui voit comme s'il regarde vers le sexe de sa femme ou autre, avec un regard de concupiscence ou en le touchant, cela veut dire qu'il va s'adonner à un commerce répugnant.

Régime de dattes (Qinwou)
Sa vision évoque des biens ainsi que le rassemblement de la famille.

Registre (Qirtâs)
Celui qui se voit, en rêve, en train d'écrire dans un registre, cela indique une ingratitude des gens à son égard. Celui qui voit dans sa main, un registre, son affaire sera résolue.

Reine de l'échiquier (Firzân Ech-chatrandj)
Sa vision évoque un poste éminent.

Reins (Kulyatayn)
Leur vision évoque un homme fort et puissant qui travaille au service du sultan et dépense des biens au profit des gens. Elle évoque aussi les proches parents.

Relieur d'ouvrages (Moudjallid Al-Koutoûb)
Sa vision évoque le laveur de morts et celui qui les ensevelit. Elle évoque aussi la préservation des secrets et le dévouement à l'amitié.

Rênes (Miqwad)
Sa vision évoque les penchants vers le bien ou le mal. Celui qui voit des rênes entre ses mains, en rêve, les choses difficiles lui seront facilitées.

Repaire (Wakr)
Sa vision évoque un enfant illégitime. Elle évoque aussi les mosquées des dévots et des gens retirés dans la solitude de l'adoration.

Repaire du lion (Ghâb El-Asad)
Sa vision évoque la solitude et la frayeur ainsi que la demeure des gens pervers et corrompus.

Réparateur de récipients (Moucha'ïb Al-Awâni)
Sa vision évoque la bonne situation, la guérison des malades et la réduction d'une fracture.

Repentir (Tawba)
La vision du repentir signifie l'obtention d'un pouvoir ainsi que d'un honneur et d'une bénédiction après avoir éprouvé un malheur. Elle évoque aussi la délivrance d'une prison. Celui qui voit en rêve qu'il cesse de s'adonner aux péchés, cela veut dire qu'il sera éprouvé par un malheur puis il se repentira.

Pour l'incroyant, le repentir signifie sa conversion à l'Islam, alors que pour les chanteurs, les fornicateurs et leurs pareils, il signifie la pauvreté après la richesse.

Repos (Râha)
Dans une vision, le repos après la fatigue, symbolise la richesse après la pauvreté et l'épouse vertueuse après celle qui lui a mené la vie dure. Si l'auteur de la vision est malade, cela indique l'approche de sa fin et son repos après la fatigue de ce bas monde et ses malheurs.

Reprise d'une femme répudiée (Radj'at El-Mar-a El-Mutallaqa)
Voir cela en rêve, signifie le retour de la bonne santé pour le malade. Cela peut signifier aussi le retour à un endettement, à une doctrine, à un métier ou à un pays.

Reproche ('Itâb)
La vision d'un reproche signifie l'amour. Celui qui se voit en train de se faire des reproches, en rêve, cela veut dire qu'il va commettre un acte qu'il regrettera et qu'il se reprochera, et ce en vertu de Sa parole : ﴾ ***Le jour où chaque homme viendra, plaidant pour lui-même.*** ﴿ (S16, V111)

Requin (Qurch)
Sa vision évoque l'élévation des intentions ainsi que la noblesse de la généalogie.

Ressentiment (Ghaydh)
Celui qui se voit éprouver du ressentiment pour quelqu'un, cela veut dire qu'il va tomber dans la confusion et que son argent va disparaître, en vertu de la parole du Très Haut : ﴾ ***Allah a renvoyé les incrédules avec leur rage ; ils n'acquerront jamais aucun bien.*** ﴿ (S33, V25)
S'il a éprouvé ce ressentiment à cause d'un bien de ce bas monde, cela veut dire qu'il est un homme négligent dans la religion d'Allah. S'il l'a fait pour Allah, cela veut dire qu'il va obtenir une force et un pouvoir, en vertu de Sa parole :

R

﴿ ***Lorsque la colère de Moïse se fut apaisée.*** ﴾ (S7, V154)
Sa vision évoque aussi la mort subite, si elle n'a pas de cause.

Résurrection (Qiyyâma)
Sa vision signifie un avertissement et une mise en garde pour celui qui s'apprête à commettre un péché. Elle évoque aussi la justice et l'équité pour la victime contre son oppresseur. Voir le Jour de la résurrection survenir dans un lieu, veut dire que la justice va s'établir dans ce lieu et que ses habitants vont se venger de leurs oppresseurs et triompher d'eux. Pour celui qui voit que le jour de la résurrection survient pour lui seul, cela annonce sa mort.

Résurrection des morts (Nouchoûr Ennâs Min Qouboûrihîm)
La vision de la résurrection des morts évoque la dispersion des gens dans le marché, à la recherche des gains, les uns gagnant, et les autres perdant dans leur commerce.

Retour de l'absent (Qoudoûm El-Ghâïb)
Sa vision évoque une délivrance après une gêne, une guérison après une maladie ainsi que le retour de l'homme à la situation précédente.

Retour de voyage (Roudjou' Min Essafar)
Sa vision évoque l'accomplissement d'un droit dont on est redevable. On dit aussi qu'elle évoque la dissipation des soucis, la délivrance des malheurs et l'obtention d'un bienfait. Elle peut signifier aussi le repentir de l'auteur de la vision.

Retournement de l'homme dans son sommeil (Inqilâb El-Insân)
Le retournement du dormeur, sur son visage, dans un rêve, signifie l'association à Allah et la perte de ce bas monde et de l'autre. S'il se retourne de son visage sur son dos, cela veut dire qu'il se repent à Allah et cela indique sa confrontation avec les gens. Se voir dormir face contre le coussin dénote des troubles digestifs, alors que si l'auteur de cette vision est une femme, elle se détournera de son époux.

Retourner durant la prière (Se) (Talaffut El-Insân Fî Essalât)
Se retourner durant la prière, dans un rêve, évoque l'aspiration à ce bas monde et à ses atours et le détournement de l'au-delà et de sa félicité, en penchant vers les passions de l'âme.

Retraite spirituelle (I'tiqâf)
La retraite spirituelle d'un homme, dans son rêve, peut être interprétée en fonction du lieu où elle a lieu, c'est-à-dire au fait de rester là où se trouve le bien ou bien à une femme vertueuse. Celui qui se voit en train de faire une retraite spirituelle dans un magasin, indique qu'il s'adonne à une vie aisée.

Réunion (Cheml)
La vision d'une réunion avec un ami évoque un mariage. Celui qui se voit assis, en rêve, avec quelqu'un qu'il aime, se mariera. Il en est ainsi de la femme.

Rhinocéros (Karkaden)
Sa vision évoque un roi puissant à qui personne ne veut se mesurer. Se voir en train de le traire, en rêve, c'est obtenir des biens illicites d'un sultan puissant.

Rhume (Zuqâm)
La vision d'un rhume évoque la survenance d'une maladie légère suivie d'une guérison et d'une joie.

R

Richesse (Ghinâ)
Sa vision évoque la pauvreté. Celui qui se voit riche, en rêve, s'appauvrira ou se satisfera de peu, car le contentement est une richesse et vice versa.

Richesse (Tharwa)
La vision d'une richesse par un pauvre symbolise la corruption de son comportement. Elle peut signifier aussi une contrainte d'un ennemi et un gain contre un envieux, comme elle peut évoquer la femme et les bonnes œuvres qui mènent au paradis.

Rideau (Sitr)

Pour la plupart des interprètes des rêves, la vision d'un rideau symbolise un souci. Si quelqu'un voit en rêve, un rideau sur la porte de la maison, cela veut dire qu'un souci va lui advenir de la part d'une femme. S'il le voit sur la porte de sa boutique, cela indique un souci financier en vue. Sa vision peut évoquer aussi le compagnon qui garde les secrets ou la femme qui préserve son époux des tentations.

Rideau de chambre (Janînat El-Baït)

Sa vision symbolise la protection de la femme et la chasteté des hommes. Elle signifie aussi l'absence de soupçons quant à ses biens ou à ses enfants. Elle symbolise également les œuvres accomplies en secret et que personne ne connaît, comme le jeûne ou les veillées en prière, ou bien l'ascétisme, le scrupule, les glorifications et la sanctification d'Allah. Elle peut signifier aussi le mariage avec des proches en dehors des étrangers.

Ridhwân (Le gardien du paradis عليه السلام)

La vision du gardien du paradis عليه السلام symbolise une joie perpétuelle. Elle évoque aussi le trésorier du roi et son messager de bonnes nouvelles, de même qu'elle évoque la concrétisation des promesses, l'acquittement des besoins et l'exaucement des invocations. Celui qui voit Ridwân عليه السلام, en rêve, cela indique la dissipation de sa préoccupation, l'élargissement de sa poitrine et la saveur de sa vie.

Rire (Dahiq)

Sa vision symbolise une tristesse, en vertu de la parole du Très Haut qui dit : ﴾ ***Qu'ils rient donc un peu !*** ﴿ (S9, V82). Elle évoque aussi la prochaine naissance d'un garçon, en vertu de la parole du Très Haut : ﴾ ***Nous lui annonçâmes la bonne nouvelle d'Isaac.*** ﴿ (S11, V71). Elle évoque aussi une joie et un bonheur lorsque le rire n'est pas accompagné d'éclats. La vision d'un mort en train de rire, signifie qu'il jouit dans l'au-delà.

Rivière (Nahr)
Sa vision évoque un homme très digne. Celui qui se voit entrer dans un fleuve, fréquentera un homme parmi les gens bien placés. Se voir en train de boire de l'eau d'une rivière, n'annonce rien de bon, en vertu de la parole du Très Haut : ﴾ ***Allah va sûrement vous éprouver avec une rivière.*** ﴿ (S2, V249). Se voir en train de marcher sur une rivière, indique la bonté de ses intentions et la véracité de sa certitude.

Riz (Arouz)
La vue du riz, en rêve, signifie une richesse impliquant la fatigue, les soucis et le trouble. Lorsqu'il s'agit d'un riz cuit, cela annonce la réussite.

Robe (Jubba)
La vision d'une robe symbolise la femme. Celui qui se voit portant une robe, en rêve, cela veut dire qu'il va épouser une femme non arabe. Si cette robe est teinte, cette femme sera féconde et affectueuse, et si l'extérieur de cette robe est fait de coton, cela signifie la bonne pratique de la religion. Sa vision signifie aussi la longévité. Se voir en train de la porter, en été, signale un souci venant de l'épouse, des dettes, une maladie, un emprisonnement, une gêne ou une tristesse à cause d'une femme.

Rocher (Çakhr)
La vision de rochers détachés d'une montagne et dispersés sur la terre, évoque des morts. Elle évoque aussi les gens au cœur dur, négligents et ignares. Elle symbolise aussi des femmes persévérantes, de même que la fermeté, la détermination et la longévité. Elle peut évoquer aussi l'oubli, en vertu de la parole du Très Haut : ﴾ ***J'ai oublié le poisson lorsque nous nous sommes abrités contre le rocher.*** ﴿ (S18, V63)

Roi des échecs (Châh Ech-chatrandj)
Sa vision symbolise le souverain.

Roitelet (Ça'wa)
Sa vision évoque une femme, une esclave, un enfant ou des biens.

Romains (Rûm)
Leur vision évoque l'arrivée au but recherché de même que la victoire ou la défaite.

Ronflement du dormeur (Ghatît)
Sa vision indique, pour son auteur, sa négligence et sa tromperie par le premier venu. Elle évoque aussi la sécurité face à la peur, car elle reflète un sommeil profond. Or, le sommeil est un repos et une sécurité.

Rose (Ward)
Sa vision évoque un enfant ou un bien noble. On dit aussi qu'elle évoque le retour d'un absent ou l'acquisition d'un livre. On dit aussi qu'elle figure une femme qui se sépare facilement, un enfant qui meure, un commerce qui ne dure pas ou une joie éphémère, en raison de la courte vie de la rose. Celui qui se voit en train de cueillir des roses, obtiendra une dignité, un amour et un bienfait.

Roseau (Qaçab)
Sa vision symbolise un homme indolent, sans religion ni loyauté. On dit aussi qu'elle évoque des ramassis de gens ainsi que des propos grossiers. Celui qui se voit, en rêve, avec un roseau à la main, cela veut dire qu'il lui reste peu de temps à vivre, qu'il s'appauvrira et mourra dans la pauvreté. Toute chose creuse est éphémère.

Rosée (Nadâ)
Sa vision évoque une bonne nouvelle. Il en est de même pour l'averse et la bruine.

Rossignol ('Andalîb)
La vision d'un rossignol symbolise une femme à la belle voix et douce, ou un homme qui chante ou qui récite le Coran. Pour un sultan, sa vision évoque un ministre compétent.

Rossignol (Bulbul)
La vision d'un rossignol évoque un homme ou une femme aisés. Elle évoque aussi la vision d'un enfant béni mémorisant le Livre d'Allah.

Rossignol (Hazzâr)
Sa vision évoque un enfant intelligent et éloquent ou un écolier.

Rôti (Chiwâ)
Sa vision indique une bonne nouvelle dans la vie profane Si le rôti n'est pas bien cuit, il indique un souci venant d'un enfant. Un veau gras et bien rôti évoque des biens abondants, alors qu'un veau maigre évoque des biens rares et des ressources obtenus avec peine.

Rôtisseur (Chawwâ)
Sa vision évoque un éducateur de même que des réjouissances, le mariage du célibataire et des enfants, surtout si c'est un rôti de veau. Il évoque aussi un gardien de prison, un bourreau qui torture les gens.

Rougeole (Haçba)
La vision de la rougeole annonce l'obtention de biens d'un monarque avec des soucis et la crainte d'une perte. On dit aussi qu'elle figure une accusation. Elle évoque également une catastrophe touchant les récoltes.

Ruche pleine de miel (Chahd)
La vision d'une ruche pleine de miel symbolise des biens provenant d'un héritage licite ou des biens provenant d'un butin ou d'une association. Elle évoque aussi la guérison des

maladies de même qu'un témoignage (Chahâda) que l'auteur de la vision doit faire.

Ruelle (Ziqâq)
Se voir entrer dans une ruelle, en rêve, veut dire tomber dans des choses douteuses. Cela peut signaler aussi le parjure et l'inobservance des expiations.

Ruisseaux (Sawâqi)
La vision d'un ruisseau évoque le cours des ressources, leur place et les causes qui mènent à eux, comme le magasin, l'industrie, les voyages et autres. Celui qui se voit posséder, en rêve, un ruisseau, obtiendra un pouvoir et des avantages.

Rupture des liens de parenté (Qatî'a)
La vision d'une rupture des liens de parenté avec ceux dont Allah a ordonné de les maintenir indique l'égarement. Elle peut indiquer aussi ce qui implique la dispersion et la séparation. Le Prophète ﷺ a dit : « *Ne rompez pas vos liens et ne vous détournez pas les uns des autres.* »

R

S

S'éloigner rapidement (Jafal)
Se voir en train de s'éloigner rapidement, en rêve, signifie l'empressement dans les voyages et le passage d'une place à une autre, d'une doctrine à une autre ou d'une religion à une autre.

Sable (Raml)
Sa vision symbolise de l'argent si le sable n'est pas dominant. Dans le cas contraire, elle signifie une préoccupation dans la vie profane et dans la religion. Sa vision évoque aussi la peine, la fatigue et l'effort. Si une femme se voit en rêve, en train de marcher sur du sable, cela signifie qu'elle va perdre son époux.

Sablier (Manqâm)
Il s'agit de l'horloge en verre à l'intérieur de laquelle se trouve du sable, divisé en deux parties. Elle évoque deux enfants, deux frères ou deux associés.

Sabot (Hâfir)
La vision d'un sabot symbolise la science et sa quête. Elle évoque aussi les ressources et les richesses, surtout si l'auteur de la vision voit le sabot du cheval d'un roi ou d'un messager. Elle signifie aussi le passage d'un lieu à un autre pour obtenir un droit.

Sabot (Qabqâb)
Sa vision évoque le repentir du pécheur, une querelle, une science ou la manifestation d'un secret pour celui qui veut le garder. Celui qui se voit marcher, en rêve, avec des sabots de

verre, cela veut dire qu'il est un hypocrite et un calomniateur, à la compagnie néfaste et versatile.

Sabots de vaches (Zhilf El-Baqar)
Leur vision évoque le labeur, le travail ainsi que la rencontre de la femme avec son époux ou de la mère avec son fils.

Sac (Kays)
Sa vision évoque la progéniture, l'amour des enfants ainsi que la science et son apprentissage. Elle évoque aussi l'homme. Voir un sac vide, annonce la mort du propriétaire du sac.

Sac de voyage (Qirâba)
Sa vision évoque une vieille femme honnête chez qui on dépose des dépôts.

Sachet (Çourra)
Sa vision symbolise un secret. Celui qui se voit remettre, en rêve, un sachet ou une bourse contenant des dinars ou des dirhams, à un homme, cela signifie qu'il lui confie un beau secret. Si les dinars et les dirhams sont défectueux, cela veut dire que le secret est mauvais. S'il voit cet homme ouvrir ce sachet, cela veut dire qu'il va divulguer ce secret.

Sacoche ('Idl)
Sa vision, ainsi que celle de tout autre objet semblable, utilisé dans les voyages, évoque les voyages et les mouvements.

Safran (Za'afrân)
La vision du safran symbolise de beaux éloges et une belle réputation, tant que sa couleur ne tâche pas le corps ou le vêtement, car il fait partie des parfums. Si sa couleur provoque une tâche, cela évoque une maladie.

Saignée (Façd)
Sa vision évoque le repos et la guérison des maladies, pour celui qui nécessite cela. Pour celui qui n'en pas besoin, elle

avertit qu'une maladie va atteindre l'un de ses membres. On dit que celui qui voit, en rêve, comme s'il avait l'intention de faire une saignée, cela indique qu'il a l'intention de se repentir.

Saignement du nez (Ru'âf)
La vision d'un saignement du nez indique des biens illicites. Lorsque le sang est abondant et fin, il évoque l'obtention d'un bien durable, et lorsqu'il est épais, il évoque la naissance d'un enfant prématuré. Celui qui voit son nez saigner, en rêve, obtiendra un trésor et un bien considérable ou un bienfait venant de la part de son chef.

Saisie de l'âme (Qabdh Erroûh)
Sa vision évoque la restitution des dépôts à leurs propriétaires, la guérison du malade ou la sortie du prisonnier de sa prison.

Salamandre (Sâm Abraç)
Sa vision symbolise un homme mauvais qui sème la zizanie entre les gens à travers la calomnie et répand, parmi eux, la haine et l'animosité, en leur apprenant ce qui est mal et en leur déconseillant de faire ce qui est bien.

Saleté (Wasakh)
La vision de saletés sur le vêtement, le corps ou les cheveux, évoque un souci pour son auteur. La vision de vêtements sales évoque aussi des péchés. Celui qui se voit en train de laver ses vêtements sales, va se repentir et verra ses péchés lui être pardonnés. La vision de vêtements sales sur un homme paraissant mort, évoque la corruption de sa religion, et non celle de sa vie profane.

Salih (Çâlih عليه السلام)
Celui qui voit le prophète Salih عليه السلام, en rêve, sera victime de gens vils et insolents qui lui causeront des soucis et des malheurs, mais il finira par triompher d'eux et les quitter. On dit aussi que sa vision signifie pour son auteur que ses actes sont vertueux et ses paroles sincères.

Salle (Ghurfa)
La vision d'une salle symbolise la dignité. Elle évoque aussi la sécurité pour le craintif, en vertu de Sa parole : ﴾ ***Ils vivront en sécurité dans les salles du paradis.*** ﴿ (S34, V37). Elle signifie aussi le paradis, en vertu de Sa parole : ﴾ ***Voilà ceux qui auront pour récompense les salles du paradis.*** ﴿ (S25, V75). Celui qui se voit monter dans une salle inconnue, en rêve, aura la sécurité s'il vit dans la peur ; s'il est malade, il ira au paradis. Sinon, il obtiendra dignité, bonheur et distinction.

Salle (Qâ'a)
Sa vision évoque le repos, la dissipation du besoin, l'épouse simple, débonnaire et qui se suffit de peu, la fonction importante et dont le risque est insignifiant, un point de repère proche sur la route, un enfant pieux, un serviteur dévoué ou un bien prospère. Ceci, dans le cas où cette salle paraît belle, à l'auteur de la vision. Dans le cas contraire, si elle est obscure et poussiéreuse, toutes ces belles choses se transformeront en mauvaises.

Salomon (Souleïman عليه السلام)
Celui qui voit, en rêve, Salomon عليه السلام obtiendra le pouvoir, la science et la faculté d'interprétation. Sa vision évoque aussi la soumission du gouverneur et de l'ennemi ainsi que la multiplicité des voyages.

Salut de la fin de la prière (Salâm Essalât)
Pour celui qui se voit, en rêve, en train de faire le salut de la fin de la prière, après avoir accompli celle-ci, il se débarrassera de ses soucis. La vision du salut de la prière évoque aussi la conformité à la sunna, de même que l'achèvement d'une œuvre, la mise à l'écart ou l'investiture, le voyage ou les ressources.

Salut de la rencontre (Salâm Ettahiyya)
Celui qui se voit en rêve, en train de saluer un ennemi et de lui donner l'accolade, verra l'animosité qui existait entre eux

disparaître et la concorde prendre place, en vertu de la parole du Prophète ﷺ qui dit : « *Le salut renforce l'amitié.* » Rapporté par El-Hindî dans Kanz El-'Ummâl sous le N° (52365).
Celui qui voit son ennemi le saluer, en rêve, cela veut dire qu'il va lui demander la réconciliation. La vision du salut de la rencontre peut indiquer aussi la soumission.

Sangsue ('Alaq)
Sa vision évoque des ennemis méprisables.

Santé du corps (Çihhat El-Baden)
Sa vision signifie la maladie, car elle est son opposée. Elle peut évoquer aussi un bienfait.

Sapin d'Anatolie (Choûh)
Sa vision évoque une nostalgie que son auteur éprouve ou qu'il éprouvera.

Satan (Chaïtâne)
La vision de Satan symbolise un ennemi dans la religion et la vie d'ici-bas, intriguant et trompeur, qui ne se soucie de rien. Elle évoque aussi une joie, des errements et une passion charnelle. Celui qui voit Satan le fouler aux pieds, cela veut dire qu'il vit de l'usure. Celui qui se voit, en rêve, en train de vouer de l'animosité à Satan, cela dénote de sa foi et de son attachement à Allah ainsi que son zèle dans la religion.

Fendoir (Sâtour)
Sa vision symbolise un homme fort, courageux et qui sait trancher dans les querelles.

Saturne (Zuhal)
Sa vision évoque la contrainte, la délégation de quelque chose à autrui, le pouvoir ou l'aspiration à celui-ci. Elle peut évoquer aussi la pauvreté, les pertes et les malheurs.

Saule (Çafçâf)
Sa vision symbolise un homme distingué et persévérant.

Saut d'un endroit à un autre (Natt Min Makân Ilâ Makân)
La vision d'un saut, par suite d'une peur ou d'une rapidité de mouvement, évoque des paroles insistantes et agaçantes. La vision d'un saut de haut en bas, évoque le changement de situation et le passage à une situation inférieure.

Sauterelles (Jarâd)
La vision de sauterelles symbolise un châtiment et des soldats d'Allah, dans la mesure où elles furent l'un des signes de Moïse ﷺ. La vision d'un endroit envahi par les sauterelles mais demeurant intact, symbolise une joie et un bonheur, en vertu du récit de Job ﷺ.
Celui qui voit des sauterelles en or pleuvoir sur lui, obtiendra une faveur et une joie. On dit aussi que leur vision évoque un boulanger qui trompe les gens dans le pain.

Sautiller (Hadjl)
Se voir en train de sautiller en rêve, signifie pour l'auteur de la vision, être un voleur ou quelqu'un qui cache des secrets. Elle évoque aussi un entremetteur qui marche pour ceux qui le dissimulent et le couvrent.

S

Savant parmi les savants anciens ou nouveaux de l'Islam ('Alim Min 'Oulamâ El-Islam)
La vision d'un savant de l'Islam signifie un médecin ou un prêcheur de bons conseils, en vertu de la parole du Très Haut : ﴾ ***Avertis les hommes car le Rappel est utile aux croyants.*** ﴿ (S51, V55)
La vision des savants indique une augmentation de la science de son auteur. Celui qui voit l'un des anciens savants de l'Islam dans un lieu, si les habitants de cet endroit se trouvent dans une affliction, un malheur ou une disette, Allah les en délivrera et les en débarrassera.

Savon (Çâboûn)
Sa vision évoque l'obtention de biens. Celui qui se voit en train de laver un vêtement, avec du savon, en rêve, cela veut dire qu'il va guérir, se repentir, se débarrasser de ses soucis ou s'acquitter de ses dettes.

Savon alcalin (Achnân)
Le rêve de celui qui se voit en train de se laver les mains avec du savon, indique qu'il désespère de la satisfaction d'une demande. On a dit aussi que cela n'augure de rien de mauvais et qu'il n'y a aucun mal à cela, sauf si ce savon est utilisé pour faire disparaître de la crasse ou une mauvaise odeur. On a dit aussi que rêver de se laver les mains avec du savon annonce la rupture d'une amitié ou d'une inimitié et peut signifier le salut face à une peur ou le repentir d'un péché.

Savonnier (Çabbân)
Sa vision symbolise le Coran, le dhikr (évocation d'Allah) ainsi que tout ce qui efface les péchés. Elle évoque aussi la dissipation des malheurs, des soucis et l'acquittement des dettes.

Scie (Minchâr)
Sa vision évoque un juge qui tranche entre deux adversaires ou qui sépare deux époux. Sa vision évoque aussi une aide, une force et des ressources.

S

Science ('Ilm)
Sa vision symbolise le mariage avec une descendante de 'Alî Ibn Abî Tâleb (Alaouite), en vertu de sa parole ﷺ : *« Je suis la ville de la science et 'Alî est sa porte. »* Rapporté par El-Hâkem dans son Mustadrak.

Scieur de bois (Nechhâr El-Khachab)
Sa vision évoque le meunier, car la sciure symbolise la farine.

Scille ('Ounçoul)
Sa vision symbolise un homme pervers dont on dit du mal. Celui qui le voit dans sa main, en rêve, cela veut dire qu'il va faire quelque chose qui lui vaudra des critiques.

Scinque (Saqanqoûr)
Sa vision symbolise l'imam (guide) savant qui sert de guide aux gens durant les moments difficiles.

Scorpion ('Aqrab)
Sa vision figure un homme calomniateur qui commet un crime parmi ses proches. Celui qui voit un scorpion brûlé par le feu, en rêve, cela veut dire qu'un ennemi à lui va mourir. On dit aussi que sa vision évoque de l'argent, et que le fait de le tuer signifie que l'auteur de la vision va en perdre puis en récupérer. Sa morsure symbolise de l'argent qui ne dure pas.

Scrofule (Sal'a)
Voir en rêve, de la scrofule sur son corps, symbolise l'obtention de biens.

Sculpteur sur bois (Nahhât Al-Khachab)
Sa vision évoque un homme qui traite avec des hypocrites et leur prend de l'argent en les trompant.

Sécheresse (Jafâf)
S
La sécheresse du corps ou sa déshydratation ainsi que l'assèchement de plantes fraîches évoquent la pauvreté, l'existence pénible et le manque de repos.

Secouement de la terre pour la sortie du germe (Hazz El-Ardh)
La vision d'un secouement de la terre en raison de la sortie d'herbes, dans une prairie ou un jardin, évoque la grossesse de l'épouse et son accouchement, en vertu de la parole du Très Haut : ﴾ ***Dés que Nous y faisons descendre de l'eau, elle remue, elle gonfle, elle fait pousser toutes sortes de belles espèces de plantes.*** ﴿ (S22, V5)

Secret (Sirr)
Sa vision évoque le mariage. Celui qui se voit, en rêve, en train de confier un secret à une femme, indique qu'il aspire à se marier avec elle.

Sécrétion prostatique (Madhy)
Sa vision évoque des biens, un repos ou un abus dans les dépenses. Elle évoque aussi la divulgation de secrets ou la mort d'enfants.

Sein (Thady)
La vision d'un sein symbolise l'épouse de l'homme et sa fille. Sa beauté (le sein) sa beauté (la femme) et sa laideur sera sa laideur. Celui qui voit une femme suspendue par son sein, cela veut dire que cette femme est une fornicatrice qui a donné naissance à un enfant. Celui qui voit du lait couler de son sein, s'il est célibataire, cela veut dire qu'il va se marier et avoir des enfants, s'il est pauvre, cela veut dire qu'il va s'enrichir et, s'il est jeune, cela veut dire qu'il vivra longtemps. Celui qui se voit en train de téter le sein d'une femme, cela veut dire qu'il va tomber malade, sauf si son épouse est enceinte car, dans ce cas-là, elle donnera naissance à un garçon. Si l'auteur de la vision est une femme, elle donnera naissance à une fille.

Sel (Milh)
Sa vision évoque des biens acquis sans peine. Elle peut évoquer aussi un renoncement à ce bas monde, un bien et une faveur. Celui qui se voit en train de manger du sel avec du pain, cela veut dire qu'il se suffit du peu dans ce bas monde. On dit aussi que celui qui trouve du sel, en rêve, tombera dans une situation difficile ou sera affecté par une grave maladie.

Selle (Sardj)
La vision d'une selle évoque une femme belle, vertueuse et riche. On dit aussi qu'elle évoque l'obtention d'un poste de responsabilité ou de biens.

Selle de chameau (Rahl)
Sa vision évoque un chargement de valeur, le repos, les voyages et les déplacements.

Sellier (Serrâdj)
Sa vision signifie le mariage pour le célibataire ainsi que l'obtention d'une fonction. Elle évoque aussi les voyages ou le passage d'une maison vers une autre ou d'un magasin vers un autre.

Semailles (Zar')
Celui qui se voit en train de semer la terre, cela veut dire que son épouse est enceinte. Se voir en train de semer une terre autre que la sienne, signale une querelle que l'auteur du rêve aura avec un autre homme. Un champ cultivé évoque, quant à lui, un champ de bataille, de même que ce bas monde. Il peut évoquer aussi tout endroit où l'on sème pour la vie de l'au-delà et où l'on œuvre pour obtenir la récompense et la rétribution, comme les mosquées, les ribâts, les assemblées d'évocation (dhikr) et les lieux d'aumônes.

Semence (Budhr)
Se voir en train de semer des grains par terre signifie avoir de l'affection. Celui qui se voit en train de semer des grains qui s'accrochent, obtiendra un honneur, mais si ces grains ne s'accrochent pas, cela veut dire qu'il aura un souci.
Se voir semant des grains dans un endroit qui ne convient pas pour cela, signale le gaspillage.

Sénevé (Hurch)
Celui qui se voit, en rêve, en train de manger du sénevé, des ressources lui parviendront, mais avec peine. On dit aussi que sa vision évoque un homme dont l'aspect intérieur est meilleur que l'aspect extérieur.

Séparation (Moufâraqa)
La vision d'une séparation de ce à quoi on est attaché ou de ce à quoi on est habitué annonce un changement dans les moyens de vie, les épouses ou les montures.

Sériciculteur (Qazzâz)
Sa vision évoque la poste, l'informateur, le conciliateur des cœurs et celui qui fait les bons offices entre les gens.

Serment (Half)
La vision d'un serment indique un leurre et une tromperie, en vertu de la parole du Très Haut : ﴾ ***Il leur jura : "Je suis, pour vous, un conseiller digne de confiance" et il les fit tomber par sa séduction.*** ﴿ (S7, V21-22)
Le serment véridique symbolise le triomphe et la parole de vérité, alors que le serment mensonger symbolise la défaite et l'avilissement. Si quelqu'un jure par Allah, cela signifie l'attachement à la vérité et la conformité avec la sunna, alors que si quelqu'un jure par la croix, les planètes, la mer ou autres, cela indique l'égarement, l'hypocrisie ou la provocation.

Serment au nom d'Allah (Yamîn Allah)
La vision d'un serment mensonger au nom d'Allah, évoque la pauvreté, l'avilissement, le mépris et la tromperie. Quant au serment véridique, il symbolise une bonne œuvre et la sécurité face à la peur.

S

Serment d'abstinence (El-Ilâ)
Le serment d'abstinence de l'homme à l'encontre de son épouse, fait dans un rêve, signifie les soucis et la tristesse de l'auteur de cette vision.

Serment de remise en cause du mariage (Zhihâr)
Venant de la femme, sa vision indique l'apparition des secrets qui impliquent les malheurs ou le fait de tourner les talons dans une bataille.

Serpent (Thu'bâne)
La vision d'un serpent symbolise un homme traître et escroc qui louvoie dans sa religion et dans sa vie profane. Elle évoque aussi un voisin envieux et mauvais. Celui qui voit qu'il a soumis un serpent, cela veut dire qu'il va obtenir un grand pouvoir. Celui qui se voit tuer un serpent, épousera une femme puissante et noble. La vision du serpent symbolise aussi un ennemi inconnu, implacable et rusé, qui agit là où on l'attend le moins.

Serpents venimeux (Ghudhâba)
Leur vision évoque les illusions et la conduite des personnes malfaisantes.

Serpolet (Nammâm)
Sa vision évoque une joie qui dure de la part d'une femme, d'un enfant, d'un pouvoir ou d'un commerce.

Serre d'oiseaux (Makhlab Ettayr)
Sa vision signifie une victoire pour celui qui se trouve en litige.

Serrure (Qafl)
La vision d'un serrurier évoque un homme digne de confiance. On dit aussi qu'elle évoque une femme vierge. Celui qui se voit en train d'ouvrir une serrure échappera à la prison et aux soucis. La vision d'une serrure évoque aussi des préparatifs, un argument et une force de même qu'un homme sur lequel on compte pour garder des dépôts.

Serrurier (Qaffâl)
La vision d'un serrurier désigne un courtier. Elle évoque aussi la préservation des secrets ainsi que le mariage du célibataire.

Servilité (Madhalla)
La vision de son apparition sur les savants et les moudjahidine évoque la faiblesse dans la religion et la force des incroyants.

Sésame (Simsim)
Sa vision évoque un bien et des ressources licites. Celui qui se voit en train de semer des grains de sésame, obtiendra un pouvoir ambitieux et un commerce prospère.

Seth (Chît عليه السلام)
Celui qui voit le prophète Seth عليه السلام dans un rêve, obtiendra des biens et des enfants et mènera une vie satisfaisante. Et celui qui voit Idriss عليه السلام recevra la faveur du scrupule et sa fin sera excellente.

Seuil de la porte ('Atba)
Sa vision symbolise une femme. Se voir franchir le seuil de sa maison, annonce au rêveur qu'il va épouser une femme. Celui qui voit le seuil de sa maison arraché, sera écarté de son poste s'il occupe un poste de responsabilité. Si le seuil de sa maison est arraché et disparaît de sa vie, cela annonce sa mort. S'il n'a pas disparu de sa vue, cela veut dire qu'il tombera malade et guérira.

Sexe de la femme (Fardj)
Sa vision symbolise la délivrance. Si une femme voit, en rêve, comme si de l'eau entrait dans son sexe, cela veut dire qu'elle aura un enfant. Celui qui se voit entrer dans le sexe d'une femme, mourra. On dit aussi que celui qui se voit, en rêve, avec le sexe d'une femme, alors qu'il était soucieux ou emprisonné, obtiendra le salut et sera délivré de ses problèmes. La vision du sexe de la femme évoque aussi un homme sanguinaire, trompeur, rusé, qui fait montre de piété le matin, et commet des péchés la nuit.

Siège (Hisâr)
La vision d'un siège dénote d'une position d'expectative et de fermeté dans une affaire. Elle évoque aussi la victoire sur les associationnistes et, probablement aussi, la maladie de la rétention d'urine.

Siège (Maq'ad)
Sa vision dans un marché, évoque des biens maigres, un travail facile, une épouse vertueuse qui se contente du peu ou des profits infimes. Sa vision, dans la maison, évoque la joie, le bonheur, une épouse en plus de l'épouse ou un enfant en plus de son enfant. Voir un défunt assis sur un beau siège signifie qu'il est au paradis.

Sifflement (Çafîr)
Sa vision ainsi que celle d'un applaudissement indiquent, toutes les deux, l'adoption des habitudes des gens de l'idolâtrie.

Silo (Matmoûra)
Sa vision symbolise la mère protectrice et éducatrice, car la nourriture de l'enfant dans le ventre de sa mère est entreposée comme l'est la nourriture dans un silo.

Simuler le boitement (Ta'âroudj El-Insân)
Se voir en rêve en train de simuler le boitement, veut dire sous-estimer les bienfaits et les dissimuler, en donnant l'apparence de la pauvreté et de la nécessité, de même que cela signifie la tromperie, l'abandon de la famille, de l'épouse et des enfants, et l'ingratitude devant les bienfaits.

S

Sincérité (Çidq)
La vision de la sincérité évoque la foi. Si un incroyant voit qu'il fait preuve de sincérité, en rêve, cela indique sa conversion. Sa vision évoque aussi une délivrance face à des complots.

Singe (Nasnâs)
Sa vision évoque un homme de peu d'intelligence, qui se fait du tort à lui-même par ses propres actes en se dévalorisant aux yeux des gens.

Singe (Qird)
Sa vision symbolise un homme possédant tous les défauts. Elle évoque aussi un homme pauvre, déshérité, privé de tout bienfait. Elle peut évoquer aussi un juif. Celui qui se voit devenir, en rêve, un singe, cela veut dire qu'il va avoir des avantages du côté des magiciens. Cela veut dire aussi qu'il va avoir des penchants pour la fornication, en vertu de l'adage qui dit : “Untel est plus fornicateur qu'un singe.”

Sirius (Chi'ra El-'Ouboûr)
Sa vision signifie que son auteur suit quelque chose d'aberrant, car cette étoile était adorée en dehors d'Allah (qu'Il soit glorifié). Elle évoque aussi une femme qui n'est d'aucune utilité ni dans sa religion ni dans ses affaires.

Situation difficile (Wa'r)
Sa vision évoque l'inactivité et la longévité. Elle peut évoquer aussi le scrupule. Celui qui se voit dans une situation difficile avant de passer dans une situation facile, verra ses affaires lui être facilitées et se débarrassera de ses malheurs.

Siwâk
Celui qui se voit, en rêve, en train de se brosser les dents avec un siwâk, cela veut dire qu'il sera bienfaisant avec ses proches et qu'il préservera ses liens de parenté. Cela veut dire aussi qu'il va se conformer à une sunna parmi les sunen du Prophète ﷺ en fonction de son brossage et de la purification de sa bouche. Le siwâk évoque la purification des péchés, l'Islam (soumission) après l'incroyance et le règlement des dettes.

Socle (Qâ'id El-Ahdjâr)
Sa vision évoque les savants ou les cercles qu'ils animent. Elle désigne aussi le mariage, en vertu de la parole du Très Haut : ﴾ ***Aux femmes qui ne peuvent plus enfanter.*** ﴿ (S24, V60)
Elle peut évoquer aussi ce qui est ancré dans la science, l'industrie ou bien le fondement de la religion.

Sodomie (Liwât)
On dit que sa vision évoque le triomphe sur les ennemis, car un jeune garçon signifie un ennemi. On dit aussi que l'auteur de la vision s'appauvrira et perdra son capital. Celui qui se voit en train de sodomiser un jeune homme connu, cela veut dire qu'il va lui être d'une utilité dans la réalité.

Soie (Harîr)
Sa vision exprime une passion amoureuse pour celui qui la voit. Un roi portant de la soie est un roi orgueilleux. Si quelqu'un voit un défunt couvert de soie, cela veut dire qu'il se trouve dans la félicité. Sa vision signifie aussi le mariage avec une femme noble.

Soif ('Atach)
La vision d'une soif, évoque un défaut dans la pratique de la religion. Celui qui se voit souffrir de la soif, en rêve, cela indique qu'il a besoin de se marier.

Soif (Zhamâ)
Sa vision évoque la pauvreté, la cessation d'activité des gens de profits ainsi que le désir de revoir un absent.

Soir ('Ichâ)
Sa vision évoque la fraude, le mensonge, les troubles et l'égarement, en vertu de la parole du Très Haut: ﴾ ***Ils revinrent le soir chez leur père en pleurant.*** ﴿ (S12, V16)

Soldat ('Askar)
La vision de l'arrivée de soldats dans un pays annonce la chute de pluie dans ce pays.

Soldats (Jund)
La vision de soldats symbolise les soldats d'Allah, qui sont les anges de la miséricorde, criquets, anges du châtiment. Celui qui se voit en soldat, mangeant des ressources d'un roi, dans son cabinet, cela veut dire qu'il va obtenir un poste de

responsabilité sans aucune fatigue. On dit aussi que la vision de soldats signifie une victoire pour les croyants et une vengeance contre les injustes.

Soleil (Chams)
Sa vision symbolise, à l'origine, le grand roi, car il représente ce qui est le plus lumineux dans le ciel en plus de sa grande utilité. Elle symbolise aussi la femme noble, comme l'épouse du roi, du président ou du maître, de même que sa fille. Elle peut évoquer aussi, pour l'auteur de la vision, sa mère, son épouse ou sa fille. Celui qui voit le soleil se lever dans sa maison, gagnera dans son commerce s'il est commerçant ; il épousera une belle femme s'il est à la recherche d'une épouse. Si c'est une femme qui fait cette vision, elle se mariera et obtiendra beaucoup de biens de son époux. La vision du soleil évoque aussi les ressources, les moyens de subsistance, la guidée, la conformité à la vérité apparente, les beaux habits ainsi que la guérison des maladies.

Solitude (Wahda)
Sa vision évoque un avilissement, un appauvrissement ou la destitution d'un roi. Elle évoque aussi la particularisation d'un homme dans un travail ou dans son opinion.

Sollicitation des savants ou du juge (Masâlat Al-'Oulamâ Aw Al-Hâkem)
Solliciter quelqu'un pour une donation évoque la survenance d'événements pour ceux-ci. La vision d'une sollicitation du riche pour le pauvre évoque un feu qui le brûlera.

Sollicitude et ménagement (Moudâhana Oua Moudârat)
Leur vision évoque la préférence des autres à soi, la bienfaisance et les aumônes. Le Prophète ﷺ a dit : *« Ménager le croyant dans son honneur est une aumône. »*

Sommeil (Nou'âs)
Sa vision évoque la sécurité face à la peur. Elle évoque le repentir du pécheur, la guidée de l'incroyant ainsi que l'enrichissement du pauvre.

Sommeil (Nawm)
Sa vision signifie une distraction ou un chômage. Sa vision n'annonce rien de bon pour tous les gens, sauf pour ceux qui éprouvent une peur ou qui s'attendent à une gêne ou à un châtiment, car le sommeil dissipe tous les soucis et toutes les afflictions. On dit aussi qu'elle évoque la mise à l'écart d'un dirigeant, le dénuement, l'effacement d'un péché ou la survenance d'une maladie.

Somnolence (Sina)
La vision d'une somnolence, pour une femme enceinte, évoque l'accouchement et la délivrance.

Son (Nakhhâla)
Sa vision évoque une vie difficile alors que sa consommation évoque la pauvreté.

Sonneur de trompe (Bawqî)
Lorsque quelqu'un entend dans un rêve, la voix d'un sonneur de trompe, cela veut dire qu'il sera appelé à une bataille, et s'il se voit, lui-même, en train de souffler dans une trompe, il sera éprouvé par un grand malheur.

Sorbier (Ghubayrâ)
Sa vision évoque l'obtention d'un bien. Quant à son arbre, il symbolise un homme non arabe ou un homme pauvre utile aux gens.

Sorte de mets (Saboûsadj)
Sa vision évoque la puissance, de même que les réjouissances, les joies et les ressources. Elle évoque aussi une épouse pour celui qui est célibataire.

Sorte de pâtisserie d'origine persane (Fânidh)
Sa vision évoque une délivrance, une joie et des ressources faciles.

Boisson à base de froment (Soûbia)
Sa vision évoque le repos et les ressources. Elle signifie aussi la survenance d'un mal pour celui qui se voit en boire.

Souci (Hamm)
Sa vision évoque l'expiation d'un péché, en vertu de la parole du Prophète ﷺ: « *Toute fatigue, peine, y compris un souci qu'endure le croyant, Allah lui effacera à travers cela de ses péchés.* » Rapporté par Muslim.

Souffler dans le feu (Nafkh Fî Ennâr)
Sa vision indique des troubles ou une tentation.

Souffler profondément (Tanaffus Assu'adâ)
Voir, en rêve, un homme souffler profondément, cela veut dire qu'il va accomplir une œuvre dont le début sera un souci ou un malheur. Souffler profondément, en rêve, veut dire aussi faire ce qui suscite la tristesse.

Soufflet (Minfâkh)
Sa vision évoque un ministre, car le feu évoque un sultan. Elle évoque aussi la guérison du malade et la grossesse de la femme.

Soufflet du forgeron (Kayr El-Haddâdin)
Sa vision évoque une femme qui tombe souvent enceinte et qui fait de nombreuses fausses couches. Elle évoque aussi l'homme impulsif et versatile, et peut être la prison, l'endroit où les policiers châtient les criminels ainsi que la facilitation des choses. La vision d'un soufflet avec du feu évoque la satisfaction des besoins et des ressources, alors que celle d'un soufflet sans feu, évoque des soucis et des afflictions.

Souillure (Nadjâsa)
Celui qui se voit souillé en rêve, alors qu'il est redevable d'un dépôt, d'un témoignage ou d'une dette, il sera considéré comme un pécheur s'il ne s'acquitte pas de cela. S'il voit qu'il a lavé cette souillure, cela veut dire qu'il s'acquittera de ce dont il est redevable.

Soulever du sable ou de la poussière (Seff)
Soulever du sable ou de la poussière, en rêve, évoque le dénuement, le regret, l'avidité ruineuse, et la corruption pour les gens de pouvoir.

Soulier (Na'l)
Sa vision évoque une épouse, un serviteur, une monture, un compagnon, un associé ou un voyage. Celui qui achète, en rêve, un soulier, sans le porter, cela veut dire qu'il va acheter une esclave ou épouser une femme libre. S'il marche avec, cela signifie qu'il va voyager avec à pied. Celui qui enlève ses souliers, en rêve, obtiendra un pouvoir, en vertu de la parole du Très Haut : ﴾ ***Ote tes sandales, tu es dans la vallée sainte de Tûwa.*** ﴿ (S20, V12)

Soumission à Allah (Qounoût)
Sa vision évoque l'exaucement des demandes, la guidée, les ressources, les éloges auprès des personnages importants ainsi que la bonne renommée. Celui qui se voit soumis à Allah, cela veut dire qu'il est obéissant.

S

Sourate Abraham (Sourate Ibrahîm)
Celui qui récite, en rêve, la sourate Ibrahîm, verra son comportement et sa pratique de la religion s'améliorer aux yeux d'Allah.

Sourate Câd
Celui qui récite la sourate Câd, verra ses biens augmenter et il se montrera habile dans son métier.

Sourate Celle qui doit venir (Sourate El-Hâqqa)
Celui qui récite la sourate El-Hâqqa sera toujours dans la voie de la vérité.

Sourate Celle qui enveloppe (Sourate El-Ghâchiyya)
Celui qui la récite verra son rang s'élever, sa réputation se répandre ainsi que sa science.

Sourate Celle qui est agenouillée (Sourate El-Djâthiyya)
Celui qui récite la sourate El-Djâthiyya fera preuve de crainte révérencielle envers son Seigneur tant qu'il vivra.

Sourate Celle qui est inéluctable (Sourate El-Wâqi'a)
Celui qui récite la sourate El-Wâqi'a s'empressera de faire de bonnes actions.

Sourate Celle qui fracasse (Sourate El-Qâri'a)
Celui qui la récite sera honoré de l'adoration et de la piété.

Sourate Celui qui est couvert (Sourate El-Muzammil)
La récitation de la sourate El-Muzammil préparera l'auteur du rêve à faire des veillées en prière.

Sourate Celui qui est enveloppé d'un manteau (Sourate El-Mudatthir)
Pour celui qui récite la sourate El-Mudatthir, sa clairvoyance s'améliorera et il deviendra patient.

Sourate Ceux qui arrachent (Sourate Ennâzi'âte)
Sa récitation débarrasse celui qui la récite des soucis et des trahisons.

Sourate Ceux qui se déplacent rapidement (Sourate Eddhâriyyât)
Celui qui récite la sourate Eddhâriyyât obtiendra des biens à partir de l'agriculture et des récoltes.

Sourate El-A'râf (Sourate El-A'râf)
Celui qui se voit en train de réciter la sourate El-A'râf, obtiendra de toute science une connaissance. Il ne mourra pas aussi avant d'avoir foulé de ses pieds le désert de Sinaï.

Sourate El-Ahqâf (Sourate El-Ahqâf)
Celui qui récite la sourate El-Ahqâf verra des prodiges dans ce bas monde.

Sourate Le Prologue (Sourate El-Fâtiha)
Celui qui se voit récitant la sourate de la Fâtiha, verra s'ouvrir devant lui les portes du bien et se refermer celles du mal.

Sourate El-Hidjr (Sourate El-Hidjr)
Celui qui se voit réciter, en rêve, la sourate El-Hidjr, sera loué auprès d'Allah et auprès des gens.

Sourate El-Kawthar (Sourate El-Kawthar)
Celui qui la récite, verra ses biens augmenter dans ce bas monde et dans l'autre.

Sourate El-Qalam (Sourate El-Qalam)
Celui qui récite la sourate El-Qalam, obtiendra la faculté d'écrire ainsi que l'éloquence.

Sourate Ettoûr (Sourate Ettoûr)
Celui qui récite la sourate Ettoûr habitera dans le voisinage de la Mecque.

Sourate Hoûd (Sourate Hoûd)
Celui qui récite la sourate Hoûd, en rêve, obtiendra des biens agricoles et une grande descendance.

Sourate Il s'est renfrogné (Sourate 'Abasa)
Sa récitation amène celui qui la récite à donner des aumônes considérables durant l'acquittement de la Zakât.

Sourate Jonas (Sourate Yoûnes)
Pour celui qui se voit en train de réciter la sourate Yoûnes, cela symbolise une plus grande piété et indique que tout complot ou magie à son encontre ne pourront lui nuire.

Sourate Joseph (Sourate Yoûcef)
Celui qui se voit réciter, en rêve, la sourate Yoûcef, sera victime d'une injustice puis obtiendra un pouvoir. Il fera aussi un voyage dans un pays et s'y établira.

Sourate Koreïch (Sourate Koreïch)
Celui qui la récite, nourrira les pauvres et Allah unira son cœur avec les cœurs de Ses serviteurs avec l'amour.

Sourate L'Araignée (Sourate El-'Ankaboût)
Celui qui récite la sourate El-'Ankaboût, en rêve, sera en sécurité et sous la protection d'Allah jusqu'à ce qu'il meure.

Sourate L'Astre Nocturne (Sourate Ettâriq)
Sa récitation inspire l'abondance des louanges.

Sourate L'Eléphant (Sourate El-Fîl)
Celui qui la récite, triomphera de ses ennemis et guidera des gens vers l'Islam.

Sourate L'Etoile (Sourate Ennadjm)
Celui qui récite la sourate Ennadjm aura un enfant beau et distingué.

Sourate L'Evénement (Sourate Ennabâ)
Pour celui qui récite la sourate Ennabâ, son rang s'élèvera et sa belle réputation se répandra parmi les gens.

Sourate L'Homme (Sourate El-Insân)
Celui qui récite la sourate El-Insân deviendra généreux, reconnaissant et sa vie sera agréable.

Sourate L'Interdiction (Sourate Ettahrîm)
Celui qui récite la sourate Ettahrîm sera éprouvé par une épouse qui lui fera du tort dans sa santé et dans ses biens.

Sourate L'obscurcissement (Sourate Ettakwîr)
Sa récitation multipliera les voyages vers l'Orient pour celui qui la récite et lui permet d'y gagner beaucoup de biens.

Sourate L'Ornement (Sourate Ezzukhruf)
Celui qui récite la sourate Ezzukhruf sera sincère dans ses paroles.

Sourate L'Ouverture (Sourate Ech-charh)
Celui qui la récite, Allah lui élargira la poitrine à l'Islam, lui facilitera les choses et lui dissipera ses soucis.

Sourate La Caverne (Sourate El-Kahf)
Celui qui se voit en train de réciter la sourate El-Kahf, verra ses souhaits se réaliser et sa vie se prolonger jusqu'à ce qu'il s'en fatigue et souhaite la mort.

Sourate La Cité (Sourate El-Balad)
Celui qui la récite sera aidé pour nourrir et honorer les orphelins et assister les faibles.

Sourate La Clarté du jour (Sourate Eddhuha)
Celui qui la récite honorera les pauvres et les orphelins.

Sourate La Consultation (Sourate Echoûra)
Celui qui récite la sourate Echoûra vivra longtemps.

Sourate La Corde (Sourate El-Maçad)
Sa récitation entraîne l'hostilité des hypocrites à l'encontre de celui qui la récite et leur désir de lui faire du tort, avant qu'Allah ne les fasse périr.

Sourate La Déchirure (Sourate El-Inchiqâq)
Celui qui la récite verra sa descendance et sa progéniture se multiplier.

Sourate La Discussion (Sourate El-Moudjâdala)
Celui qui récite la sourate El-Moudjâdala sera un fin polémiste contre les partisans du mensonge, qu'il confondra avec des arguments.

Sourate La Duperie Réciproque (Sourate Ettaghâboune)
Celui qui récite la sourate Ettaghâboune suivra la voie de la rectitude.

Sourate La Famille d'Imrâne (Sourate Alâ-'Imrâne)
Lira la sourate Alâ-'Imrâne, vaudra au rêveur la purification de son esprit et de son âme, et indique qu'il sera un fin polémiste contre les partisans de l'erreur.

Sourate La fumée (Sourate Eddukhân)
Celui qui récite la sourate Eddukhân sera enrichi.

Sourate la Lumière (Sourate Ennoûr)
Celui qui récite, en rêve, la sourate Ennoûr, Allah illuminera son cœur et sa tombe.

Sourate La Lune (Sourate El-Qamar)
Celui qui récite la sourate El-Qamar sera ensorcelé mais cela ne lui nuira en rien.

S

Sourate La Mise à l'Epreuve (Sourate El-Moumtahana)
Celui qui récite la sourate El-Moumtahana sera mis à l'épreuve mais en sera rétribué.

Sourate La Nuit (Sourate Ellaïl)
Celui qui la récite sera assisté pour veiller en prière et sera préservé des outrages.

Sourate La Preuve (Sourate El-Bayyina)
Celui qui la récite, Allah guidera, à travers lui, des gens égarés.

Sourate La Prosternation (Sourate Essadjda)
Celui qui récite la sourate Essadjda, en rêve, mourra au cours de sa prosternation et deviendra parmi les gagnants auprès d'Allah.

Sourate La Résurrection (Sourate El-Qiyyâma)
Celui qui récite la sourate El-Qiyyâma évitera de faire des serments.

Sourate La Royauté (Sourate El-Mulk)
Pour celui qui récite la sourate El-Mulk, ses biens augmenteront.

Sourate La Rupture du Ciel (Sourate El-Infitâr)
Celui qui la récite sera rapproché des gens de pouvoir et honoré par eux.

Sourate La Table (Sourate El-Mâïda)
Réciter la sourate El-Mâïda, en rêve, vaudra au rêveur de voir son rang s'élever, sa certitude se renforcer et son scrupule s'améliorer.

Sourate La Vache (Sourate El-Baqara)
La récitation de la sourate El-Baqara, vaudra longue vie au rêveur et une amélioration de sa pratique religieuse.

Sourate La Victoire (Sourate El-Feth)
Celui qui récite la sourate El-Feth sera assisté dans le djihâd.

Sourate La Victoire (Sourate Ennasr)
Celui qui la récite, Allah le fera triompher sur ses ennemis. Cette vision informe aussi que la dernière heure de son auteur est arrivée, car c'est à travers elle que la mort prochaine du Prophète ﷺ fut annoncée d'une façon allusive.

Sourate L'Aube (Sourate El-Fadjr)
Sa récitation donne la splendeur et le respect.

Sourate L'Aurore (Sourate El-Falaq)
Sa récitation repousse le mal des humains, des djinns, des animaux et des envieux.

Sourate Le Butin (Sourate El-Anfâl)
Celui qui récite, en rêve, la sourate El-Anfâl, Allah lui donnera la victoire sur ses ennemis et il obtiendra des faveurs.

Sourate Le Caillot de Sang (Sourate El-'Alaq)
Sa récitation facilite l'écriture, l'éloquence et l'humilité.

Sourate Le Calomniateur (Sourate El-Humaza)
Celui qui la récite amassera des biens qui lui seront profitables dans les œuvres de bien.

Sourate Le Créateur (Sourate Fâtir)
Celui qui récite la sourate Fâtir, Allah lui ouvrira les portes des bienfaits.

Sourate Le désir d'abondance (Sourate Ettakâthour)
Celui qui la récite sera un ascète qui renoncera à amasser les biens de ce bas monde.

Sourate Le Destin (Sourate El-Qadar)
Celui qui la récite verra sa vie se prolonger et son rang s'élever.

Sourate Le Discernement (Sourate El-Forqâne)
Celui qui récite la sourate El-Forqâne, saura distinguer entre la vérité et le mensonge.

Sourate Le divorce (Sourate Ettalâq)
Celui qui récite la sourate Ettalâq aura un différend avec son épouse ce qui les amènera au divorce.

S

Sourate Le Fer (Sourate El-Hadîd)
Celui qui récite la sourate El-Hadîd aura une belle réputation auprès des gens ainsi qu'une bonne santé.

Sourate Le Figuier (Sourate Ettîne)
Sa récitation fait hâter le règlement des choses et facilite les ressources.

Sourate Le Nécessaire (Sourate El-Mâ'oûn)
Celui qui la récite, prendra le dessus sur ses adversaires et ses détracteurs.

Sourate Le Pardonneur (Sourate Ghâfir)
Celui qui récite la sourate Ghâfir obtiendra un rang élevé en ce bas monde et dans l'autre et sera l'auteur de nombreux bienfaits.

Sourate Le Pèlerinage (Sourate El-Hadj)
Celui qui récite la sourate El-Hadj aura la possibilité d'accomplir le pèlerinage à diverses reprises.

Sourate Le Pur Monothéisme (Sourate El-Ikhlâs)
Celui qui la récite, obtiendra ce qu'il souhaite, sa réputation grandira et il sera préservé des faux pas qui entachent son monothéisme.

Sourate Le Rang (Sourate Essaff)
Celui qui récite la sourate Essaff mourra en martyr.

Sourate Le Rassemblement (Sourate El-Hachr)
Celui qui récite la sourate El-Hachr, Allah anéantira ses ennemis.

Sourate Le Repentir (Sourate Ettawba)
Celui qui se voit en train de réciter la sourate Ettawba, en rêve, cela indique qu'il vivra loué parmi les gens et qu'il mourra après s'être repenti.

Sourate Le Soleil (Sourate Echams)
Sa récitation donne l'intelligence et la compréhension des choses.

Sourate Le Temps (Sourate El-'Asr)
Celui qui la récite, sera aidé dans son effort à vouloir faire preuve de patience et à s'attacher à la vérité. Il connaîtra des pertes dans son commerce, mais obtiendra, ensuite, de grands profits.

Sourate Le Tonnerre (Sourate Erra'd)
Celui qui récite la sourate Erra'd, en rêve, acquerra la connaissance des invocations et sera atteint de canitie précoce.

Sourate Le Tout Miséricordieux (Sourate Errahmâne)
Celui qui récite la sourate Errahmâne obtiendra des bienfaits dans ce bas monde et la miséricorde dans l'autre.

Sourate Le Tremblement de terre (Sourate Ezzilzâl)
Celui qui la récite, Allah fera trembler, à travers lui, les croyances des incroyants.

Sourate Le Très Haut (Sourate El-A'lâ)
Sa récitation facilite les choses à celui qui la récite.

Sourate Le Vendredi (Sourate El-Djumu'a)
Celui qui récite la sourate El-Djumu'a, Allah lui réunira les bienfaits.

Sourate Le Voyage Nocturne (Sourate El-Isrâ)
Celui qui récite la sourate El-Isrâ, en rêve, obtiendra un rang élevé auprès d'Allah et triomphera de ses ennemis.

Sourate Les Abeilles (Sourate Ennahl)
A celui qui récite, en rêve, la sourate Ennahl, il lui sera fait don de la science et, s'il est malade, il guérira.

Sourate Les Anges alignés en rangs (Sourate Essaffât)
Celui qui récite la sourate Essaffât, Allah lui donnera un enfant doué de certitude et qui lui obéit.

Sourate Les Appartements (Sourate El-Hudjurât)
Celui qui récite la sourate El-Hudjurât préservera ses liens de parenté.

Sourate Les Bestiaux (Sourate El-An'âm)
Pour celui qui récite la sourate El-An'âm, ses faveurs augmenteront, ainsi que ses troupeaux, et il sera généreux.

Sourate Les Coalisés (Sourate El-Ahzâb)
Celui qui se voit en train de réciter la sourate El-Ahzâb, en rêve, fera partie des gens de piété et suivra la voie de la vérité.

Sourate Les Constellations (Sourate El-Bouroûdj)
Celui qui la récite prendra le dessus sur les soucis et obtiendra des formes de connaissance. On dit qu'il s'agit de la science des étoiles (astronomie).

Sourate Les Coursiers Rapides (Sourate El-'Adiyyât)
Celui qui la récite obtiendra des chevaux.

Sourate Les Croyants (Sourate El-Moûminoûn)
Celui qui récite, en rêve, la sourate El-Moûminoûn, verra sa foi se renforcer et ce jusqu'à la fin de sa vie.

Sourate Les Degrés (Sourate El-Ma'âridj)
Celui qui récite la sourate El-Ma'âridj sera sécurisé et assisté.

Sourate Les Djinns (Sourate El-Djinn)
Celui qui récite la sourate El-Djinn sera préservé de leur mal.

Sourate Les Femmes (Sourate Annisâ)
Celui qui récite la sourate Annisâ, en rêve, sera chargé du partage des héritages. Il connaîtra des femmes distinguées dont il héritera après une longue vie.

Sourate Les Fourmis (Sourate Ennaml)
Celui qui récite la sourate Ennaml, en rêve, obtiendra un pouvoir.

Sourate Les Fraudeurs (Sourate El-Moutaffifîne)
Celui qui la récite obtiendra la loyauté, la fidélité et la justice.

Sourate Les Groupes (Sourate Ezzumr)
Celui qui récite la sourate Ezzumr, préservera sa religion et finira sa vie d'une façon excellente.

Sourate Les Hommes (Sourate Ennâs)
Celui qui la récite sera préservé des malheurs, sera à l'abri du Diable, de ses suppôts et de leurs suggestions.

Sourate Les Hypocrites (Sourate El-Mounâfiqoûne)
Celui qui récite la sourate El-Mounâfiqoûne sera préservé de l'hypocrisie.

Sourate Les Incroyants (Sourate El-Kâfiroûne)
Celui qui la récite, sera assisté dans sa lutte contre les incroyants.

Sourate Les Poètes (Sourate Echu'âra)
Celui qui récite la sourate Echu'âra, en rêve, Allah le préservera des choses malsaines.

Sourate Les Prophètes (Sourate El-Anbiyyâ)
Celui qui récite la sourate El-Anbiyyâ, en rêve, obtiendra la délivrance après la gêne et la facilité après la difficulté, et recevra la science et l'humilité.

Sourate Les Récits (Sourate El-Qasas)
Celui qui récite la sourate El-Qasas, en rêve, obtiendra des richesses licites.

Sourate Les Romains (Sourate Erroûm)
Celui qui récite la sourate Erroûm, fera grâce à Allah la conquête d'une ville appartenant à des polythéistes et Allah guidera, à travers lui, des gens.

Sourate Les Vents (Sourate El-Moursalât)
Celui qui récite la sourate El-Moursalât connaîtra la prospérité dans ses biens.

Sourate Les Versets Détaillés (Sourate Fussilat)
Celui qui récite la sourate Fussilat appellera les gens à suivre la voie de la vérité et il sera aimé des gens.

Sourate Luqmân
Celui qui récite la sourate Luqmân obtiendra la sagesse.

Sourate Marie (Sourate Meriem)
Celui qui récite, en rêve, la sourate Meriem, fera revivre les sunen (traditions) des prophètes (sur eux le salut). Il sera victime d'une calomnie puis son innocence apparaîtra.

Sourate Mohammed ﷺ
Pour celui qui récite la sourate Mohammed ﷺ son comportement s'améliorera.

Sourate Noé (Sourate Noûh)
Celui qui récite la sourate Noûh ordonnera le convenable et interdira le blâmable et triomphera de ses ennemis.

Sourate Qâf
Celui qui récite la sourate Qâf verra ses ressources augmenter.

Sourate Sabâ
Celui qui récite la sourate Sabâ, en rêve, renoncera à ce bas monde et préférera l'isolement.

Sourate Taha
Celui qui se voit en train de réciter la sourate Taha, ne sera jamais atteint par les charmes des magiciens.

Sourate Ya Sin
Celui qui récite la sourate Ya Sin, obtiendra l'amour des membres de la famille du Prophète ﷺ.

Sourates du Coran (Les) (Souwwar El-Corân)
La vision des sourates qu'on récite habituellement pour les défunts, évoque la mort du malade. La récitation, en rêve, de sourates en vue de l'amélioration de l'état d'un malade, symbolise des joies, un bonheur, des ressources et un enfant qui récite le Coran. La vision d'une sourate évoque aussi une épouse, un enfant, des dirhams ou des dinars, à la mesure de leur nombre.

Source d'eau ('Aïn El-Mâ)
Sa vision évoque une faveur, un bien, une bénédiction et la concrétisation d'un souhait. Celui qui voit, en rêve, des sources jaillir dans sa maison, sera atteint par un malheur qui fera pleurer les membres de sa famille. Celui qui se voit en train de faire ses ablutions d'une source d'eau, s'il est soucieux, il sera délivré de son souci, s'il est craintif, il sera sécurisé, s'il est malade, il sera guéri, s'il est endetté, ses dettes seront acquittées et, s'il est pécheur, ses péchés lui seront effacés. La vision d'une source d'eau pure coulant vers sa maison, signifie pour l'auteur de la vision des ressources et un bien qui arrivent à lui.

Sourcil (Hâdjib El-Insân)
Les sourcils symbolisent pour l'homme sa bonne renommée, sa religion et sa dignité. Voir un défaut en eux, c'est avoir un défaut dans les choses qu'ils symbolisent. La vision des sourcils symbolise aussi les deux parents, deux enfants, deux associés, deux épouses ou deux adjoints et deux gardiens.

Si un homme voit ses deux sourcils se rejoindre, en rêve, c'est une preuve de sa bonne compagnie et de l'amour que lui témoignent les gens. L'inverse est vrai.

Sourd (Asamm)
Se voir en rêve sourd ou muet représente pour le rêveur une corruption de sa religion.

Souris (Fa-ara)
La souris symbolise une femme perverse ou voleuse ou une femme qui a un fond mauvais. Si elles sont nombreuses et de couleurs différentes, leur vision évoque les nuits et les jours. Celui qui voit une souris jouer dans sa maison, obtiendra une prospérité durant cette année, car le jeu ne peut se faire qu'après s'être rassasié.

Sous-sol (Sarb El-Ardh)
Sa vision symbolise une intrigue et un complot. Celui qui voit, en rêve, qu'il creuse un sous-sol ou qu'un autre le creuse pour lui, va commettre une intrigue ou en sera victime.

Spathe de palmier (Tal' Ennakhl)
Sa vision évoque des biens ainsi que la grossesse de l'épouse. Pour celui qui est malade, cela évoque sa guérison ou peut être sa mort.

S

Sperme (Maniyy)
Sa vision évoque un bien durable et prospère. Sa vision peut évoquer aussi le repos, le gaspillage d'argent, la divulgation des secrets, la mort d'enfants ou la séparation avec l'épouse.

Spoliation de l'homme des biens d'autrui (Ghaçab El-Insân Li mâl Ghayrihî)
Sa vision évoque un contrat irrégulier pour celui qui désire le mariage, un bien illicite ou ce qui provient de l'usure. Le Très haut a dit : ﴿ ***Ne dévorez pas à tort vos biens entre vous.*** ﴾ (S2, V188)

Station d'Abraham (Maqâm Ibrahîm عليه السلام)
Celui qui se voit en train de prier devant la station d'Abraham, en rêve, cela veut dire qu'il est un homme croyant qui respecte les préceptes de l'Islam, et qu'il accomplira le pèlerinage, en fonction de la parole du Très Haut : ﴿ ***Dans ce lieu où se tenait Abraham.*** ﴾ (S3, V97)
Celui qui se voit entrer à l'intérieur de la station d'Abraham, obtiendra la sécurité s'il éprouve de la peur et, peut être même, une digne fonction.

Station d'Arafât (Wouqoûf Bi 'Arafât)
Celui qui se voit debout, à 'Arafât, son rang passera, en fonction de sa valeur, d'une bonne situation à une autre moindre ou vice versa. Il se peut aussi qu'il se sépare de ce qui est très cher pour lui, comme l'épouse ou la demeure. Il se peut aussi que son ennemi triomphe de lui. Il est possible également qu'il obtienne une puissance, une noblesse, qu'il se réunisse avec ce dont il s'est séparé et qu'il triomphe de son ennemi.
La vision de la station de 'Arafât évoque aussi la guérison du malade et son rétablissement pour continuer à faire marcher ses affaires.

Station debout (Qiyyâm)
Se voir debout, en rêve, en train d'accomplir de bonnes actions pour Allah ou de mettre fin à une chose blâmable, lorsque l'auteur de la vision est en mesure de mener cela jusqu'au bout, cela veut dire que les gens tireront beaucoup d'avantages et de sérénité de lui.

Stupeur (Walah)
Sa vision évoque une perplexité en ce bas monde et un excellent sort dans l'au-delà.

Succion (Maçç)
La vision d'une succion évoque le fait de prendre de l'argent.

Sucre (Suqqar)
Sa vision évoque les réjouissances et la guérison des maladies ainsi que la disparition des soucis et des malheurs et la concrétisation de tous les souhaits et vœux. Sa vision évoque aussi des biens

Sucre candi (Qand)
Sa vision représente des biens obtenus avec peine, soucis et fatigue. Elle évoque aussi la délivrance de la prison, la guérison de la maladie ou le soulagement après la gêne pour la femme enceinte.

Sucre candi (Tabarzad)
Sa vision évoque une puissance et un pouvoir ainsi qu'un profit pour le commerçant.

Sueur ('Araq)
La vision de la sueur évoque un préjudice dans la vie. Elle évoque aussi la bonne santé pour le malade qui l'espérait. Sinon, elle évoque la sueur de la mort. Elle peut indiquer aussi une fatigue qui atteint celui qui la voit.

Suppléance dans un poste de responsabilité (Niyyâba 'An El-Houkm)
Sa vision évoque l'attachement à la conduite des vertueux ou la marche sur les pas des innovateurs.

S

Surdité (Çamam El-Udhunayn)
Sa vision indique la corruption dans la religion ainsi que la déviation de la voie de la vérité.

Surdité (Tarach)
Sa vision évoque une faiblesse dans la religion de son auteur, en vertu de la parole du Très Haut qui dit : ﴿ ***Sourds, muets et aveugles...*** ﴾ (S2, V18)

Synagogue (Bay'a)
Celui qui voit, en rêve, une synagogue, dans sa demeure, cela veut dire que son opinion sur la prédestination est conforme à celle des Juifs. Il en est de même lorsqu'il voit que sa demeure est devenue une synagogue. La vision d'une synagogue, dans un rêve, évoque la sagesse, les sciences abrogées ainsi que les médecins. Celui qui se voit nommé dans une synagogue, cela veut dire qu'il est à la recherche d'une innovation religieuse.

Syndic des marchands (Bandar)
Sa vision indique un homme intègre chez qui on dépose les dépôts.

T

Table Préservée (La) (Lawh)

Sa vision évoque le voilement des actes de son auteur. Elle évoque aussi la bonne nouvelle pour celui qui se trouve dans la gêne et la guérison pour celui qui est malade. Elle évoque aussi des ressources pour celui qui est pauvre, la préservation de la science et des biens pour leurs propriétaires ainsi que la sécurité devant la peur. Pour une femme enceinte, sa vision signifie la naissance d'un garçon.

Table Servie (Mâïda)

La vision d'une table servie évoque un bienfait, l'exaucement d'une invocation, une vie opulente et une victoire sur les ennemis. Voir de nombreux convives réunis autour de cette table, signifie un grand nombre de personnes à charge pour l'auteur de la vision.

On dit aussi qu'elle évoque un homme généreux et noble. Se voir assis autour de cette table, c'est fréquenter cet homme. Y manger, c'est tirer profit de lui. On dit aussi qu'elle évoque la religion.

Taches de rousseur (Namach)

Leur vision évoque une abondance de péchés.

Taille de l'homme (Qâmat El-Insân)

La vision de sa longueur évoque une épreuve. Elle peut évoquer aussi l'avarice ainsi que l'exhibition de sa grande taille et de sa force. Lorsque la grande taille diminue en rêve, c'est un mauvais signe, car elle évoque la dégradation du rang ou la proximité du terme de la vie. Pour celui qui cherche le pouvoir et l'autorité, la grande taille signifie, l'arrivée au but.

Talon ('Aqib)
Sa vision évoque les enfants. Celui qui se voit en rêve, sans talon, cela veut dire qu'il ne laissera aucun enfant à lui. Pour celui qui voit son talon cassé ou arraché, cela annonce la mort de l'un de ses enfants. Le talon gauche symbolise la fille alors que le droit symbolise le garçon.

Tamaris de Syrie (Ghadât)
La vision de son arbre évoque un homme ferme et vil. Elle évoque aussi un homme noble mais inaccessible.

Tambour (Tabl)
La vision d'un tambour évoque une fausse nouvelle. Quant à la vision du tambourineur, elle évoque un détracteur de gens, un entremetteur ou un vendeur de vins.

Tambourineur (Tabbâl)
Sa vision évoque un sultan craint. Elle évoque aussi celui qui apporte les informations.

Tamis (Gharbâl)
Sa vision évoque le scrupule dans les ressources. Elle évoque aussi l'épuisement des dirhams et des dinars ainsi que la distinction entre les paroles vraies et les paroles vaines. Sa vision évoque aussi la science, la distinction, la puissance, la fonction ainsi que la distinction entre la vérité et le mensonge.

Tamis (Minkhal Eddaqîq)
Sa vision évoque la guidée après l'égarement et le repentir après le péché. Elle évoque aussi le juge qui distingue la vérité du mensonge.

Tamis (Mougharbal)
Sa vision évoque celui qui distingue entre la vérité et le mensonge avec sa science, ses ordres et ses interdits.

Tamiseur de farine (Nakhhâl Eddaqîq)
Sa vision évoque le juge qui tranche entre la vérité et le mensonge.

Tanin ('Afç)
Sa vision évoque des biens fructueux qui durent grâce à d'autres biens.

Tannerie (Midbagha)
Sa vision évoque la maison de la science et le Ribât de même que les endroits où on éduque les âmes et où on leur apprend le bien et la vertu. Elle peut évoquer aussi la femme qui travaille beaucoup et qui persévère devant les torts.

Tante paternelle de l'homme ('Ammat El-Insân)
Sa vision évoque son palmier. Ce qui l'atteint, en rêve, atteindra, en réalité, ce dernier. S'il n'a pas de palmier, sa vision évoque l'un des membres masculins de la famille de son père, tels l'oncle paternel ou le père.

Tape entre les épaules (Çaf' Fîl Qafâ)
Sa vision évoque un blâme ainsi que le fait de rappeler à quelqu'un une faveur insignifiante et de répandre cela parmi les gens. Elle évoque aussi un acte de bienfaisance qui provoque une humiliation.

Tape sur le visage (Çaqq El-Wadjh)
Sa vision évoque la naissance d'un garçon après en avoir désespéré, et ce en vertu de la parole du Très Haut : ﴿ ***Elle se frappait le visage.*** ﴾ (S51, V29)

Tapis (Bisât)
La vision d'un tapis, dans un rêve, signifie ce bas monde pour son auteur. Son étalage signifie la terre, son ampleur, les ressources, et ses particularités, la longévité. Sa vision signifie aussi l'aisance, la puissance et l'élévation, surtout si l'auteur de la vision se voit en train de s'asseoir sur ce tapis en hiver.

Tapis de prière (Sidjâda)
Sa vision symbolise une femme chaste ou une fonction religieuse.

Tapissier (Nedjjâd)
Sa vision évoque le musicien imbu de sa personne. Elle peut évoquer aussi le secours pour celui qui le sollicite et le repos après la fatigue.

Tarière (Mithqab)
Sa vision évoque un homme très rusé et très volubile. Elle évoque aussi la satisfaction des besoins et, peut être, les voyages forcés.

Tasse (Tâsa)
Elle évoque, en rêve, la femme, l'enfant ou l'esclave fidèle.

Tasse de thé (Bâtiyya)
Sa vision représente la femme qui ne garde pas de secret et ne se montre jamais satisfaite de la vie qu'elle mène ou des enfants qu'elle a. Elle symbolise aussi la femme infidèle.

Tâtonnement (Jass)
Sa vision évoque le fait d'espionner les gens et d'écouter ce qui ne doit pas être écouté.

Taureau (Thawr)
La vision d'un taureau cornu symbolise un homme doué de force, d'invincibilité, d'autorité, de biens et d'armes. S'il n'a pas de cornes, il symbolise un homme vil, méprisable, pauvre, dénué de tout bienfait et de tout pouvoir. Sa vision symbolise aussi le dirigeant d'un peuple, d'un pays ou d'une ville, ou un maître de maison. Celui qui voit qu'il possède de nombreux taureaux, cela veut dire qu'il obtiendra un pouvoir, s'il est digne de cela, et qu'il aura des responsables qui travailleront sous sa responsabilité. S'il est un commerçant, il gagnera des transactions et des associés.

Taverne (Hânat El-Khamr)
La vision d'une taverne symbolise la vigueur après la faiblesse et la dissipation des soucis et des malheurs. Elle évoque aussi une femme fornicatrice. Sa vision pour un malade, signifie le terme de sa vie ; pour un scrupuleux dans la religion, cela signifie la séduction qui le menace, alors que pour un guidé dans la droite voie, cela signifie son reniement de la religion.

Teck (Sâdj)
Sa vision symbolise un roi, un savant, un poète ou un astrologue.

Tégumentaire (Ghilâfi)
Sa vision évoque le mariage du célibataire ainsi que la grossesse de la femme mariée. Elle évoque aussi le fait de cacher les choses, de garder les secrets et de préserver les biens.

Teigne du crâne (Qirâ' Errâs)
Sa vision évoque de l'argent qui provient d'un chef et dont on ne profite pas, puisqu'il n'apporte que peine et fatigue. La vision d'une femme teigneuse évoque une année stérile.

Teilleur de lin et autres matières (Qallâ')
Sa vision évoque le changement de situations, le passage de l'homme d'un métier à un autre, d'un lieu à un autre ou la transmission de paroles.

Teint brun (Sumrat Ellawn)
Sa vision évoque la diversité des origines.

Teint jaune (Çafrat Ellawn)
La vision d'un teint jaune symbolise l'avilissement et la jalousie. Celui qui voit son visage prendre un teint jaune, en rêve, sera victime d'une maladie.

Teint noir (Sawâd Ellawn)
Sa vision symbolise, en toute chose, la prééminence et les biens. Pour celui qui a l'habitude de porter du noir, la vision d'un teint noir évoque une prééminence, alors que pour celui qui n'en a pas l'habitude, cela signifie un malheur et un souci.

Teint roux (Chaqrat Elalwn)
Sa vision évoque l'avilissement et la bassesse.

Teinturier (Ṣebbâgh)
Sa vision évoque une calomnie. Pour celui qui voit, en rêve, un teinturier, dans sa maison, en train de lui faire des travaux de teinturerie, cela annonce la mort. Sa vision évoque aussi le repentir des péchés.

Témoignage (faire un) Adâ Achchahâda
Se voir en train de faire un témoignage dans un rêve, signifie se décharger d'un engagement, respecter son vœu, transmettre un message et s'acquitter d'une dette. Par contre, se voir en train de dissimuler un témoignage, signifie avoir des dettes, éprouver de l'avidité pour les dépôts entreposés chez soi, éprouver de la haine pour les autres et avoir de l'audace à commettre des péchés.

Témoin intègre (Châhid 'Adl)
Sa vision évoque un homme qui triomphe des ennemis, qui apporte des preuves et qui infirme le doute.

T

Tempe (Ṣoudgh)
La vision des deux tempes symbolise deux enfants nobles et bénis. On dit aussi qu'elle évoque de l'argent ou la guérison d'une maladie.

Tendre une oreille indiscrète (Istirâq Essam')
Se voir en train de tendre une oreille indiscrète symbolise le mensonge et la médisance, en vertu de la parole du Très Haut :

﴾ ***Ils tendent l'oreille… Mais la plupart d'entre eux sont des menteurs.*** ﴿ (S26, V223)

Celui qui tend une oreille indiscrète sera honni par ceux qui exercent le pouvoir, en vertu de la parole du Très Haut: ﴾ ***Mais si l'un d'eux parvient subrepticement à écouter, une flamme brillante le poursuit.*** ﴿ (S15, V18)

Celui qui se voit comme s'il espionnait un homme, cela indique qu'il veut violer son intimité et lui faire un affront, et celui qui se voit en train d'entendre des paroles et suivre les meilleures de ces paroles, entendra une bonne nouvelle, en vertu de Sa parole: ﴾ ***Annonce la bonne nouvelle à Mes serviteurs qui écoutent la parole et qui obéissent à ce qu'elle contient de meilleur.*** ﴿ (S9, V18-19)

Tendresse (Wadd)

Sa vision évoque la dignité, la prépondérance de l'intelligence et la réflexion sur les conséquences des choses, en vertu de la parole du Prophète ﷺ: *« La recherche de la tendresse des gens est la moitié de l'intelligence. »* Rapporté par Ibn 'Adiyy dans El-Kâmil Lî Eddhou'afâ.

Tenir une discussion (Tahadduth)

Se voir en rêve en train de discuter de choses qu'il faudrait tenir secrètes, évoque le gaspillage des biens ou la transmission de la sagesse. Par contre, discuter, en rêve, des bienfaits d'Allah est une preuve de la grâce rendue à Allah et de la reconnaissance pour ces bienfaits.

Tentation (Fitna)

Sa vision évoque des biens et des enfants, en vertu de la parole du Très Haut: ﴾ ***Sachez que vos biens et vos enfants constituent pour vous une tentation.*** ﴿ (S8, V28)

Celui qui voit, en rêve, qu'il a des biens et des enfants, tombera dans une tentation.

Tente d'apparat (Sarâdiq)
Sa vision symbolise un sultan. Celui qui se voit, en rêve, sous une tente d'apparat, triomphera d'un adversaire puissant. Cela veut dire aussi qu'il va obtenir un pouvoir et mener des armées.

Tenue vestimentaire (Kaswa)
La vision d'une tenue vestimentaire masculine, pour une femme, évoque une vertu pour elle, que ce soit dans sa religion ou dans sa vie profane. Pour un homme, la vision d'une tenue vestimentaire féminine, évoque un souci, une peur et une soumission, avant que cela ne disparaisse.

Térébinthe (Batam)
Sa vision dans un rêve évoque la nostalgie ou les voyages. Celui qui se voit hissé sur un arbre de térébinthe obtiendra un bien ou alors verra ou entendra de bonnes paroles.

Tergiversation (Moumâtala)
Pour une femme, la vision d'une tergiversation face à une obligation qu'elle est incapable d'honorer, indique la précipitation de sa séparation, l'absence de mariage ou le penchant pour le coït interrompu.

Termite (El-Ardha)
Sa vue, dans un rêve, signifie la contestation et les divergences dans la science et la recherche de la polémique. En outre, voir une termite dans sa canne ou dans sa bourse, annonce la mort prochaine du rêveur.

Terrasse (Satih)
Sa vision symbolise une femme très digne. Se voir assis, en rêve, sur une terrasse, durant l'été, indique le repos et l'obtention d'habits, ainsi que la dissipation des soucis, des malheurs et des maladies.

Terre (Ardh)
La vision de la terre représente ce bas monde, alors que celle du ciel représente l'au-delà, car ce bas monde a été rapproché et l'au-delà différé. La terre symbolise la femme et la mère. Elle symbolise la femme dans la mesure où elle est labourée, semée et arrosée, et elle porte, enfante et met au monde ses cultures jusqu'à leur parachèvement. Elle symbolise aussi la mère dans la mesure où nous sommes tous créés à partir d'elle. Celui qui se voit posséder une terre inconnue devient riche s'il est pauvre, se marie s'il est célibataire et assume une responsabilité s'il est un simple travailleur. Et s'il se voit en train de vendre une terre ou de sortir d'une terre vers une autre, il mourra s'il est malade, surtout si la terre vers laquelle il va est une terre inconnue, ou s'appauvrira s'il est riche, surtout si la terre qu'il a quittée est fertile et pleine de pâturages. Et s'il quitte une terre inculte pour une terre fertile, il passera d'une bid'a (innovation blâmable) vers une sunna.

Terre (Turâb)
La vision de la terre symbolise les êtres humains, car ils ont été créés à partir de cette substance. Elle symbolise aussi les animaux domestiques et sauvages, de même qu'elle évoque ce bas monde et ses richesses, car ces richesses sont terrestres. Celui qui se voit en train de creuser un trou et d'en extraire la terre, s'il est malade ou qu'il a un malade chez lui, ce trou symbolise sa tombe. S'il est un voyageur, ce trou représente son voyage, et la terre extraite son gain, ses biens et ses avantages. Et s'il aspire au mariage, cette terre évoque, pour lui, l'épouse en vue.

Terreur (Faz')
La vision d'une terreur évoque la pratique d'injustices et de péchés. Celui qui se voit mourir de terreur, mourra pauvre. La vision de la terreur évoque aussi une joie, de même qu'une sécurité, surtout si elle résulte de la peur d'un être humain ou

d'un laxisme de sa part, en vertu de la parole du Très Haut : ﴾ ***La grande frayeur ne les affligera pas.*** ﴿ (S21, V103)

Tertre (Tell)
La vision d'un monticule représente un homme dangereux et important, alors que les constructions qui l'entourent représentent ses proches. Celui qui se voit marcher, en rêve, sur des monticules, sera épargné de dangers qui le guettent. Celui qui se voit sur un monticule obtiendra un rang élevé, un pouvoir, une autorité et une augmentation de biens.

Tête (Râs)
La vision de la tête évoque le chef sous le commandement duquel on se trouve, le capital ou la grandeur. Celui qui voit sa tête prendre de l'ampleur, cela veut dire que sa noblesse va augmenter. L'inverse est vrai. Celui qui se voit avec plusieurs têtes, cela lui annonce qu'il va triompher de ses ennemis. S'il est pauvre, il s'enrichira, s'il est riche, il aura des enfants, et s'il est célibataire, il se mariera et aura ce qu'il désire.

Tête de bétail (Chât El-Ghanam)
Sa vision évoque une femme. Celui qui se voit posséder une tête de bétail, épousera une femme. Pour celui qui se voit en train de faire traire une brebis, cela annonce une année bénéfique pour lui.

Texte du Coran (Mouçhaf)
Sa vision symbolise un roi ou un juge parmi les juges des musulmans sur lesquels on s'appuie dans les choses de la religion. Celui qui se voit en train de lire dans le texte du Coran obtiendra une sagesse, une puissance, une belle renommée et une bonne pratique de la religion. La vision du texte du Coran évoque aussi la sagesse.

Textes (Çuhuf)
Leur vision évoque des témoins ou des imams (guides) qu'on prend pour exemples. Le Très Haut a dit : ﴾ ***N'a-t-il pas été***

informé de ce que contiennent les textes de Moïse et d'Abraham qui fut très fidèle ? ﴾ (S53, V36-37)
Le Très Haut a dit aussi : ﴾ ***Ceci est contenu dans les Livres anciens : les Livres d'Abraham et de Moïse.*** ﴾ (S88, V18-19)

Thora (La) Tawrât
Se voir en rêve en train de réciter la Thora, sans savoir de quoi il s'agit, indique pour le rêveur qu'il va suivre l'opinion des Qadirites (les partisans du libre arbitre) ou des Djabarites (les partisans du déterminisme absolu). Celui qui voit qu'il possède une Thora, s'il est un sultan musulman, cela veut dire qu'il va conquérir un pays appartenant à ses ennemis ou conclure un traité avec eux, et s'il est un savant, sa science augmentera, ou bien il optera pour une innovation dans ce qu'il sait déjà ou bien même il penchera vers les doctrines des innovateurs. La vision de la Thora peut évoquer aussi le retour d'un absent ou la récupération de ce qui est perdu.

Tiques (Qarâd)
Leur vision évoque des ennemis abjects.

Tir (Ramy)
Celui qui se voit, en rêve, en train de tirer à l'aide d'une machine de guerre, cela indique une trahison et une intrigue de sa part. Cela peut évoquer aussi une diffamation des savants ou des femmes vertueuses ou une atteinte à la religion. La vision d'un tir à l'arc évoque la diffamation de l'honneur des gens dans un but déterminé. Celui qui tire à l'arc, en rêve, et se voit en même temps comme étant le tireur aussi bien que la victime, obtiendra un rapprochement d'Allah, et une place honorable dans ce bas monde.

Tirage au sort (Mouqâra'a)
La vision d'un tirage au sort évoque une affliction, une réprimande et un excès de zèle.

Tissage (Nasdj)
Sa vision évoque la proximité du terme de la vie ainsi qu'une situation matérielle moyenne ou les aléas de la vie. Celui qui se voit en train de tisser un vêtement, cela veut dire qu'il va voyager. S'il voit qu'après avoir tissé ce vêtement, il l'a déchiré, cela veut dire que la chose qu'il a demandée est arrivée à destination mais a pris fin. La vision d'un tissage peut annoncer un mariage.

Tisserand (Nâsidj)
Sa vision évoque la fatigue et le labeur. Elle peut indiquer aussi la semence pour les cultures, le gaspillage des récoltes, le mariage et la progéniture.

Tisseur (Nassâdj)
Sa vision évoque un homme qui voyage beaucoup et qui œuvre avec labeur dans son travail en incitant les gens à en faire de même. La vision d'une femme tisseuse évoque les mêmes choses.

Toilettes (Kanîf)
La vision de toilettes symbolise le trésor public (Beït El-Mel). Celui qui se voit, en rêve, en train de balayer des toilettes, s'appauvrira.

Toilettes (Mirhâdh)
Leur vision évoque le soulagement ou la gêne dans lesquels peuvent se trouver la famille, ou bien son dénuement ou sa prospérité. Elle évoque aussi la tirelire dans laquelle l'auteur de la vision met son argent, son coffre secret ou son magasin.

Tombe (Qabr)
La vision d'une tombe creusée symbolise, à l'origine, une prison, de même que la vision d'une prison symbolise la tombe. Celui qui se voit, en rêve, en train de rendre visite à des tombes, rendra visite à des gens emprisonnés. S'il se voit en

train de creuser une tombe sur une terrasse, cela veut dire qu'il va vivre longtemps.
Celui qui se voit entrer dans une tombe, alors qu'il est vivant, doit s'attendre à être emprisonné. Pour un célibataire, se voir en train de creuser une tombe signale qu'il va épouser une femme avec ruse et tromperie.

Tombée dans la misère (La) (Ça'laqa)
Sa vision évoque le dénuement nuisible et la mécréance.

Tondeur de bestiaux (Qaççâç Eddawâb)
Sa vision évoque le polisseur ou le coiffeur. Elle peut évoquer aussi les maux, les querelles et le gaspillage.

Tonnerre (Ra'd)
La vision du tonnerre symbolise la mise en garde du sultan et sa menace. Elle évoque aussi les rendez-vous excellents et les bons ordres. La vision du tonnerre évoque aussi une querelle et une polémique, une faiblesse dans la religion et une perte dans ses biens. La vision du tonnerre sans la pluie figure la peur. Si quelqu'un voit le tonnerre, en rêve, cela veut dire qu'il s'acquittera d'une dette. S'il est malade, il guérira, et s'il est emprisonné, il reprendra sa liberté.

Torrent (Sayl)
La vision d'un torrent qui envahit une ville, indique une épidémie. Elle évoque aussi l'attaque d'ennemis, de même qu'elle peut figurer un radotage et des mensonges.

T

Torsion (Layy)
Sa vision évoque l'hypocrisie ainsi qu'une altération du Livre dans la religion, en vertu de la parole du Très Haut : ﴾ ***Certains d'entre eux altèrent le Livre en le récitant pour faire croire que leurs inventions appartiennent au Livre, mais elles sont étrangères au Livre.*** ﴿ (S3, V78)

Tort (Soû)
La vision d'un tort non identifié évoque une fin malheureuse et un abandon de la religion. S'il est identifié, il évoque un mal pour celui qui en est touché.

Tortue (Sulhafât)
Sa vision symbolise une femme qui se parfume et s'embellit et qui s'offre aux hommes. On dit aussi que la vision d'une tortue évoque le Câdi des cadis (le grand juge) ou un homme savant et dévot.
On dit aussi que sa vision, dans un rêve, évoque la tromperie, la ruse, l'espionnage, la disparition et le mal.

Tour (Burdj)
Pour celui qui se voit, en rêve, sur ou à l'intérieur d'une tour, cela présage de sa mort et signale qu'il n'est pas homme de bien, en vertu de la parole du Très Haut : ﴿ ***Là où vous serez, la mort vous atteindra, même si vous êtes dans des tours fortifiées.*** ﴾ (S4, V78)
En outre, lorsque quelqu'un se voit sur une tour, cela peut signifier qu'il va triompher d'un homme très dangereux.

Tour (Çarh)
Sa vision évoque le mensonge, l'orgueil et la dévastation. Elle peut représenter aussi la guidée et la paix.

Tour du jeu d'échec (Rukh Ech-chatrandj)
Sa vision symbolise la rectitude dans l'accomplissement des choses, de même qu'elle évoque les actes faits en cachette, la mort subite et la sincérité dans les paroles.

Tournée rituelle autour de la Kaaba (Tawâf)
Celui qui se voit, en rêve, en train de faire des circonvolutions autour de la Ka'ba, sera affranchi s'il est un esclave. S'il est un pécheur, il sera affranchi du feu ; s'il est célibataire, il se mariera ; s'il est digne d'un avancement, il se concrétisera et

T

obtiendra un rang élevé. Cela peut indiquer aussi le respect d'un vœu, en vertu de la parole du Très Haut : ﴿ ***Qu'ils s'acquittent de leurs vœux, qu'ils accomplissent les circuits autour de l'antique Maison.*** ﴾ (S22, V29)

Tourterelle (Qumrî)
Sa vision symbolise une femme très religieuse. On dit aussi qu'elle évoque un fils au bienfait agréable. Elle évoque aussi celui qui déclame des poèmes et qui a une belle voix. Celui qui voit une tourterelle au printemps, son besoin sera concrétisé. Celui qui la verra, en dehors du printemps, son besoin sera concrétisé durant le printemps.

Tourterelle (Warachân)
Sa vision évoque un homme étrange ou une femme de distractions et de musique. Elle évoque aussi le fait d'écouter des informations.

Tout ce qui couvre (Rân)
Celui qui se voit, en rêve, couvert d'une chose, cela veut dire qu'il va obtenir un pouvoir dans une contrée, s'il en est digne.

Toux (Su'âl)
La toux dans le rêve, signifie une plainte. Celui qui se voit en train de tousser, dans un rêve, cela veut dire qu'il va se plaindre d'un homme proche du sultan. S'il tousse jusqu'à s'étouffer, c'est annonciateur de sa mort.

Traction (Jarr)
Se voir en rêve en train de tracter une chose facile à déplacer, signifie la simplification des choses difficiles et leur contrôle, que ce soit par la résolution de l'auteur de la vision ou par sa bonne gestion des affaires et sa subtilité. Si la chose tractée est une chose qui symbolise le mal, cela veut dire que son sort sera mauvais.

Trahison (Ghadr)
Sa vision évoque un amoindrissement dans la religion et le monde profane. Elle indique aussi le vol et le besoin de celui qui a été trahi, par analogie avec le récit de Joseph عليه السلام.

Traîner sur ses genoux (Se) (Habw 'Ala Errakb)
Se voir en train de se traîner sur ses genoux évoque une maladie chronique ou le fait de faire sa prière, en position assise, alors qu'on est en mesure de la faire debout. Cette vision évoque aussi la sédentarité, l'avilissement ou l'absence d'ambition.

Traite (Halb)
Sa vision symbolise la bonne compagnie des gens, la sollicitude, la bonne politique et l'obtention des ressources. Celui qui se voit en train de traire une vache et de boire de son lait, deviendra riche s'il est pauvre, et obtiendra puissance et dignité. S'il est déjà riche, sa richesse et sa puissance augmenteront. Celui qui se voit en train de traire une chamelle et de boire de son lait, épousera une femme vertueuse et, s'il est déjà marié, verra la naissance d'un enfant dans lequel se trouve une bénédiction.

Tranchant de l'épée (Zhubbat Essayf)
Sa vision évoque la préservation des biens ainsi que celle des secrets.

Transpercer avec une arme (Ta'n)
La vision d'un coup de lance évoque une invective. Elle peut évoquer aussi une satire contre la religion et la raillerie des gens de bien. Si quelqu'un voit les gens s'entre-tuer, cela annonce un enchérissement de la nourriture. S'il voit qu'ils combattent le souverain, cela indique une baisse des prix.

Transporter des choses d'un endroit à un autre plus précieux (Naql El-Achiâ 'An Mahalliha Ilâ Mâ Houwwa Anfas Minha)
Sa vision évoque le fait d'ordonner le convenable et d'interdire le blâmable. Si c'est l'inverse qui se produit, cela évoque l'interdiction du convenable et le commandement du blâmable ou le changement de ce qui est bon contre ce qui est mauvais.

Transporteur de terre (Turrâb)
La vision d'un transporteur de terre évoque les soucis et les malheurs, de même que le colportage de propos. Se voir transportant de la terre, dans un rêve, présage de soucis et de malheurs qui vont se dissiper pour ses compagnons.

Travail ('Amal)
La vision d'un travail inachevé évoque le désespoir devant ce qui est espéré et la survenance d'un défaut dans la gestion des affaires.

Trayeur (Hallâb)
La vision d'un trayeur signifie des ressources et des avantages, une bonne politique et des paroles douces. Le trayeur de lait symbolise aussi un homme vertueux.

Tremblement de terre (Zalzala)
La vision d'un tremblement de terre signifie la peur d'un sultan. Voir en rêve la terre trembler, indique que cette contrée va subir la tyrannie du sultan, l'invasion de criquets, une vague de froid, une sécheresse ou une grande panique. Sa vision évoque aussi l'effroi, les secousses telluriques, les informations effrayantes ainsi que la manifestation des secrets. La vision d'un tremblement de terre évoque également les voyages en mer, la danse et la musique ainsi que les malheurs provenant des épouses.

Trésor (Kanz)
Sa vision évoque la grossesse de la femme. Elle évoque aussi l'abondance de biens. Pour un savant, elle évoque une science,

pour un commerçant, des ressources et, pour les gens du pouvoir, une direction juste. On dit aussi que sa vision évoque le martyr. Voir à maintes reprises, un trésor, annonce la mort de l'auteur de la vision.

Tressage (Fetl)
Celui qui se voit, en rêve, en train de tresser une corde ou des liens ou de les enrouler autour de lui ou autour d'un roseau, cela veut dire qu'il va voyager. La vision d'un tressage évoque aussi la concrétisation de projets, une association ou un mariage.

Tressage des cheveux (Dafr Echa'r)
Sa vision est de bon augure pour les femmes ainsi que pour les hommes qui ont l'habitude de faire cela. Pour les autres, cela évoque la complexité des choses ainsi que des dettes importantes.

Trêve (Houdna)
Sa vision évoque la sécurité après la peur, le repos après la fatigue, la guérison du malade, les largesses dans les biens, les avantages et les ressources, le mariage pour le célibataire, l'entame des constructions, la prière ainsi que les œuvres de bienfaisance.

Tribule terrestre (Hask)
Sa vision symbolise l'hypocrisie et la médisance.

T

Tribut (Jizia)
Pour le musulman qui se voit en train de donner le tribut à un incroyant, cette vision évoque l'avilissement. Dans le cas inverse, elle évoque la puissance et le triomphe.

Trictrac (Nard)
La vision du jeu du trictrac évoque un péché pour certains spécialistes de l'oniromancie. Pour d'autres, elle évoque un commerce dans le péché.

Celui qui se voit en train de jouer au trictrac, en rêve, cela signifie qu'il est en conflit avec un autre en cherchant à avoir le dessus sur lui, à cause de ressources.

Trigonelle (Halba)
Sa vision symbolise de l'argent obtenu avec peine et difficulté.

Triomphe (Mafâza)
Sa vision évoque un passage d'une situation gênante à une situation aisée, d'une vie étroite à une vie large, d'un péché à un repentir, d'une perte à un succès et d'une maladie à un bien-être.

Tristesse (Huzn)
Se voir triste, dans le rêve, est en fait l'annonce prochaine d'une réjouissance.

Trompe (Bawq)
Sa vision symbolise une bonne renommée, une guerre ou le fait de terroriser des ennemis. Celui qui se voit en train de souffler dans une trompe, cela veut dire qu'il va obtenir des biens, alors que celui qui entend un autre y souffler, sera appelé à une bataille ou à une querelle.

Tromperie (Ghachch)
La vision d'une tromperie signifie l'apostasie et l'abandon de la religion, en vertu de sa parole ﷺ : *« Celui qui nous trompe n'est pas des nôtres. »*

T

Tronçon de bois (Qarma)
Sa vision évoque une maladie chronique ainsi que l'immobilité. Elle évoque aussi l'absence de profits.

Trône du Tout Miséricordieux ('Arch Errahmâne)
Celui qui voit le Trône du Tout Miséricordieux, en rêve, sous un bel aspect, cela constitue une bonne nouvelle pour lui quant à l'orthodoxie de sa foi. S'il le voit sous un aspect imparfait,

cela indique une hérésie ou un égarement de sa part. Sa vision évoque aussi le poste éminent, l'épouse, la maison, la monture ainsi que la victoire sur les ennemis.

Trou d'un rat et autres (Juhr El-Fa-ra Oua Ghayriha)
La vision d'un trou, dans la terre ou dans un mur, symbolise la bouche. Voir un trou par lequel un animal sort, signale une bouche par laquelle sortent des paroles à la mesure de cet animal et de l'interprétation qu'on en donne. Sa vision indique aussi le suivi des innovations (bida') et les fausses croyances.

Troupeau de moutons (Ghanam)
Leur vision symbolise des sujets obéissants et vertueux. Elle évoque aussi le butin, les épouses, les biens, les enfants, les récoltes, les arbres fruitiers. Celui qui se voit, en rêve, en train de faire paître des moutons, aura un pouvoir sur les gens.

Truffe (Kam-a)
Sa vision évoque un homme loyal que les gens nobles aiment. Celui qui se voit manger de la truffe, en rêve, cela veut dire qu'il va obtenir des biens licites.

Tunique (Qamîç)
La Tunique de l'homme symbolise sa situation dans ses ressources, sa vie et sa religion. Tout ce qu'il voit comme augmentation ou diminution de cette tunique, en rêve, sera à appliquer à ces choses-là. On dit aussi qu'elle évoque une bonne nouvelle, en vertu de la parole du Très Haut : ﴾ ***Emportez ma tunique que voici.*** ﴿ (S12, V93)
On dit aussi que la vision d'une tunique pour un homme signifie une femme et vice versa, en vertu de la parole du Très Haut : ﴾ ***Elles sont un vêtement pour vous, vous êtes, pour elles, un vêtement.*** ﴿ (S2, V187)
Celui qui voit sa tunique se déchirer, se séparera de sa femme. Pour celui qui voit sa tunique déchirée et sale, cela évoque la pauvreté, un malheur et une gêne qui vont le toucher.

T

Turban ('Amâma)

Les turbans sont les couronnes des Arabes. Leur vision évoque la dignité et la distinction. Elle évoque aussi la force de l'homme, sa couronne, son pouvoir et son épouse.

Turquoise (Fiyrouzdj)

Sa vision évoque une victoire, une assistance, une réussite ainsi que la longévité. Lorsqu'une femme voit, en rêve, qu'elle tient dans sa main un couteau avec une manche en turquoise, cela veut dire qu'elle va enfanter un garçon qui vivra longtemps.

Tympan (Çammâkh El-Udhn)

Celui qui se voit, en rêve, en train de retirer ses tympans de ses oreilles ou des oreilles d'un autre, cela veut dire qu'un thériaque contre les poisons et contre les intrigues des intrigants va tomber entre ses mains. S'il se voit en train de nettoyer ses oreilles d'une crasse ou de quelque chose de mauvais, il recevra de bonnes nouvelles.

Tyrannie (Toughyâne)

Celui qui se voit, en rêve, en train de faire preuve de tyrannie, cela signifie, de sa part, des actes moraux vils qui le rapprochent de l'enfer. La vision d'une tyrannie évoque l'humiliation de son auteur.

U

Urine (Bawl)

La vision de l'urine signifie des biens mal acquis. Celui qui se voit en train d'uriner dans un puits, dépensera à partir d'un gain bien acquis. Celui qui se voit comme s'il avait uriné un peu puis avait retenu son urine, s'il est riche, une partie de ses biens disparaîtra, alors que s'il est préoccupé par quelque chose, son souci disparaîtra. Celui qui se voit en train d'uriner en même temps qu'un autre, et que leurs urines se mélangent, une amitié naîtra entre lui et cette personne et, peut-être même une alliance par le mariage.

Ustensiles (Aniyya)

Les ustensiles d'argent représentent tous les objets domestiques dans le commerce et dans la maison, surtout les écuelles. On dit aussi que les jattes et les tasses symbolisent la beauté dans la disposition de la vie de l'homme.

'Uthmân Ibn 'Affân (qu'Allah l'agréé)

Celui qui voit 'Uthmân Ibn 'Affân (qu'Allah l'agréé), en rêve, il lui sera fait don de la pudeur et de la dignité et le nombre de ses envieux augmentera. Sa vision évoque aussi le souci d'apprendre la science et le Coran ainsi que la fréquence de la récitation du Coran.

V

Va et vient entre Essafâ et El-Marwa (Sa'y Bayna Essafâ Ouel Marwa)

Sa vision indique les bons offices entre les proches. Lorsqu'un malade voit, en rêve, qu'il fait un va et vient entre Essafâ et El-Marwa, cela veut dire qu'il va guérir et œuvrer dans la recherche de sa subsistance.

Vache (Baqar)

La vision d'une vache évoque la dignité et les biens. La vision d'une vache grasse symbolise une femme riche, alors que celle d'une vache maigre, évoque une femme pauvre. Quant à la vision d'une vache laitière, elle symbolise une femme de bien et de beaucoup d'avantages, alors que celle d'une vache cornue symbolise une femme désobéissante.

Vagabond ('Ayyâr)

Sa vision symbolise le magicien qui charme les gens avec ses paroles et ses astuces. Elle évoque aussi le vol, le charlatanisme et le gaspillage de l'argent.

Vagues (Mawdj El-Mâ)

Leur vision évoque une rigueur et un châtiment, en vertu de la parole du Très Haut : ﴾ ***Lorsqu'une vague semblable à des ténèbres les recouvre, les hommes invoquent Allah en Lui rendant un culte pur.*** ﴿ (S31, V32)

Et en vertu de Sa parole : ﴾ ***Les vagues s'interposèrent entre eux et il fut au nombre de ceux qui périrent engloutis.*** ﴿ (S11, V43)

Vainqueur (Ghâlib)
Celui qui se voit vainqueur, en rêve, sera vaincu dans la réalité.

Vallée (Wâdi)
Sa vision évoque un voyage fatiguant, un homme difficile dans son comportement ou la longue durée du voyage. Elle évoque aussi les bonnes œuvres et les offrandes faites à Allah à travers de bonnes dépenses. La vision d'une vallée évoque aussi un combattant ou un brigand coupeur de routes ou un lion. Celui qui voit une vallée s'interposer entre lui et la route, alors qu'il est en voyage, doit s'attendre à ce que son voyage soit perturbé par un voleur, un animal, des pluies, un sultan ou un homme d'intrigues. S'il n'est pas en voyage, cela signifie qu'il va être atteint par un malheur ou avoir un souci tel qu'un emprisonnement, ou une agression ou tout simplement une crainte.

Vallon (Wahda)
Celui qui voit en rêve qu'il marche dans un vallon, cela veut dire qu'il va connaître des difficultés ou des soucis auxquels succédera une prospérité.

Vapeur (Bukhâr)
La vision de la vapeur dans un rêve symbolise la vapeur des yeux et leur obscurité. Lorsque quelqu'un voit de la vapeur sortir de sa bouche, en hiver, alors qu'il se trouve en été, cela représente les maladies psychiques et la divulgation de secrets cachés.

Varan (Waral)
Sa vision évoque un ennemi vil, indigne, craint, mais dont les arguments sont faibles.

Variété de datte ('Adjwa)
Sa vision symbolise l'obtention de biens considérables, bons et licites.

Variété de dattes (Rutab)
Sa vision évoque des ressources licites, une guérison et une délivrance. Celui qui se voit en train de manger cette variété de dattes, en dehors de sa saison, obtiendra une guérison, une bénédiction et une joie.

Variété de gâteaux (Qatâïf)
La vision de Qatâïf fourrés évoque de l'argent, de la saveur et de la joie.

Variole (Jedrî)
Se voir atteint de variole, en rêve, est de bon augure et le rêveur verra ses biens augmenter. S'il voit que son enfant est atteint de variole, cela veut dire que des faveurs vont lui parvenir à lui ou à son enfant. La vision de la variole évoque aussi les dettes et les dus.

Vautour (Nasr)
C'est le plus fort des oiseaux et celui dont le vol est le plus élevé. C'est aussi celui dont la vue est la plus perçante et qui possède la plus longue longévité. Celui qui voit un vautour fonçant sur lui, cela veut dire que le sultan sera en colère contre lui. Celui qui voit, en rêve, des plumes ou des os de vautour dans ses mains, obtiendra des biens considérables de la part d'un grand roi. Celui qui se voit transformé en vautour, vivra longtemps.

Vautour d'Egypte (Rakhma)
La vision du vautour d'Egypte symbolise un homme stupide, alors que sa vision de jour, évoque une maladie. Se voir en train de prendre un vautour d'Egypte, dans un rêve, évoque une guerre et beaucoup de sang répandu. Sa vision évoque aussi des voleurs à l'intérieur d'une maison, des gens qui aspirent à des biens illicites, la désunion, la solitude, les ruines et les paroles obscènes.

Veau ('Idjl)
Sa vision évoque la naissance d'un enfant mâle. La vision d'un veau rôti évoque la mise à l'abri de la peur, en vertu du récit d'Abraham ﷺ. Celui qui se voit en train de manger, en rêve, de la viande de veau, obtiendra de l'argent d'un homme ou d'une femme.

Veine ('Irq)
La vision des veines de l'homme évoque les membres de sa famille. Lorsque l'une d'elles manque, cela veut dire qu'il va se séparer d'un membre de sa famille, à travers la mort ou une rupture.

Veine jugulaire (Warîd)
Sa vision évoque la mort de l'homme et sa vie. Elle évoque aussi tout ce que l'homme a d'utile et comme assistance dans la vie, comme les associés, les frères, les parents, l'épouse et le tuteur qui la protège ou ses biens qui lui permettent de vivre.

Vendeur (Bayyâ')
La vision d'un vendeur dans son sens absolu ou le fait de se manifester sous ses traits, symbolise le faux serment, la négligence dans la prière, la fraude dans les balances et les mesures, le profit de l'usure et l'impureté. La vision d'un vendeur d'orge évoque un homme qui aime ce bas monde et ne pense pas à l'au-delà, la vision du vendeur de sel, évoque un homme qui possède des biens en dirhams, le vendeur de vêtement de luxe évoque un homme intègre, la vision du vendeur de fruits et de légumes, évoque un homme qui préfère l'au-delà à ce bas monde et qui peine beaucoup pour gagner ses moyens de subsistance, la vision du vendeur de plantes odoriférantes évoque un homme triste et qui pleure souvent ou alors un lecteur du Coran qui fait pleurer les gens, la vision du vendeur d'oiseaux évoque un vendeur d'esclaves alors que la vision du vendeur de plomb évoque un homme de pouvoir faible.

Vendeur d'armes (Sellâh)
Sa vision symbolise un sultan oppresseur à l'image du policier.

Vendeur d'huile d'olive (Ziyyât)
Sa vision évoque la science, la guidée et la conversion de l'infidèle, de même que le travail au service des gens de science et la proximité des souverains.

Vendeur d'objets d'art (Tarâïfi)
Sa vision évoque un vendeur d'esclaves. Elle évoque aussi l'érudition dans les sciences ainsi que le vendeur de vêtements impudiques.

Vendeur de bâtons (Naffâ')
Sa vision évoque le mariage pour un célibataire ainsi que le fait de terminer un travail.

Vendeur de beurre (Semmân)
Sa vision évoque un savant éminent versé dans divers mérites et qui fait participer les gens à sa science et à ses biens. Celui qui se voit en train de vendre du beurre, obtiendra un grand profit et vivra dans le giron d'un homme très riche.

Vendeur de bière (Faqqâ'î)
Sa vision évoque l'apothicaire en ce qu'il possède comme boissons sucrées et amères, chaudes et fraîches. Elle évoque aussi la divulgation des secrets et les malheurs pour celui qui la demande.

Vendeur de biscuits (Ka'kî)
Sa vision évoque les voyages, le fait d'amasser les biens ainsi que le mal et les querelles.

Vendeur de clous (Masâmir)
Sa vision évoque un homme qui assure l'entente entre les gens dans la concorde.

Vendeur de coton (Qattân)
Sa vision évoque un homme riche et qui peine beaucoup.

Vendeur de dattes (Tammâr)
La vision d'un vendeur de dattes symbolise l'acquisition de biens licites ou le savant dans la sunna.

Vendeur de fils de tissage (Ghazoûli)
Sa vision évoque la concrétisation des affaires et le fait d'œuvrer dans la bienfaisance. Elle évoque aussi la soumission aux femmes.

Vendeur de fruits (Fâqihâni)
Sa vision évoque un homme intègre, gardant avec confiance les biens des gens et leurs secrets. Sa vision est un bon signe, s'il ne prend pas d'argent en contre partie de ses fruits.

Vendeur de glaces (Thallâdj)
Sa vision symbolise, en été, les réjouissances et l'allégresse, alors qu'en hiver elle symbolise, les soucis et les afflictions.

Vendeur de jus de Lotus (Seddâr)
Sa vision évoque la guérison des maladies ainsi que la purification des péchés. Si un malade le voit, cela présage de sa mort.

Vendeur de laine (Çawwâf)
Sa vision, en hiver, évoque les gains et les profits, alors qu'en été, elle symbolise les soucis et les malheurs.

Vendeur de légumes et de fruits secs (Fâmi)
Sa vision évoque la concrétisation de projets, la sincérité des promesses ; elle évoque aussi l'homme aux arts fantastiques, ainsi que la dissipation des soucis, des afflictions et des maladies.

Vendeur de melons (Battikhî)
Sa vision figure un homme malade ou un vendeur d'esclaves, de même qu'elle représente celui qui possède des médicaments efficaces et des biens abondants.

Vendeur de peaux (Çarrâm)
Sa vision évoque un homme qui fait les bons offices entre les gens dans les héritages.

Vendeur de plantes aromatiques (Rayhâni)
Sa vision symbolise un homme faisant preuve de patience devant les malheurs, et satisfait des décrets divins.

Vendeur de poisson frit (Semmâq)
Sa vision évoque le mal, les litiges, le souci, le malheur ainsi que la délivrance après l'affliction. La vision de celui qui le vend frais, évoque le courtier en esclaves ainsi que le vendeur de perles et de pierres précieuses. Elle évoque aussi les ressources, les biens licites, la science, la peine, la tromperie ainsi que la manifestation de secrets.

Vendeur de sel (Milhî)
Sa vision évoque un homme aisé ou un homme qui joue les bons offices entre les gens.

Vendeur de son (Nakhhâl)
Sa vision évoque celui qui garde avec confiance les biens dus aux aumônes.

Vendeur de sucre (Suqarî)
Sa vision symbolise un homme poli.

Vendeur de têtes de bétail (Râas)
Sa vision évoque le changeur de monnaies qui dispose des capitaux des gens. Sa vision peur évoquer aussi la mort ou la survenance de malheurs.

Vendeur de toiles de lin (Kettâni)
Sa vision indique l'avilissement et les penchants pour les femmes. Elle peut figurer aussi les soucis, les afflictions et la peine.

Vendeur de Zalâbiyya (Zalabâni)
Sa vision évoque la bonne annonce de la disparition de soucis. Elle peut évoquer aussi des choses néfastes et des malheurs.

Venir en aide aux pauvres (Jabr)
Se voir en train d'aider des pauvres en leur offrant ce qui est précieux et en améliorant leur situation, dénote d'une distinction, d'une élévation et d'une soumission à des personnes éminentes et de haute classe.

Vent (Rîh)
Sa vision évoque le sultan, en raison de sa force et de son pouvoir sur toute chose qui lui est inférieure, de même qu'en raison de ses avantages et de ses nuisances. Sa vision peut évoquer aussi le châtiment, les catastrophes ainsi que les fléaux, de même que l'abondance, les ressources, la victoire, le triomphe ainsi que les bonnes nouvelles.

Vente (Bay')
La vision d'une vente signifie la fin d'un pouvoir. Celui qui se voit en train de vendre des choses qui symbolisent ce bas monde, cela veut dire qu'il préfère l'au-delà à ce bas monde et vice versa. Celui qui se voit en train de vendre des choses répugnantes, cela signifie qu'il n'y a aucun bien en lui, alors que celui qui se voit en train d'acheter des choses appréciées, cela annonce le salut pour lui par rapport à ce qu'il craint. Mais si ces choses font partie de ce qui est répugnant, cela veut dire qu'il a commis une erreur qui va lui apporter soucis et tristesse.

Ventre (Batn)

Le ventre symbolise les biens de l'homme ainsi que ses enfants, ses proches, son réservoir et le refuge de sa famille. Le voir en grand format, dans un rêve, signifie l'importance des choses précitées, alors que le voir en petit format, indique leur peu d'importance. On dit aussi que le fait de se voir avec un grand ventre signifie se nourrir grâce à l'usure, alors que le fait de se voir marcher sur son ventre signifie s'appuyer sur l'argent. La vision du ventre signifie aussi la prison, la tombe, le secret, la santé, la maladie, le compagnon, celui qui garde le dépôt, la religion et l'adoration de celui qui voit cette vision.

Vénus (Zahra)

Sa vision symbolise une belle femme. Celui qui la voit en rêve, demandera la main d'une femme belle et séduisante, sans qu'il n'y ait de parenté entre eux. Sa vision évoque aussi des accusations, des distractions, du rire, de la sculpture, des bijoux, de belles images et de beaux habits.

Vérité (Haqq)

Voir ou entendre la vérité, en rêve, sous forme d'apparition d'une lumière ou d'écoute du Coran, signifie la conformité à la guidée et le rejet du mensonge et de ses partisans. Sa vision signifie aussi la mort de son auteur s'il est malade.

Verre (Zudjâdj)

Sa vision évoque une chimère éphémère. Elle évoque aussi la nature profonde de la femme. Celui qui se voit en train d'échanger ou de vendre des perles contre du verre ou une maison, c'est qu'il aura choisi ce bas monde contre l'au-delà.

Verrier (Zudjjâdj)

Sa vision figure l'arrogance à travers sa personne ou ses biens. Elle évoque aussi un courtier en femmes esclaves.

Verrou en bois (Mighlâq)
Sa vision évoque la sécurité face à la peur et le fait de se sentir à l'abri des ennemis, l'argent enfoui ou le mort dans sa tombe. Elle peut évoquer aussi la magie et la préservation des secrets.

Verrues (Thulûl)
La vision de verrues évoque des biens thésaurisés dont il faut craindre la disparition.

Vers (Soûs)
La vision d'un ver évoque un homme calomniateur et qui œuvre à semer la zizanie entre les gens. Lorsqu'un malade voit, en rêve, des vers collés à son corps, cela indique qu'il va mourir.

Versets du Coran (Ayât El-Coran)
Si quelqu'un voit des versets indiquant la miséricorde, et qu'il a un proche décédé, cela veut dire que ce mort se trouve dans la miséricorde d'Allah. Et s'il voit des versets indiquant le châtiment, cela veut dire qu'il subit le châtiment d'Allah. Si ce sont des versets de mises en garde et que l'auteur de la vision est vivant, ce sera un avertissement pour lui, mais si ce sont des versets annonçant de bonnes nouvelles, ils lui annonceront le bien.

Vertueux (Çâlihoûn)
Celui qui voit, en rêve, un des saints vertueux qui sont morts, devenir vivant, dans son pays, cela veut dire que les habitants de ce pays vont connaître la prospérité, le salut et la justice de la part de leur dirigeant.

Vésicule biliaire (Marâra)
Sa vision évoque la colère, le plaisir, le rire et le confident de son auteur. Se voir, en rêve, en train de couper la vésicule biliaire de quelqu'un avec ses dents, au point de provoquer sa mort, signifie que celui qui a coupé la vésicule éprouve pour sa victime une haine terrible.

Vesses (Fousâ)
Leur vision évoque des propos vulgaires qui avilissent leur auteur. Elle évoque aussi le dévoilement des secrets et la disparition de la haine et du ressentiment qui se trouvent dans le tréfonds de l'âme. Elle évoque également le repos après la fatigue ainsi que l'acquittement des dettes.

Vêtement (Thawb)
Celui qui se voit, en rêve, portant des vêtements en laine, cela veut dire qu'il se détournera de ce bas monde et vivra dans l'ascétisme en appelant les gens à faire de même et en leur faisant désirer les œuvres de l'au-delà. La vision d'un vêtement dont la couleur vire au vert, évoque des avantages. On dit que celui qui se voit portant des vêtements de couleur verte, obtiendra un héritage. Les vêtements de couleur blanche symbolisent le bien pour celui qui se voit les porter en rêve. Se voir portant des vêtements de couleur rouge, annonce l'obtention de biens considérables sur lesquels Allah a un droit (de Zakât). Qu'il craigne donc Allah et qu'il s'acquitte de leur Zakât. Quant aux vêtements de couleur noire, ils symbolisent la contrariété. Mais pour celui qui en revêt d'ordinaire, cela signifie une distinction, des biens, un pouvoir et une influence. On dit aussi que la vision de vêtements de couleur noire, pour un malade, signifie sa mort prochaine. Quant aux vêtements de couleur bleue, ils évoquent les soucis et l'affliction.

Vêtement brodé (Wachy)
Sa vision évoque aussi bien la religion que le bas monde. Pour une femme, elle représente un surplus de dignité et de bonheur.

Vétérinaire (Baytâri)
La vision d'un vétérinaire évoque un homme qui assiste les soldats et les gens âgés dans leurs entreprises. Elle évoque aussi un médecin, un réparateur, un orthopédiste, un poseur de ventouses, et celui qui panse les blessures, car il est le

“vétérinaire” des corps. Elle symbolise aussi la conclusion des mariages et des voyages, ainsi que le vendeur de couvertures et les commerçants.

Viande (Lahm)
La vision des viandes évoque des douleurs et des maladies. La vision de leur achat évoque un malheur. Celle de la viande crue évoque la mort, alors que sa consommation signifie la médisance. Celui qui se voit en train de manger de la chair d'un homme, médira de lui. Celui qui se voit en train de manger de la viande cuite, en rêve, verra ses biens augmenter.

Viande pillée (Madqoûq Ellahm)
Pour un célibataire, sa vision évoque l'épouse et l'enfant. Elle peut évoquer aussi le mélange d'argent avec des associés et la distribution des profits entre eux.

Vieillard inconnu (Cheïkh Madjhoûl)
La vision d'un vieillard inconnu symbolise le grand-père de l'auteur de la vision. Elle peut évoquer aussi l'incapacité, l'échec, la paresse, l'immobilité et la faiblesse.

Vieille femme ('Adjoûz)
Sa vision évoque l'incapacité et, peut être, ce bas monde éphémère ainsi que la tristesse. Elle peut évoquer aussi l'au-delà. Si une jeune femme se voit, en rêve, sous les traits d'une vieille femme, cela indique l'excellence de sa religion.

Vierge (Bikr)
La vision d'une vierge pour les gens possédant une situation privilégiée signifie une peine, alors que pour les gens se trouvant dans une situation difficile, cette vision annonce le salut. Sa vision évoque aussi la terre apte à donner des avantages, la nouvelle maison qui vient d'être construite, le vêtement neuf, la lettre dont le scellé n'a pas encore été enlevé, le fruit qui n'a pas été encore cueilli ou la monture farouche.

Vierge Marie sur elle le salut (La) Meriem Al-Batoûl
Celui qui voit Marie fille de 'Imrâne obtiendra une distinction et un rang particulier au milieu des gens et arrivera à avoir tout ce qu'il désire. Si une femme la voit, en rêve, alors qu'elle est enceinte, elle accouchera d'un enfant sage.

Vigilance (Hadhr)
La vigilance dans un rêve signifie l'hypocrisie et le refus de la vérité. Elle signifie aussi l'oubli du Coran ou une partie de lui.

Vigilance (Yaqadha)
Sa vision évoque le bon jugement et la perspicacité dans les affaires, le retour à une situation que l'homme abhorre ou la longévité. Celui qui se voit en train de réveiller un homme endormi, cela veut dire qu'il lui montre le chemin.

Vigne (Karm)
Sa vision symbolise la puissance et la noblesse pour celui qui se voit en train de la planter. Il en est ainsi de tous les arbres. Sa vision évoque aussi une femme riche ou un homme noble.

Village (Qarya)
La vision d'un village évoque la demeure de l'injustice, des hérésies, de la corruption et de l'abandon de la communauté. Elle évoque aussi une fourmilière et vice versa. Celui qui se voit entrer, en rêve, dans un village fortifié, cela veut dire qu'il sera tué ou qu'il combattra, en vertu de la parole du Très Haut : ﴾ ***Tous ne vous combattront que retranchés dans des cités fortifiées.*** ﴿ (S59, V14)
Celui qui se voit sortir d'un village, cela veut dire qu'il va se débarrasser d'un problème et connaître le repos, en vertu de la parole du Très Haut : ﴾ ***Notre Seigneur ! Fais-nous sortir de cette cité dont les habitants sont injustes.*** ﴿ (S4, V75)

V

Ville (Madîna)
La vision d'une ville connue symbolise ce bas monde, alors que celle d'une ville inconnue évoque l'au-delà. La vision

d'une ville inconnue et belle, peut évoquer le paradis. On dit aussi que la vision d'une ville évoque un homme savant lorsqu'elle est vue de loin. On dit aussi que le fait de se voir sortir d'une ville, en rêve, évoque la crainte, en vertu de la parole du Très Haut : ﴾ ***Il sortit de la ville, inquiet et regardant de tous côtés.*** ﴿ (S28, V21)
Se voir en train d'y entrer, signifie une réconciliation avec des gens qui l'appellent à une vérité. Le Très Haut a dit : ﴾ ***Entrez tous dans la paix.*** ﴿ (S2, V208)

Violence gratuite (Fatq)
La vision d'une violence provenant d'un ennemi, peut annoncer soit des sauterelles ravageuses, soit un feu dévastateur, soit un torrent emportant tout sur son passage ou un changement de l'état du monde.

Violette (Banafsadj)
Sa vision symbolise une jolie fille. Elle évoque aussi une jeune fille scrupuleuse et, se voir en train de la cueillir, signifie lui donner un baiser. Sa vision avec des roses signifie l'amitié et l'amour.

Visage de l'homme (Wadjh El-Insân)
La vision d'un beau visage évoque la bonne situation de l'auteur de la vision en ce bas monde, ainsi que la bonne nouvelle et la joie qui l'attendent.
Celui qui voit son visage noirci, alors qu'il porte des vêtements blancs, cela veut dire qu'une fille va lui naître, en vertu de la parole du Très Haut : ﴾ ***Lorsqu'on annonce à l'un d'eux la naissance d'une fille, son visage s'assombrit.*** ﴿ (S16, V58)
La vision d'un visage large évoque la dignité. Celle d'un visage en sueur évoque la pudeur. Celui qui se voit avec plusieurs visages, cela indique son apostasie, en vertu de la parole du Très Haut : ﴾ ***Lorsque les anges les rappelleront et frapperont leurs visages et leurs dos ?*** ﴿ (S47, V27)

Visage sévère ('Aboûs El-Wadjh)
La vision d'un visage sévère évoque la naissance d'une fille.

Visite du Prophète ﷺ (Ziyyârat Ennabî ﷺ)
Sa vision signifie la recherche de l'amour d'Allah à travers les œuvres pieuses, de même qu'elle évoque la sécurité devant la peur, la proximité des puissants, l'élévation de la dignité, la sympathie pour les savants et les maîtres et l'alliance avec les gens de la maison du Prophète ﷺ.

Voile (Izâr)
Le voile symbolise une femme libre, car le voile est particulier aux femmes. Si une femme se voit, en rêve, avec un voile rouge et lisse, elle sera accusée à tort à la suite de simples soupçons. Si elle se voit sortir de sa maison avec ce voile, cette accusation se répandra. Le voile de la femme symbolise aussi son mariage.

Voile (Chirâ')
Le rêveur qui voit comme si un voile l'entourait, obtiendra puissance et honneur.

Voile (Ghichâwa)
Celui qui voit ses yeux recouverts d'une tâche blanche, en rêve, sera victime d'une grande affliction, qu'il affrontera avec patience, en vertu du récit de Jacob عليه السلام dont lcs ycux ont blanchi d'affliction.

Voile de tête pour hommes (Taylasân)
Sa vision symbolise la dignité de l'homme, sa clarté et sa virilité. Elle évoque aussi un bon métier qui protège son propriétaire des malheurs et des soucis comme il le protège de la chaleur et du froid. Elle évoque aussi l'acquittement d'une dette. Se voir dépouillé de son voile, en rêve, indique le dépouillement de sa dignité et son oppression.

Voilette (Qinâ')
Elle évoque une satisfaction qui surviendra à l'auteur de la vision.

Voir des herbes pousser sur son ventre (Nabt El-hachîch 'Ala Al-batn)
Sa vision indique la mort. Celui qui voit des herbes pousser sur son corps, sans le couvrir entièrement et sans lui causer de tort, connaîtra une année prospère. S'il couvre son ouïe et ses yeux, cela indique une faiblesse dans sa pratique de la religion.

Voiture (Siyyâra)
La vision d'une voiture de transport évoque le règlement des affaires et la dissipation des soucis, lorsque la marchandise est bonne. La panne d'une voiture représente la perplexité face à une personne en qui le rêveur a placé sa confiance alors qu'elle ne la mérite pas. La vision d'une voiture de service (taxi) évoque la sérénité de l'esprit, le bien-être et une belle vie.

Voix (Çawt)
Entendre une voix agréable, dans un rêve, évoque une joie et une réjouissance. Cela évoque aussi un pouvoir à obtenir par l'auteur de la vision. A l'inverse, une voix désagréable, évoque un souci et une chose malheureuse. Celui qui se voit, en rêve, en train de crier, tout seul, cela signifie que sa force est en train de diminuer. S'il se voit élevant la voix sur celle d'un savant, cela doit être rapporté au fait qu'il va commettre un péché, en vertu de la parole du Très Haut : ﴾ ***N'élevez pas vos voix sur la voix du Prophète.*** ﴿ (S49, V6) En effet, les savants sont les héritiers des prophètes. Lorsque les hommes de pouvoir et les policiers voient que leurs voix se sont affaiblies, en rêve, cela indique qu'ils vont être écartés de leurs postes, affaiblis et avilis.

V

Voix dont on ne connaît pas la provenance (Hâtef)
Celui qui entend, en rêve, une voix lui ordonner, lui interdire, lui annoncer une bonne nouvelle ou le mettre en garde, cela aura lieu tel quel, sans aucune interprétation onirique.

Vol (Sariqa)
Le vol d'une chose préservée, en rêve, indique la fornication et l'usure. Quant à la vision d'un voleur, en rêve, elle symbolise l'ange de la mort عليه السلام.

Vol (Tayarâne)
Celui qui se voit en train de voler, en rêve, cela veut dire qu'il obtiendra un pouvoir s'il en est digne. S'il se voit tomber sur quelque chose, cela signifie qu'il va la posséder. S'il n'est pas digne du pouvoir, cela indique une maladie qui va l'atteindre et le mener au seuil de la mort ou une erreur qui va l'atteindre dans sa religion.
S'il vole d'une terrasse à une autre, cela veut dire qu'il va changer son épouse pour une autre.
On dit aussi que la vision d'un vol signifie un voyage. S'il est fait avec des ailes, cela indique le passage d'un état à un autre.

Voleur (Sâriq)
Sa vision évoque un homme menteur et vil.

Vomissement (Qiyy)
Sa vision évoque le repentir de bon gré. Elle évoque aussi le fait de restituer les dépôts à leurs propriétaires, la divulgation des secrets ainsi que la disparition de ce qu'il ressent comme maladies dans son corps. S'il est malade, il mourra. Celui qui se voit vomir, en rêve, alors qu'il est en état de jeûne, puis se tremper dans ses vomissements, cela veut dire qu'il a des dettes qu'il peut honorer, mais ne veut pas le faire, ce dont il sera considéré comme pécheur.

Voyage (Safar)
La vision d'un voyage évoque le passage d'un lieu à un autre et d'une situation à une autre. La vision d'un voyage signifie la découverte du comportement des gens. Le retour d'un voyage évoque le repentir et l'abandon des péchés.

Voyageur aventurier (Rahhâl)
Sa vision évoque le mariage de jouissance et les penchants pour les permissions dans la religion. Elle peut évoquer aussi des enfants naturels (illégitimes) ou un pouvoir.

Y

Yeux chassieux ('Amach El-'Aïn)
Sa vision évoque le fait de baisser les yeux devant les choses interdites et le détournement du regard des grands criminels.

Z

Zacharie (Zakaria ﷺ)

Celui qui voit Zacharie ﷺ en rêve, verra la naissance d'un enfant vertueux, bien qu'il soit âgé. L'auteur de cette vision aura une épouse pieuse grâce à Allah.

Zalâbiyya

Il s'agit d'une pâtisserie faite à base de semoule cuite dans de l'huile et arrosée de miel. Sa vision évoque la dissipation d'un souci, un bien ou une joie suscitée par une distraction. Elle évoque aussi un regret et un remords de même que des réjouissances et des joies.

Zèle (Juhd)

Faire du zèle, dans un rêve, signifie la mort pour son auteur s'il est malade. Le zèle symbolise l'effort au service de la famille ou le Jihâd.

Zemzem

Celui qui se voit en rêve, en train de boire de l'eau de Zemzem, guérira de ses maladies. Celui qui le boit aussi, avec l'intention d'obtenir quelque chose comme un bien ou pour apprendre quelque chose, y parviendra.

INDEX

A

B

C

D

E

F

G

H

I

J

K

L

M

N

O

P

T

U

V

Y

Z